rororo

Der Fußball hat sich in den vergangenen Jahren unglaublich entwickelt: in der Professionalität, der Athletik, der Wirtschaftlichkeit. Die öffentliche Diskussion rund um den Sport hält leider nicht immer mit diesen Veränderungen Schritt. Noch immer werden Ergebnisse auf die Formel reduziert: Wer wollte den Sieg mehr? Dabei ist der Fußball mittlerweile ein Hochleistungssport, in dem perfekt getrimmte Athleten darum kämpfen, den letzten Tropfen Leistung aus ihrem Körper herauszupressen. Die neuesten Erkenntnisse aus Sportwissenschaft, Neurologie und Mathematik finden bei den Fußballklubs Anwendung. Dieses Buch stellt einige dieser Neuerungen vor – und trägt damit hoffentlich seinen Teil dazu bei, die Debatten um den Fußball zu vertiefen.

Tobias Escher ist Mitbegründer des Taktikblogs «Spielverlagerung.de», das zahlreiche Auszeichnungen erhalten hat. In der Internetsendung «Bohndesliga», einer Produktion von Rocket Beans TV, analysiert er die Spiele der Bundesliga. Als freier Journalist schreibt Escher für die «WELT» sowie für das Fußball-Magazin «11 Freunde». Das Medium-Magazin wählte Escher 2013 unter die besten zehn Sportjournalisten. Bei Rowohlt erschienen zuletzt seine Bücher «Vom Libero zur Doppelsechs» und «Die Zeit der Strategen».

Tobias Escher

Was Teams erfolgreich macht

Die Formel hinter dem Triumph von Bayern München, Liverpool und Co.

Rowohlt Taschenbuch Verlag

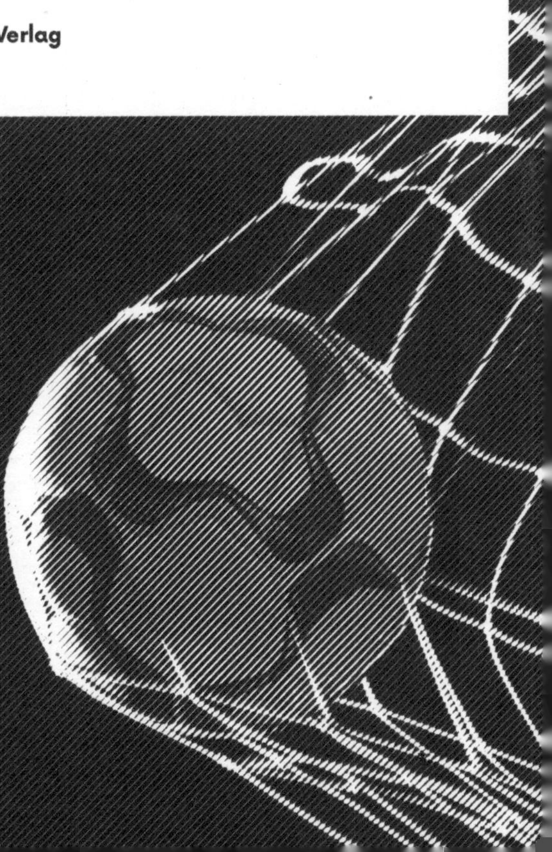

Originalausgabe
Veröffentlicht im Rowohlt Taschenbuch Verlag, Hamburg, November 2022

Covergestaltung zero-media.net, München
Coverabbildung Score. by Aflo/plainpicture
Innengestaltung Daniel Sauthoff
Satz Scala bei Rowohlt
Druck und Bindung GGP Media GmbH, Pößneck, Germany
ISBN 978-3-499-00853-5

Die Rowohlt Verlage haben sich zu einer nachhaltigen Buchproduktion verpflichtet. Gemeinsam mit unseren Partnern und Lieferanten setzen wir uns für eine klimaneutrale Buchproduktion ein, die den Erwerb von Klimazertifikaten zur Kompensation des CO_2-Ausstoßes einschließt.
www.klimaneutralerverlag.de

FSC www.fsc.org
MIX
Papier aus verantwortungsvollen Quellen
FSC® C014496

Inhaltsverzeichnis

«Das Interessante ist nicht der Erfolg, denn sobald der Erfolg erreicht wurde, verblasst er und verschwindet. Der Aufbau, die Entwicklung, die Suche ist das, womit wir unsere Zeit verbringen.»

Marcelo Bielsa

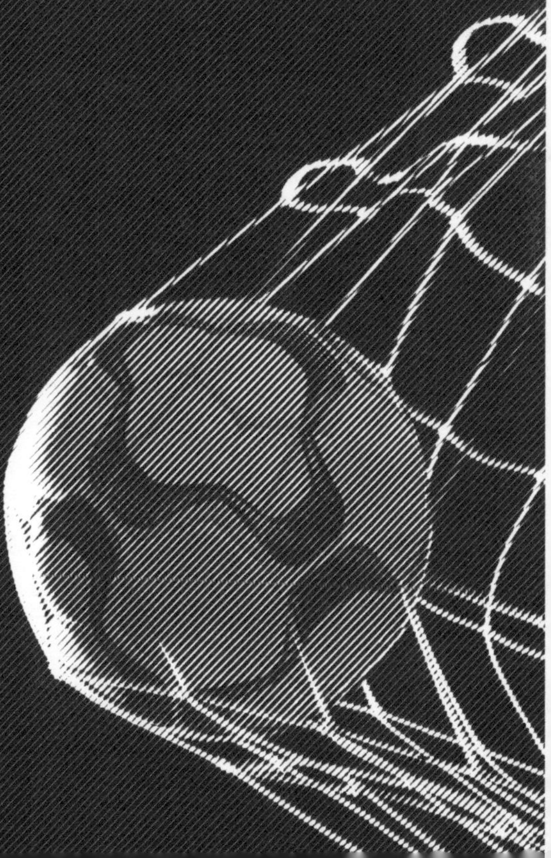

Prolog

Fußball ist kein einfaches Spiel. Sicher, auf den ersten Blick erscheint der Sport simpel: 22 Spieler jagen einem Ball hinterher, um ihn in ein Tor zu treten. Selbst Kinder im Vorschulalter verstehen die Grundzüge des Spiels. Wirft man ihnen einen Fußball hin, wissen sie sofort, was zu tun ist. Doch nur weil etwas leicht zu verstehen ist, bedeutet es nicht, dass es auch leicht zu meistern ist. Fußball zu meistern, ist alles andere als leicht. Es ist sogar ungemein kompliziert.

Diese Erkenntnis ist in mir in den vergangenen Jahren gereift. Als Blogger habe ich mich zunächst damit beschäftigt, die taktischen Feinheiten des Sports zu entschlüsseln. Mittlerweile schreibe ich als freier Journalist zwar immer noch viel über Taktik, aber auch über andere Themen im Fußball. Ich habe in meinem Leben zigtausend Fußballspiele gesehen. Ich habe Spieler und Trainer interviewt, mit Funktionären und Experten diskutiert, mir wissenschaftliche Studien angesehen und mich selbst als Spieler versucht (mit wenig Erfolg). Und doch habe ich noch immer das Gefühl, allenfalls einen Bruchteil dessen zu verstehen, was während eines Fußballspiels passiert.

Technik, Taktik, Psychologie, Gruppendynamik, Fitness, Glück, ja sogar die Länge der Rasenhalme: Alles kann Einfluss haben auf den Ausgang eines Fußballspiels. Jeder noch so kleine Faktor kann über Erfolg oder Misserfolg entscheiden. Ein einziges Tor kann den Unterschied bedeuten zwischen himmelhoch jauchzend und zu Tode betrübt. Das macht den Reiz des Fußballs aus.

Denkt man einmal genau darüber nach, ist es keine Überraschung, dass ausgerechnet der so leicht scheinende Fußball derart komplex und unberechenbar ist. Die Einfachheit der Regeln bedingt die Komplexität des Spiels: Die Spieler dürfen sich frei auf dem Feld bewegen. Es gibt kaum Restriktionen, was die Spieler tun und wo sie sich positionieren dürfen. Der Ball befindet sich nicht in ihren Händen, sondern rollt frei zwischen den Füßen herum. Das Spiel kann jederzeit die Richtung wechseln. Solange die Spieler den Ball nicht in die Hand nehmen, dürfen sie fast alles tun. Das bedeutet aber auch, dass es Millionen Möglichkeiten gibt, wie ein Fußballspiel abläuft. Weil nur wenige Tore fallen, kann ein Treffer alles entscheiden. Glück und Pech sind viel größere Faktoren als etwa im Basketball, wo Dutzende Körbe geworfen werden. Die Chance, dass ein Team durch einen Zufallskorb gewinnt, ist äußerst gering. Im Fußball ist es schon vorgekommen, dass eine Papierkugel einen ganzen Verein in den Abgrund stürzt. HSV-Fans wissen, was ich meine.

Insofern ist der Titel dieses Buchs eine Lüge. Weder ich noch irgendjemand anders kann eine Formel berechnen, die den Erfolg eines Fußballteams garantiert. Fußball ist eben keine Mathematik, wie Karl-Heinz Rummenigge zu sagen pflegt. Es spielen so viele Faktoren in das Ergebnis eines Fußballspiels hinein, dass nach Abpfiff nur schwer zu bestimmen ist, welcher Faktor der entscheidende war.

Erst 2022 bewies der Fußball erneut seine Unberechenbarkeit: In der Champions League traf Real Madrid nacheinander auf Paris Saint-Germain, den FC Chelsea, Manchester City und den FC Liverpool. Betrachtet man die Statistiken der Spiele und liest man die Analysen von Journalisten wie mir, käme man zu dem Schluss, jeder einzelne Gegner habe besser gespielt als Real. Am Ende reckten trotzdem die Madrilenen die Champions-League-Trophäe in den Nachthimmel von Paris. Komplett rational erklären lässt sich dieser Triumph nicht.

Manche Leserinnen und Leser werden sich an dieser Stelle verschaukelt fühlen: «Der Buchtitel hat mir doch eine Formel versprochen! Betrug!!!» Bevor Sie aber nun zum Buchhändler Ihres Vertrauens rennen und Ihr Geld zurückfordern, möchte ich zurückrudern. Eine zuverlässige Formel für den Erfolg gibt es nicht; aber es gibt Gründe, warum manche Vereine erfolgreicher sind als andere. Real Madrid feierte 2022 den 14. Titel in der Königsklasse, es war ihr fünfter Erfolg im vergangenen Jahrzehnt. Es kann kein Zufall sein, dass sie so häufig als Sieger den Platz verlassen. «Immer Glück ist Können!», sagte Hermann Gerland einst. Die Frage lautet also: Was kann Real Madrid, was die Konkurrenz nicht kann?

Genau solche Fragen will dieses Buch beantworten. Ich schaue mir die erfolgreichsten Vereine der vergangenen Jahre an. Warum gewinnt Real Madrid dauernd die Champions League? Wieso dominieren Manchester City und der FC Liverpool den englischen Fußball? Und warum hat derzeit kaum jemand eine Chance gegen die französische Nationalmannschaft? Bei der Beantwortung dieser Fragen lässt sich einiges über das Spiel lernen. Eine «Formel» für den Erfolg mag es vielleicht nicht geben. Dafür aber Wege und Strategien, die eigenen Erfolgschancen zu erhöhen.

Erfolg ist nicht gleich Erfolg – gerade im Fußball. In Zeiten des Hyperkapitalismus diktiert auch im Sport immer stärker das Geld, wer am Ende als Sieger vom Platz geht. Erfolg muss aber nicht zwangsläufig bedeuten, Trophäen zu gewinnen. Die Leistung eines Teams muss immer an den Ressourcen gemessen werden, die zur Verfügung stehen. Die meisten deutschen Fußballfans würden die These unterschreiben, dass der SC Freiburg in den vergangenen Jahren ungemein erfolgreich gearbeitet hat. Und das, obwohl sie 2022 die historische Chance verpassten, den DFB-Pokal zu gewinnen. Dass die Freiburger überhaupt das Finale erreicht haben, war Sensation genug. Die Freiburger machten viel, sogar sehr viel aus ihren geringen Mitteln. Auch dies spiegele ich in meinem Buch wider.

Die Auswahl der Klubs ist dabei ebenso subjektiv wie unvollständig. Fans mancher Vereine werden sich beschweren, dass ich nicht ihren Lieblingsklub analysiere. Am Ende waren zwei Kriterien entscheidend: Ich porträtiere Vereine, bei denen ich mich einigermaßen auskenne. Zugleich war es mir wichtig, dass jeder porträtierte Verein für eine bestimmte Facette des modernen Fußballs steht.

Mittlerweile gibt es viele Ideen und Wege, im Fußball die eigene Leistung zu verbessern – und sei es nur um einen Prozentpunkt. Wir leben nicht mehr in Zeiten, in denen ein Trainer seinen Spielern sagt: «Geht's raus und spielt's Fußball!» Fußballklubs sind heutzutage hochkomplexe Unternehmen. Sie geben Millionen aus, um eine möglichst schlagkräftige Elf auf den Rasen zu schicken. Sie analysieren genau, welche Spieler sie verpflichten wollen, wie diese Spieler trainiert und betreut werden müssen. Die meisten Klubs stellen mittlerweile mehr Trainer an als Spieler. Cheftrainer, Co-Trainer, Torwarttrainer, Standardtrainer, Einwurftrainer, Übergangstrainer,

Nachwuchstrainer: Das ist nur eine unvollständige Liste der Berufsbezeichnungen im Coaching-Bereich. Die Klubs achten auf die Ernährung ihrer Spieler, sie bieten Schlafseminare an, sie betreuen ihre Schützlinge rund um die Uhr. Spieler wie Vereine suchen nach «marginal gains», wie es auf Neudeutsch heißt, «kleine Steigerungen», die den Unterschied ausmachen.

Das Kapitel um den FC Liverpool etwa dreht sich nicht um die Frage, wie Jürgen Klopp seine Mannschaft auf- und einstellt. Vielmehr beschäftige ich mich dort mit dem Thema Daten. Der FC Liverpool hat sich im Bereich der Statistik-Analyse einen Vorsprung zur Konkurrenz erarbeitet. Wie ist ihm das gelungen? Und was bedeutet das überhaupt: Datenanalyse im Fußball? In dem Kapitel stelle ich die Konzepte vor, mit denen Statistiker im Fußball arbeiten. Und ich erkläre, was eine Nebenfigur des Films «Moneyball» mit der Statistik-Evolution im Fußball zu schaffen hat.

Dieses Buch soll nicht nur erläutern, wie man erfolgreich im Fußball arbeitet. Es soll zugleich beschreiben, wie der moderne Fußball funktioniert. Im vergangenen Jahrzehnt hat sich die Arbeit der meisten Profiklubs radikal verändert. Die Digitalisierung revolutioniert alle Gesellschaftsbereiche. Der Fußball ist keine Ausnahme. Zugleich floss durch den Wirtschaftsaufschwung der vergangenen Jahre viel Geld in den Sport; Geld, das die Klubs nicht nur in Spieler investieren. So kamen neue Technologien hinzu und sogar gänzlich neue Berufszweige. Der Fußball hat sich in den vergangenen Jahren unglaublich entwickelt: in der Professionalität, der Athletik, der Wirtschaftlichkeit.

Die öffentliche Diskussion rund um den Sport hält leider nicht immer mit diesen Veränderungen Schritt. Noch immer werden Ergebnisse auf die Formel reduziert: Wer wollte den

Sieg mehr? Spieler werden beschimpft, weil sie vermeintlich zu wenig Einsatz gezeigt hätten. Dabei ist der Fußball mittlerweile ein Hochleistungssport, in dem perfekt getrimmte Athleten darum kämpfen, den letzten Tropfen Leistung aus ihrem Körper herauszupressen. Die neuesten Erkenntnisse aus Sportwissenschaft, Neurologie und Mathematik finden bei den Fußballklubs Anwendung. Dieses Buch stellt einige dieser Neuerungen vor – und trägt damit hoffentlich seinen Teil dazu bei, die Debatten um den Fußball zu vertiefen.

Die einzelnen Kapitel liefern viele Denkanstöße und Geschichten aus dem Fußball, aber auch Thesen, die sich auf andere Lebensbereiche anwenden lassen. Fußball ist ein Teamsport – auf, aber auch neben dem Platz. Insofern geht es in diesem Buch auch immer um die Frage, wie Vereinsverantwortliche ein gutes Arbeitsklima schaffen, um das Beste aus ihren Mitarbeitern herauszuholen. Wieso ist gerade der FC Liverpool so innovationsfreundlich? Wieso arbeiten die Vorstände in Freiburg so gut miteinander? Wieso hat Real Madrid so professionelle Spieler? Im Idealfall liefert dieses Buch Anregungen, die über den Bereich Fußball hinausgehen. Im Endeffekt unterscheidet sich die Arbeit eines Klub-Managers auch nicht wesentlich von der Arbeit eines Sales- oder Supply-Chain-Managers. Im Idealfall wissen sie alle, wie modernes Management funktioniert.

In erster Linie soll es in diesem Buch aber um Fußball gehen. Ich versuche, so detailliert wie möglich die Erfolgsgeheimnisse der kleinen und großen Klubs des europäischen Fußballs zu entschlüsseln. Am Ende bin ich froh, wenn ich einen kleinen Prozentsatz dessen abdecke, was in einem Fußballspiel auf dem Rasen passiert. Denn das ist das Schöne an diesem Sport: Jede noch so detaillierte Planung, jede noch so professionelle oder unprofessionelle Arbeit kann durch ein Tor ad absurdum geführt werden. Der Fußball ist eben kein einfaches Spiel.

KAPITEL 1

Manchester City: Was Geld alles (nicht) kaufen kann

«Der beste Fußball wird dort gespielt, wo das meiste Geld ist. Die Kleinen bleiben klein und haben auch keine Chance mehr, nach oben zu kommen. Außer der Scheich von Dubai klingelt an.»

Otto Rehhagel

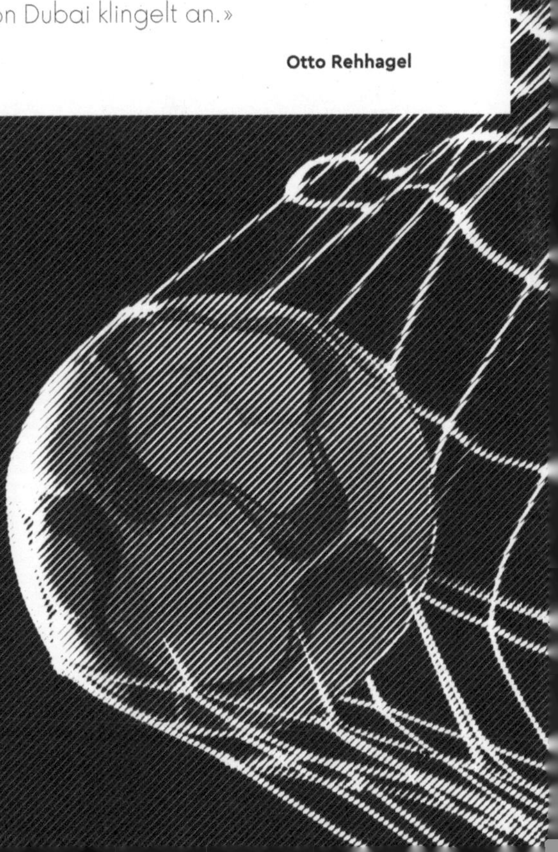

Das Sparsamkeitsprinzip – auch bekannt als Ockhams Rasiermesser – besagt, dass in den meisten Fällen die naheliegendste Erklärung die richtige ist. Dieses Buch wird einige Erklärungsansätze liefern, warum manche Vereine erfolgreicher arbeiten als andere. Wenn es um den ganz großen Erfolg geht, um Meisterschaften und Pokale und internationale Titel, gibt es einen Faktor, der Erfolg besser vorhersagt als jeder andere: Am Ende gewinnen fast immer die Vereine mit dem meisten Geld.

Um das zu belegen, genügt ein Blick auf die Titelträger der vergangenen Jahre. In der Bundesliga feierte der FC Bayern München zehn Meisterschaften in Folge. Hinzu kamen im selben Zeitraum fünf DFB-Pokalsiege und zwei Champions-League-Triumphe. Ähnlich sieht die Lage in den anderen großen Ligen Europas aus. In Italien gewann der umsatzstärkste Verein, Juventus Turin, neun Meisterschaften in Folge, ehe der zweitumsatzstärkste Klub, Inter Mailand, ihn 2021 vom Thron schubste. In Frankreich ist Paris Saint-Germain der Konkurrenz enteilt, der Klub gewann acht der vergangenen zehn Meisterschaften. In Spanien machen Real Madrid, der FC Barcelona und Atlético Madrid den Titel unter sich aus. In England gab es im vergangenen Jahrzehnt fünf verschiedene Meister. Doch auch hier sind die Spitzenklubs aus Manchester und London der Konkurrenz so weit entwachsen, dass allerhöchstens sechs Klubs eine realistische Chance auf den Titel haben. In den vergangenen zehn Jahren konnte in den fünf größten Ligen Europas gerade einmal ein Verein die Meisterschaft gewinnen, der nicht zum Klub der Superreichen gehört: Leicester City bei seinem sensationellen Premier-League-Sieg 2016.

Diese Mega-Klubs dominieren nicht nur die eigene Liga, sondern auch den internationalen Wettbewerb. Es ist mittlerweile fast zwanzig Jahre her, dass ein Klub, der nicht aus den europäischen Top-Fünf-Ligen stammt, die Champions League gewinnen konnte: der FC Porto 2004, trainiert von José Mourinho. 85 der 88 Champions-League-Halbfinalisten im aktuellen Jahrtausend kamen aus den fünf großen Ligen. In der Champions League scheint es nahezu ausgeschlossen, dass Bayern, Real oder Liverpool bereits in der Gruppenphase ausscheiden. Europas zweitgrößten Wettbewerb, die Europa League, gewannen zehn Jahre in Folge ausschließlich spanische und englische Teams, ehe 2022 Eintracht Frankfurt den Titel nach Deutschland holte.

Doch nicht nur in den Spitzenligen dominieren wenige Platzhirsche das Geschehen. Österreich, Griechenland, Serbien, Kroatien, Tschechien, Moldawien, Schottland: Das ist nur eine unvollständige Liste europäischer Länder, in denen maximal zwei Teams eine halbwegs realistische Chance auf die Meisterschaft haben.

Die Gründe dafür sind simpel. Die Top-Teams der großen und kleinen Ligen qualifizieren sich Saison für Saison für die europäischen Wettbewerbe. Dort verdienen sie TV-Gelder, von denen die nationale Konkurrenz nur träumen kann. 130 Millionen überwies die UEFA dem FC Bayern München, nachdem dieser 2020 die Champions League gewonnen hatte. Die Bayern erhielten damit allein von der UEFA mehr Geld, als zehn Bundesliga-Konkurrenten an Jahresumsatz erwirtschafteten. Doch nicht nur durch die Champions League nimmt Bayern mehr ein als die Konkurrenz. Der Erfolg beschert dem Rekordmeister neue Fans auf der gesamten Welt. Die Spitzenklubs sind längst internationale Marken. Sie verkaufen mehr Merchandise, erzielen höhere Sponsoringeinnahmen, fordern höhere Ticketpreise. Mit dem erwirtschafteten Geld kaufen sie wiederum die besten Spieler, bauen die modernsten Trainingsanlagen und stellen die bestmögliche Betreuung ihrer Stars sicher. Kein Faktor ist ein besserer Indikator für Erfolg als der Umsatz eines Vereins.

⚽⚽⚽

Manchester City ragt unter den reichsten Klubs sogar noch heraus. Deloitte, ein Unternehmen aus der Wirtschaftsbranche, wertet jährlich die Finanzkennzahlen der größten Fußballklubs aus. 2022 krönte es in seiner «Deloitte Football Money League» einen neuen Spitzenreiter: Manchester City. Kein Verein erwirtschaftete in der Saison 2020/21 einen höheren Umsatz. Mit knapp 650 Millionen Euro führt er die Liste der umsatzstärksten Vereine an, noch vor Real Madrid (640 Millionen Euro) und Bayern München (610 Millionen Euro).

Vor zwanzig Jahren wäre dieser Fakt noch undenkbar gewesen. City gehört nicht zum klassischen Fußball-Adel, der wie Real oder Bayern seit fünfzig Jahren an der Spitze des europäischen Fußballs thront. 1937 und 1968 gewann City zwar den englischen Meistertitel, 1970 den Europapokal der Pokalsieger.

Ansonsten pendelte der Verein aber zwischen der ersten und der zweiten englischen Liga. 1999 stieg der Klub sogar in die dritte Liga ab. City ist ein traditionsreicher Klub mit einer langen, aber nicht allzu glorreichen Geschichte. Lange Zeit rühmten sich seine Anhänger vor allem ihrer Leidensfähigkeit. City galt als Arbeiterklub, als kleine Adresse in der eigenen Stadt. Die große Nummer der Stadt hieß Manchester United.

Anfang des Jahrtausends sollte sich dies schlagartig ändern. In jener Zeit herrschte im englischen Fußball Goldgräberstimmung. 2003 hatte der Russe Roman Abramowitsch den FC Chelsea gekauft. Bis Abramowitsch auf der Bildfläche erschien, waren sämtliche Klubs der englischen Premier League in den Händen britischer Geschäftsmänner. Abramowitsch war ein Außenseiter, ein russischer Geschäftsmann, der – wie ein zeitgenössischer Zeitungsartikel verkündete – «mehr Geld besaß als Gott». Er pumpte Milliarden in den FC Chelsea, kaufte die besten Spieler Europas und verpflichtete mit José Mourinho das größte Trainertalent seiner Zeit. Chelsea avancierte zum Spitzenverein der englischen Premier League, gewann nationale Titel und gehörte plötzlich zum Klub der Champions-League-Favoriten. Abramowitsch lieferte den Beweis, dass jeder mit genug Geld einen Mittelklasseverein an die Spitze des Weltfußballs führen kann.

Abramowitschs Vermögensanlage provozierte eine Reihe Nachahmer. Oligarchen und amerikanische Investmentfirmen kauften nach und nach die Klubs der Premier League. 2010 gehörten bereits sieben Premier-League-Vereine ausländischen Investoren. Zu Beginn der Saison 2022/23 waren 16 der 20 Premier-League-Teams nicht mehr im britischen Besitz. Auch für City öffnete die neue Zeit finanzkräftige Perspektiven. In diesem Fall kam der ausländische Investor aus Thailand. Thaksin

Shinawatra war dort bis 2006 Premierminister, ehe das Militär ihn nach Massenprotesten absetzte. Sein Vermögen, das angeblich über 600 Millionen Dollar betrug, drohte eingefroren zu werden. Schnell kaufte er für rund 100 Millionen Euro Manchester City. Da ihm sein Vermögen kurze Zeit später tatsächlich entzogen wurde, musste er den Klub nur ein Jahr später wieder verkaufen. Das einzig bleibende Erbe seiner Zeit sind diverse Kristalle, die unter dem Stadion der Citizens vergraben wurden. Sie sollen dem Verein Glück bringen.

Zur selben Zeit suchten noch reichere Geschäftsmänner einen englischen Fußballverein, in den sie investieren konnten. Sie hatten sich bereits diverse Klubs angeschaut, ehe ihr Blick nach Manchester schweifte. City bot zahlreiche Vorteile für einen Investor, der einen Klub kaufen wollte. Das Stadion war erst 2002 für die Commonwealth Games gebaut worden, große Investitionen waren nicht nötig. Es stand zudem in einer wenig erschlossenen Gegend, die genügend Bauland für ein neues Klubgelände bot. Der Verein hatte loyale, leiderprobte Fans. Und last, but not least war City billig zu haben. Shinawatra war daran gelegen, den Verein möglichst schnell zu verkaufen – oder direkter ausgedrückt: City war ein Schnäppchen im Vergleich zu anderen Traditionsklubs. Die englischen Zwischenhändler, die die Klubsuche organisierten, überzeugten ihren Auftraggeber. Manchester City wurde das neueste Investment der Abu Dhabi United Group for Development and Investment (kurz: ADUB).

Die ADUB ist eine der reichsten Investitionsgesellschaften der Welt. Die Milliarden, die Abu Dhabi mit Öl und Gas verdient, soll die Firma in verschiedene Wirtschaftszweige investieren, damit das Emirat langfristig von Rohstoffexporten unabhängig wird; Diversifikation nennen Wirtschaftswissenschaftler dieses Vorgehen. Warum die ADUB unbedingt in einen Fußballklub investieren wollte, lässt sich bis heute nicht ganz nachvollziehen. Scheich Mansour bin Zayed Al Nahyan, Eigentümer der ADUB und Mitglied von Abu-Dhabis Herrschaftsfamilie, ist nicht gerade als Fußball-Enthusiast bekannt. In den fünfzehn Jahren seit der Übernahme hat Mansour gerade einmal ein Spiel live im Stadion verfolgt. Khaldoon Al Mubarak, nach der Übernahme zu Citys Vorsitzenden berufen, betonte, der Kauf eines Fußballvereins sei eine reine Geschäftsentscheidung gewesen. Ein Fußballklub erscheint aber stets als riskantes Investment; klassische Wirtschaftsbranchen erzielen ein höheres Wachstum. Kritiker werfen der ADUB vor, mit der Übernahme Manchester Citys den Ruf des Emirats reinwaschen zu wollen. «Sportswashing» nennt sich diese Methode. Statt über Menschenrechtsverletzungen in den Vereinigen Arabischen Emiraten nachzudenken, sollen Fans Citys glorreichen Triumphe im Kopf haben, wenn sie an Abu Dhabi denken.

Egal, aus welchem Grund die ADUB City erwarb: Der Plan war von Anfang an, eine neue Macht im Weltfußball zu schaffen. Abu Dhabis Herrscher sahen, was Abramowitsch mit Chelsea gelungen war: einen international kaum bekannten Klub mithilfe von viel Geld an die Spitze des Weltfußballs zu führen. Mansour und Mubarak wollten klotzen, nicht kleckern – und das vom ersten Tag an.

Doch der Verkaufsprozess zog sich. Erst am 1. September 2008 konnten sie öffentlich den Erwerb des Klubs verkünden. Blöderweise war dies der «Deadline Day», jener Tag, an dem Vereine letztmals neue Verpflichtungen im Sommer tätigen dürfen. Citys neue Eigentümer wollten einen großen Namen präsentieren. Die Neuverpflichtung sollte schreien: Wir sind hier, ihr müsst mit uns rechnen! Die sportliche Leitung telefonierte den ganzen Tag. Doch Stars wie Dimitar Berbatov, Fernando Torres oder Mario Gómez waren so kurzfristig nicht verfügbar. Der damalige Geschäftsführer Garry Cook erzählte später in einem Interview, dass der Klub sogar ein Angebot für Lionel Messi unterbreitet habe – allerdings eher aus Versehen. «Now it's getting messy» soll einer seiner Mitarbeiter gesagt haben (zu Deutsch: «Jetzt wird's schwierig»), ein Mitarbeiter verstand dies falsch, und so bot City aus dem Nichts für den damals talentiertesten Fußballer der Welt. Wenig überraschend lehnte Barcelona ab. Am Ende des Tages verpflichtete City Robinho, einen brasilianischen Stürmer, der bei Real Madrid die hohen Versprechungen nie ganz einlösen konnte. Der 43-Millionen-Euro-Transfer wäre fast noch gescheitert, weil die Citizens statt eines Angebotes versehentlich ein leeres Blatt Papier nach Madrid faxten. Erst fünf Minuten vor Ablauf der Transferfrist konnte City Vollzug melden. Der Verein hatte nicht einmal mehr Zeit für einen Medizincheck.

Auch in den kommenden Transferphasen dominierte der Wunsch, über große Namen den schnellen Erfolg einzukaufen. Es gab zu jener Zeit kaum einen Spitzenfußballer, dessen Name nicht mit City in Verbindung gebracht wurde, egal ob Cristiano Ronaldo, Sergio Ramos, Philipp Lahm, Ruud van Nistelrooy oder David Villa. Alle sagten ab. Stattdessen kamen in den ersten beiden Jahren Spieler wie der Brasilianer Jô (24 Millionen Euro), Emmanuel Adebayor (29 Millionen Euro) oder Roque Santa Cruz (21 Millionen Euro). Sie sind heute weitestgehend aus dem Fußballgedächtnis verschwunden. Nach zwei, gelinde gesagt, unterwältigenden Transferperioden verbesserte sich Citys Gespür für Spieler. So prägten der 2010 verpflichtete Yaya Touré (30 Millionen Euro) und der 2012 verpflichtete Sergio Agüero (40 Millionen Euro) die Mannschaft über mehrere Jahre. Auf jeden Volltreffer wie David Silva oder Fernandinho kamen aber mindestens zwei Spieler des Kalibers Wilfried Bony, Jack Rodwell oder Stevan Jovetić, die viel Geld kosteten, aber bei ihrem neuen Arbeitgeber keinen bleibenden Eindruck hinterließen.

Laut Transfermarkt.de gab Manchester City in den ersten vier Saisons nach der Übernahme knapp 580 Millionen Euro für neue Spieler aus. Dem standen Verkäufe in Höhe von 130 Millionen gegenüber. Der negative Saldo betrug demnach 450 Millionen Euro. Das war einsamer Spitzenwert im europäischen Fußball. Einzig Real Madrid (minus 310 Millionen Euro) kam im selben Zeitraum ebenfalls auf einen negativen Saldo über 200 Millionen Euro, die Königlichen hatten jedoch auch fast 100 Millionen Euro für Cristiano Ronaldo ausgegeben. In England landete auf Rang 2 Chelsea (minus 180 Millionen Euro) und auf Rang 3 Stoke City (minus 90 Millionen Euro). Würde allein Geld die Fußballwelt regieren, hätte City binnen kürzester Zeit der erfolgreichste Verein der Welt werden müssen. Wurde er aber nicht.

Das erste Jahr unter den neuen Besitzern schloss City auf Rang 10 der Tabelle ab. Auch im zweiten Jahr verpasste es die Qualifikation zur prestigeträchtigen Champions League. Im dritten Jahr schenkte City den neuen Eigentümern den ersten Titel. Zwar kam man in der Liga nur auf den dritten Rang, gewann dafür aber den FA Cup. Erst nach vier Jahren war es endlich so weit: Am finalen Spieltag der Premier-League-Saison 2011/12 erzielte Agüero in der vierten Minute der Nachspielzeit das entscheidende Tor, und City zog in der Tabelle doch noch an Lokalrivale United vorbei. Die Fans feierten den ersten Ligatitel nach über vierzig Jahren. Citys Kritiker spotteten, dass es der erste Ligatitel nach Spielerkäufen in Höhe von über 500 Millionen Euro war.

Auf das City jener Tage traf die alte Fußballweisheit zu: Die Einzelteile waren großartig, ihre Summe war aber nie größer als die Einzelteile. Vincent Kompany, lange Jahre Kapitän von City, sagte 2018 über jene Zeit: «Wir waren ein Team mit großen Charakteren. Der Unterschied zwischen dem heutigen City und dem Team von damals ist, dass wir heute ein Schwarm sind, der Verantwortung auf mehreren Schultern verteilt. Damals ging es darum, dass große Charaktere in großen Momenten den Unterschied machten.» Volker Finke, langjähriger Trainer des SC Freiburg, nannte diesen Ansatz einst «Heldenfußball»: Man wirft so viele Helden wie möglich auf das Feld, in der Hoffnung, dass sie die Schlacht gewinnen. Der Plan ist nebensächlich.

Um das Jahr 2010 herum befand sich der Fußball jedoch in einer Art Zeitenwende. Pep Guardiola formte den FC Barcelona zur stärksten Mannschaft seiner Zeit. Mit neuartigen Ideen verband er Ballbesitzspiel mit aggressivem Pressing, um auf dem Feld die totale Dominanz herzustellen. Barcelona passte die Kugel schneller als jedes andere Team zuvor und gewann den Ball postwendend zurück, wenn es ihn verloren hatte. Guardiolas Team stellte nicht nur neue Rekordwerte in Sachen Ballbesitz auf. Im selben Zeitraum, in dem City zwei Titel gewann, sammelte Barcelona vierzehn Trophäen. In Deutschland indes betrachtete Jürgen Klopp die taktischen Ideen von Guardiola genau. Er beschloss, bei seinem Klub Borussia Dortmund Barças Gegenpressing, die schnelle Balleroberung nach Ballverlust, mit einem schnörkellosen Angriffsspiel zu kombinieren. Sein «Vollgas-Fußball» bescherte Borussia Dortmund den Meistertitel 2011 und das Double 2012. Jupp Heynckes ließ sich von Klopps Taktik inspirieren und führte den FC Bayern München 2013 auf diese Weise zum Champions-League-Sieg.

Sobald Manchester City in der Champions League auf Spitzenteams dieses Kalibers traf, wurden die Grenzen des eigenen Ansatzes sichtbar. 2011 schied City bereits in der Gruppenphase aus. In Erinnerung bleibt vor allem das Gastspiel in München. Nicht etwa wegen Citys Leistung: Die 0:2-Niederlage war eine eindeutige Angelegenheit, bei der Heynckes' Bayern 24-mal auf das Tor schossen und City nur neunmal. Vielmehr sollte ein Streit Manchesters Außenwirkung beschädigen: Top-Torjäger Carlos Tévez verweigerte seinem Trainer Roberto Mancini die Einwechslung. Der Disput beschäftigte sogar die Anwälte des Klubs. Auch in der Folgesaison kam City nicht über die Gruppenphase hinaus, nachdem es gegen Real Madrid, Borussia Dortmund und Ajax Amsterdam keinen einzigen Sieg erringen konnte. Erst im dritten Anlauf überwand Europas teuerste Mannschaft die Vorrunde, nur um im Achtelfinale sang- und klanglos am FC Barcelona zu scheitern.

In diesen frühen Jahren beging City die Fehler, die viele neureiche Klubs machen. Die sportliche Führung hatte nie mit den Summen hantiert, die nun zur Verfügung standen. Geschäftsführer Cook hatte bereits vor der Ankunft der neuen Geldgeber bei City unterschrieben, so wie viele Mitarbeiter in der Geschäftsführung und im Scouting. Plötzlich mussten sie nicht nach hoffnungsvollen Talenten suchen, sondern nach aktuellen und kommenden Superstars. Das gelang ihnen jedoch nicht. So versuchte City im Winter 2009, den Brasilianer Kaká zu verpflichten, der zwei Jahre zuvor den Ballon d'Or als bester Spieler des Jahres gewonnen hatte. Kaká berichtete später, dass Citys Offerte ihn «verwirrt» zurückgelassen habe. City habe sich zunächst weder bei ihm noch bei seinem Berater gemeldet, sondern direkt seinen Verein AC Milan kontaktiert. Obwohl City deutlich mehr Gehalt bot als Milan, wechselte Kaká nicht. Später sagte er: «Ich sollte das Trikot eines der historischsten und erfolgreichsten Klubs in Europa tauschen gegen ein komplett am Anfang stehendes Projekt ... Es war einfach sicherer, in Milan zu bleiben, einem der führenden Klubs in Europa, der um die Champions League mitspielen konnte.» Kaká gab aber zu, dass er durchaus schwach geworden wäre, wenn man ihn direkt kontaktiert, im Sommer und nicht erst im Winter angefragt hätte, wenn das Angebot also professioneller unterbreitet worden wäre.

Reich zu sein hat nicht nur Vorteile. Transfersummen sind keine festgelegten Preise, sondern entstehen erst in der Interaktion zwischen den Verhandlungspartnern. Jeder europäische Klub wusste, dass City Geld besitzt. Viel Geld. Genauso wussten die Klubs, dass City möglichst schnell und möglichst aufmerksamkeitsheischend Topstars verpflichten wollte. Also passten sie ihre Preise an. City zahlte für überdurchschnittliche Spieler so viel wie andere Vereine für Topstars. Die hohen Ablösesummen schufen Erwartungen an die Spieler, die diese kaum erfüllen konnten. Robinho, Adebayor und Santa Cruz blieben keine drei Jahre in Manchester. Spieler bekamen wenig Chancen, sich zu entwickeln, da immer wieder ein neuer Star präsentiert wurde. Der 2010 verpflichtete Jérôme Boateng etwa weilte nur ein Jahr in Manchester, ehe er nach München weiterverkauft wurde. Dort avancierte er zum Champions-League-Sieger und Weltmeister.

Die Strategie, große Namen zu verpflichten, schuf eine Schieflage im Kader. City wollte prestigeträchtige Kicker kaufen. Prestige erhalten im Fußball vor allem Offensivspieler: Stürmer, die Tore schießen, Passvirtuosen, die Treffer vorbereiten, Dribbelkünstler, die sich an drei Gegnern vorbeischlängeln. Sie stehen im Fokus der Öffentlichkeit. Defensivspieler haben es da schwerer. Sie fallen seltener auf. Gerade Spieler, die im zentralen Mittelfeld für ihre Kollegen absichern, haben oft ihre besten Spiele, wenn nach dem Abpfiff niemand über ihre Leistung spricht. Dann haben sie den Gegner aus der gefährlichen Zone ferngehalten. Solche Spieler verpflichtete City aber nicht. 2012 standen mit Sergio Agüero, Carlos Tévez, Edin Džeko und Mario Balotelli vier Stürmer mit Starallüren im Kader. Trainer Roberto Mancini setzte jedoch gerade in Champions-League-Spielen auf eine 4–5–1-Formation, bei der nur ein Stürmer zum Einsatz kam. Schlechte Laune bei drei der vier Angreifer war vorprogrammiert. Im zentralen Mittelfeld verfügte City wiederum mit Yaya Touré über einen offensivstarken Achter und in Samir Nasri und David Silva über zwei großartige Vorlagengeber. Abgesichert wurden ihre Vorstöße jedoch nicht von einem defensivstarken Sechser, sondern vom nicht minder vorwärts gerichteten Gareth Barry. Kompanys Einschätzung, City sei zu jener Zeit eine Mannschaft großer Charaktere gewesen, trifft vollends zu. Vielleicht waren die einzelnen Charaktere sogar zu groß.

Citys erste Jahre unter den neuen Besitzern waren nicht gerade ein Beleg für die These, dass Geld automatisch zu Erfolg führt. Weder spielte City besonders ansehnlichen Fußball, noch feierten sie die großen Erfolge, die ihrem Umsatz nach eigentlich erwartet wurden. Man könnte sagen: Gemessen an Investition und Ertrag, war City in den ersten Jahren eines der am wenigsten erfolgreichen Teams Europas.

Citys Verantwortliche merkten schnell, dass Spieler der allerhöchsten Güteklasse dem Verein nicht nur aufgrund des fehlenden Prestiges absagten. Jahrzehntelang hatte der Klub es verpasst, seine Trainingsanlagen zu verbessern. Sportler wollen Geld verdienen, ja. Sie wollen aber auch die besten Bedingungen vorfinden, um zu trainieren und besser zu werden – und sei es nur, damit sie dann noch mehr Geld verdienen.

2008 residierte Manchester City am Carrington Training Centre, nicht weit entfernt vom Lokalrivalen United. Vincent Kompany berichtet, wie schlecht die Trainingsbedingungen in jener Zeit waren. Die Toiletten hätten teilweise monatelang keine Türen gehabt, und niemand habe sich darum gekümmert. Die Gewichtsangaben an den Hanteln seien verrostet und deswegen nicht sichtbar gewesen. Die Plätze waren im Winter kaum benutzbar. Die vorherigen Besitzer hatten Millionen in neue Spieler investiert. Geld in die Infrastruktur zu stecken, war offenbar weit weniger sexy. Welcher Fan applaudiert schon einem Investor, der neue Massagebecken mit Unterwasserdüsen anschafft?

Um die besten Beine zu sich zu locken, musste die ADUB in Steine investieren. Zwar bemühten sich die neuen Eigentümer bereits in den ersten Wochen um den Kauf neuer Trainingsgeräte. Doch das Carrington Training Centre beeindruckte keinen Spieler, der auf Weltniveau performen wollte. Etwas Neues musste her.

Einer der wesentlichen Gründe, warum die ADUB in Manchester City investierte, war die infrastrukturelle Situation. Zum einen war von Vorteil, dass das City of Manchester Stadium erst im Jahr 2002 eröffnet worden war, als modern galt und unweit des Stadtzentrums lag. Zum anderen war das Umfeld des Stadions vielversprechend. Die Geschichte der Gegend ist typisch für Manchester. Im 19. Jahrhundert, in der Blütezeit der englischen Textilindustrie, siedelte sich hier eine Chemiefirma an, die Farbstoffe für die Textilindustrie produzierte. In den Siebzigerjahren des vergangenen Jahrhunderts arbeiteten hier noch über 2000 Menschen. In den darauffolgenden Jahrzehnten wurden sämtliche Jobs ausgelagert. Textilien und die dafür benötigten Farbstoffe ließen sich in China, Indien und Bangladesch günstiger herstellen. Im Jahr 2004 gab die Firma bekannt, den Standort Manchester zu schließen. Übrig blieben leer stehende Fabrikgebäude und ein chemisch kontaminierter Boden. Ein Albtraum für jeden Stadtplaner – und ein Traum für einen Fußballverein, der möglichst günstiges Land für ein möglichst großes Trainingsgelände benötigt. Die ADUB kaufte nicht nur den Verein, sondern auch das Areal, auf dem einst zig Fabriken standen.

Schon wenige Tage nach der Übernahme beauftragte der Verein ein Architekturbüro mit Plänen für das Areal. Die neuen Eigentümer holten den Stadtrat und die Einwohner mit ins Boot. Gemeinsam entwarf man einen Plan, der nicht nur dem Verein, sondern auch den Ortsansässigen zugutekommen sollte. City sagte zu, mindestens 20 Prozent der Mitarbeiter aus dem Einzugskreis des Vereinsgeländes zu rekrutieren, und sah Teile der Anlage zur Mitnutzung durch Teams und Schulen aus der Umgebung vor. So wurde aus einer baufälligen Fabrikanlage nicht nur ein Sportareal für den Verein, sondern auch eine öffentliche Freizeitstätte für Anwohner der umliegenden Stadtteile. Es war eine Win-win-Situation: für den Verein, der billiges Bauland bekam, und für die Stadt, die ein zerfallenes Gebiet neu beleben konnte.

City schickte Mitarbeiter zu anderen Spitzenklubs, um sich von der Konkurrenz inspirieren zu lassen. Sie sahen sich Barcelonas legendäre La-Masia-Akademie an und studierten das Milanello Sports Center in Norditalien. Im Vergleich zur Konkurrenz hatte City von Anfang an einen wesentlichen Vorteil: Das Trainingsgelände entstand in direkter Nähe zum Stadion. Möchte man von Bayern Münchens Trainingsareal an der Säbener Straße zur Allianz Arena reisen, muss man einmal die komplette Stadt durchqueren. In Manchester sollen bereits die Achtjährigen auf das Stadion blicken, während sie trainieren. Trainingsplätze, Geschäftsführung, Jugendteams: Sie alle sollten auf dem 32 Hektar großen Areal unterkommen, das sich nur wenige 100 Meter vom Stadion entfernt befindet. Eine Einheit sollte entstehen, mitten im Herzen Manchesters.

2011 begannen die Bauarbeiten, 2014 wurde das Gelände offiziell eröffnet. 200 Millionen Pfund investierte der Verein in den Neubau. Die Namensrechte verkaufte City an die abudhabische Fluggesellschaft Etihad, weshalb das Gelände heute als «Etihad Campus» bekannt ist. Wer das Trainingszentrum bestaunen will, muss zwei Stunden Zeit und 25 Pfund Eintrittsgeld mitbringen. Ein freundlicher Guide fährt die Schauwilligen in einem – selbstredend vollkommen elektrischen – Shuttlebus über den Etihad Campus, vorbei an sechzehn Trainingsplätzen, drei Fitnessstudios, sechs Schwimmbecken und einem 7000 Menschen fassenden Stadion, in dem Spiele der Jugend- und Frauenteams ausgetragen werden. Über ein Tablet lassen sich Imagefilmchen bestaunen, die einem das Innenleben der Gebäude näherbringen. Betreten darf man sie nicht. Die Tour fühlt sich ein bisschen an wie der Besuch eines Hollywoodstudios: Man ist so nah dran an den Sternchen – und doch so weit weg.

Führungen über das Gelände beginnen am Stadion. Mein Guide ist ein älterer City-Fan, der schon beim Titelgewinn

1968 im Stadion stand. Tatsächlich dürfte der Altersschnitt der Tourguides nahe dem Rentenalter liegen. City bezahlt die ältesten Fans, die Geschichte des eigenen Vereins weiterzuerzählen – ein Traumjob für die Guides, ein Gewinn für den Verein. Als ich mit ihm über City-Legende Bert Trautmann ins Gespräch komme, beginnt er zu schwärmen. Die dänische Familie auf der Tour interessiert eher die Frage, ob sie ein Foto schießen dürfen, wenn sie einen Star sehen. Es herrscht jedoch striktes Fotoverbot. Immerhin begeben wir uns in das Heiligtum des Vereins. Als wenige Minuten später tatsächlich Bernardo Silva an unserem Shuttlebus vorbeitrottet, zuckt ein dänischer Teenager kurz. Der Guide wirft ihm einen grimmigen Blick zu, das Handy bleibt in der Hosentasche.

Vom Stadion sind es keine 500 Meter zum Trainingskomplex. Eine Fußgängerbrücke verbindet Stadion und Akademie. Zwei Sicherheitsschleusen später erreichen wir den Trainingskomplex der Citizens. Die Profispieler verbringen den größten Teil ihres Tages im kreisrunden Hauptgebäude. Ihre Welt ist klein – und das ist von den Architekten so gewollt. Das Areal der Profis ist so gestaltet, dass die maximale Strecke, die ein Spieler von A nach B zurücklegt, nie weiter ist als eine Fußballfeldlänge. Der Parkplatz befindet sich direkt vor der Kabine, die wiederum einen Steinwurf entfernt liegt von den vier Trainingsplätzen, die ausschließlich für die Profis reserviert sind. Ebenso kurz ist der Weg zu einem Indoor-Trainingsplatz. Hier kann das Team auch bei schlechtem Wetter Standardsituationen trainieren.

Im Gebäude selbst sind alle Räume so gestaltet, dass sie in kürzester Zeit von der Kabine aus zu erreichen sind. Je wichtiger ein Raum für die Spieler, umso näher befindet er sich an der Kabine. Direkt neben der Umkleide befindet sich das Fitnessstudio. Hier können die Spieler nicht nur Gewichte stemmen, sondern auch Fußballtennis spielen oder ihre Sprintgeschwindigkeit mit einer speziellen Laseranlage messen. Wenn sie einmal keine Lust auf Fußball haben, können sie auf dem angrenzenden Basketballfeld Körbe werfen. Alternativ geht das auch im Schwimmbecken, in dem sich ebenfalls Körbe befinden. Weitere Räume sind für Gymnastik und Pilates ausgelegt. Und direkt an die Fitnessräume grenzt der Massagebereich.

Im Regenerationsraum findet sich modernstes Gerät zur Entspannung der Muskeln: Unterwasser-Druckstrahlmassagen und Kryotherapie. Letztere vereist den gesamten Körper oder einzelne Muskelpartien für kurze Zeit bei Temperaturen von bis zu minus 160 °C. Das soll das Muskelgewebe entspannen und Verletzungen vorbeugen. Citys Spieler können entweder in eine Kältekammer steigen oder einzelne Körperpartien in einer speziellen Vorrichtung kühlen. Im vereinseigenen Kino laufen selten Hollywoodfilme. Häufiger wird es vom Trainerteam für Videositzungen genutzt: Auf der Kinoleinwand lassen sich bestens Spielszenen zeigen und analysieren. Der Chefcoach kann seine Schützlinge auch in sein Büro rufen, das sich – wie sollte es auch anders sein? – direkt über den Umkleidekabinen befindet.

Ebenfalls weniger als ein Fußballfeld entfernt befindet sich der Speisesaal der Mannschaft. Ein Trainer bezeichnete Citys Küche als «das beste Restaurant Manchesters». Die Spieler erhalten hier speziell auf ihre Bedürfnisse zugeschnittenes Essen. Ernährungswissenschaftler bestimmen den täglichen Bedarf an Eiweißen und Kohlehydraten. Je nach Trainingsplan gibt es bis zu drei gemeinsame Mahlzeiten pro Tag. An manchen Tagen nehmen die Spieler ihr Essen aber auch als Lunchpaket mit nach Hause. Die Köche nehmen dabei Rücksicht auf die Gewohnheiten der Spieler. Muslimische Spieler erhalten ihr Essen halal, Vegetarier bekommen Fleischersatzprodukte.

Wenn Spieler zwischen den Trainingseinheiten nicht nach Hause fahren wollen, können sie die Zeit in eigens für sie eingerichteten Zimmern verbringen. Im dritten Stock des Trainingsgebäudes hat jeder Profi sein eigenes Quartier, in dem er zwischen Trainingssitzungen entspannen oder an Spieltagen die Stunden bis zum Anpfiff verbringen kann. Damit niemand eine Hausstauballergie entwickelt, sind sämtliche Böden aus Parkett. Darüber hinaus können die Spieler selbst entscheiden, wie der Raum eingerichtet wird. Auf jeden Fall entspreche der Standard einem Vier-Sterne-Hotel, sagt der Tour-Guide. «Warum nicht fünf Sterne?», frage ich. Man wolle die Spieler nicht zu sehr verwöhnen, scherzt er.

Auf dem Gelände des Campus trainieren nicht nur die Profis. Zwei Drittel der 16 Trainingsplätze sind reserviert für die eigenen Jugendmannschaften. Die Kleinsten toben sich in einer speziell errichteten Fußballhalle aus, die Größeren trainieren auf den Plätzen direkt neben den Profis. Sie sollen niemals ihr Ziel aus den Augen verlieren: eines Tages für die Profimannschaft aufzulaufen. Die Jugendspieler genießen die vielen Annehmlichkeiten des Trainingsgeländes, auch wenn der Verein betont, dass er sie nicht allzu sehr verhätscheln wolle. Stolz erzählt der Guide, der Ruf von Citys Jugendschule sei so gut, dass selbst United-Legende Wayne Rooney seinen Sohn hergeschickt habe. Tatsächlich spielte Rooneys Sohn Kai einige Zeit bei City; später wechselte er jedoch in die Akademie von United.

Auf Citys Gelände tummeln sich nicht nur die «Tracksuits», also die Coaches in den Trainingsanzügen, sondern auch die

«Fine Suits», wie es unser Guide formuliert. Gemeint sind die Funktionäre in den edlen Anzügen. Direkt neben dem Stadion für die Jugendspieler und die Frauenmannschaft steht ein großes Verwaltungsgebäude. Hier befinden sich neben einem Saal für Pressekonferenzen auch die Büros der Manager. Die Leiter der Profi- und der Jugendabteilung können von ihrem Büro direkt auf den Rasen des Stadions blicken. Manche Jugendspieler würden sich unwohl dabei fühlen, in jedem Spiel von den Chefs beobachtet zu werden, erklärt der Guide. Aber auch das gehört zu Citys Philosophie: Die Jugendspieler sollen wissen, dass man ihre Entwicklung registriere.

Die Idee hinter Citys Campus ist simpel: Das Personal soll die bestmöglichen Voraussetzungen vorfinden, um seine Arbeit bestmöglich zu erledigen. Jede Bewegung ist für die wertvollen Spieler eine potenzielle Verletzungsgefahr. Jeder Schritt, den sie vermeiden, dient der Regeneration. Das Essen, die Massagen, die Freizeitbeschäftigungen: Nur das Beste ist gut genug für die Spieler. Und die Annehmlichkeiten kommen nicht nur den Profis zugute. Auch die Nachwuchsspieler trainieren auf perfekt getrimmten Rasenplätzen, die vor jedem Training gewässert werden, damit der Ball schneller rollt. Die Angestellten wiederum müssen für Meetings nicht von A nach B reisen. Das ist keine Selbstverständlichkeit: Bei manch einem Bundesligisten trainieren die Jugendmannschaften aus Platzgründen an einem anderen Ort als die Profis. Möchte ein Manager nun die eigene U19 bestaunen, muss er weite Wege zurücklegen – Reisezeiten, in denen er nicht effektiv arbeiten kann.

City hat bei der Gestaltung des Komplexes an jedes Detail gedacht. So hat ein Psychologe den Klub bei der Wahl der Wandfarben beraten; in den Trainingsräumen dominieren lebendige Farben, in den Regenerationsräumen beruhigende Töne. Im Stadion ist die Kabine der Auswärtsmannschaft im grausten Grau gestrichen; der triste Farbton soll den Gegner langweilen und demotivieren. Die Heimkabine wiederum ist oval geformt, damit der Trainer zu jeder Zeit jeden Spieler sieht. Böden und Wände glänzen weiß, an der Wand dominiert Citys Klubfarbe Hellblau. Der gesamte Raum sieht wesentlich moderner und ansprechender aus als die Gästekabine. Der Guide fordert uns auf, in der Mitte des Raums eine Rede zu halten. Lautsprecher verstärken die eigene Stimme so, dass sie doppelt so laut hallt. Alle Spieler haben in der Kabine einen festen Platz; platziert sind sie so, dass Akteure mit derselben Muttersprache möglichst weit voneinander entfernt sitzen. Das soll nicht nur Grüppchenbildung verhindern, sondern auch dazu animieren, stets auf Englisch zu kommunizieren.

Citys Akademie ist ein echter Standortvorteil für den Verein. Stolz erzählt unser Guide, dass er mehrfach dabei war, als mögliche Neuverpflichtungen das Gelände gezeigt bekamen. Alle äußerten sich begeistert. Kein Wunder, schließlich verfügt kein Verein der Welt über ein Gelände, das derart aus einem Guss gestaltet ist. Aus jedem Fenster lässt sich mindestens ein Fußballplatz sehen; fast alle Mitarbeiter blicken während ihrer Arbeit auf das Stadion. Niemand vergisst hier, welche Mission der Verein verfolgt. Besonders Kevin de Bruyne soll hingerissen gewesen sein. Der frühere Wolfsburger Spieler entschied sich auch aufgrund der Trainingsbedingungen für einen Wechsel zu Manchester City.

⚽⚽⚽

Kevin de Bruynes Wechsel zu City 2015 markierte das Ende einer Ära. Die Ablöse von knapp 80 Millionen Euro erscheint auf den ersten Blick wie ein typischer City-Transfer: viel Geld für einen großen Star. Der Kauf de Bruynes galt zu jener Zeit aber als Risiko. Bevor der Belgier in Wolfsburg aufblühte, hatte er für den FC Chelsea gespielt. Oder besser gesagt: Er hatte auf Chelseas Bank gesessen. Er konnte bei Abramowitschs Klub nie richtig Fuß fassen. Kritiker behaupteten, der zierliche Belgier mag in der Bundesliga funktionieren, für die Premier League sei er jedoch zu weich. «Keineswegs!», dachte sich City. Man war sicher: De Bruynes Fähigkeiten im Passspiel und als Stratege würden den Verein auf ein neues Level hieven.

Tatsächlich wandelte sich Citys Transferstrategie. In den ersten Jahren unter der ADUB hatte der Verein große Namen verpflichtet, um den eigenen Namen größer wirken zu lassen. Ob die Transfers sportlich Sinn ergaben, war zweitrangig. Das änderte sich, nachdem der Verein den eigenen Campus fertiggestellt hatte. Die besseren Arbeitsbedingungen und das viele Geld lockten nicht nur Spieler an, sondern auch neue Köpfe. Diese neuen Köpfe verpassten dem Verein etwas, was zuvor gefehlt hatte: eine Strategie. Statt großer Transfers gab es nun smarte Transfers.

Als die ADUB Manchester City übernahm, verzichtete sie zunächst auf Personalrochaden. Die neuen Besitzer wollten nicht den Eindruck entstehen lassen, reiche Ölmilliardäre würden den Leuten vor Ort die Jobs wegnehmen. Mit zunehmender Zeit wurde aber deutlich, dass die bisherige sportliche Leitung überfordert war mit der Aufgabe, einen Mega-Klub zu führen. «Alles war kaputt», sagte der damalige CEO Garry Cook, der 2008 mit dem Thailänder Shinawatra nach Manchester gekommen war. Er nahm in seiner Diagnose keinen Bereich aus: Weder das Funktionsteam noch das Ticketing oder die Merchandise-Abteilung sei den Ansprüchen des modernen Fußballs gewachsen gewesen. «Die gesamte Organisation funktionierte nicht.» Ironischerweise feuerte der Klub Cook 2011 wegen unprofessionellen Verhaltens; in einer Mail hatte er über die Krebserkrankung der Mutter eines Jugendspielers Witze gerissen.

City hatte Millionen für Beine und Millionen für Steine ausgegeben. Mit der Zeit schloss sich Klubchef Mubarak der sportlichen Diagnose seines CEO an: City brauchte neues Personal. Also investierte man nun noch Millionen in Köpfe. 2009 holte der Klub Brian Marwood. Der frühere Profi sollte als Berater helfen, dem Klub eine eigene DNA zu verpassen. Wobei «eigene» in diesem Fall übertrieben ist. Marwood und seine Kollegen richteten wie schon beim Bau der Akademie den Blick auf die Konkurrenz. «Wir saßen in einer Gruppe in einem Konferenzraum», erinnert sich Marwood in dem Buch «Killing the Game». «Wir stellten uns Fragen wie: ‹Wie wollen wir spielen? Wer wollen wir sein? Wofür wollen wir bekannt werden?› Und dann brachen wir das herunter auf das Profil für die Spieler, die wir brauchten, und den passenden Trainer. Der Name Pep Guardiola fiel in diesen frühen Tagen besonders häufig.»

Kein Wunder: Guardiola hatte in seiner ersten Amtszeit in Barcelona die erfolgreichste Klubmannschaft der Welt erschaffen. Barcelona hatte alles, was City wollte: Unter Guardiola gewann der Klub Titel um Titel. Gleichzeitig wurde Barça nicht nur für seinen Erfolg gefeiert, sondern auch für seinen Stil bewundert. Barcelonas Ballbesitzfußball fußte auf einer jahrzehntealten Tradition. Der große Johan Cruyff hatte den Verein als Spieler in den Siebzigerjahren zu Erfolgen geführt, ehe er in den Neunzigern als Trainer dem Klub seinen Stempel aufdrückte. Cruyff entwickelte das Positionsspiel: eine Blaupause, wie sich die Spieler auf dem Feld zu positionieren haben, damit der Ball möglichst gut in den eigenen Reihen läuft. Mittelfeldspieler Guardiola wurde sein größter Schüler. Er führte das Werk seines früheren Coachs und Mentors fort, indem er als Trainer in Barcelona einen technisch wie taktisch anspruchsvollen Ballbesitzfußball spielen ließ. Der Katalane setzt auf lange Passstafetten und die Kontrolle des Raums über das eigene Positionsspiel.

Das Problem: Wenn es einfach wäre, diesen Stil zu kopieren, würde es jeder tun. Barcelonas Schlüsselspieler jener Jahre hießen Xavi, Andrés Iniesta, Sergio Busquets und Lionel Messi. Sie alle hatten das Kurzpassspiel schon in der Jugend kennengelernt, in Barcelonas sagenumwobener Akademie La Masia. Guardiola mag Cruyffs Positionsspiel weiterentwickelt und um Facetten wie das Gegenpressing bereichert haben. Die Grundlagen waren aber fest im Verein verwurzelt.

Man kann die Leute kaufen, die für den erfolgreichen Stil verantwortlich sind: 2012 verpflichtete City als neuen Vorstandsvorsitzenden Ferran Soriano. Dieser hatte bis 2008 bei Barcelona gearbeitet und war maßgeblich an Guardiolas Beförderung zum Cheftrainer beteiligt. Soriano brachte Txiki Begiristain mit, der bis 2010 in Barcelona als Sportdirektor angestellt war und als aktiver Spieler mit Guardiola in Cruyffs Dreamteam zusammengespielt hatte. Beide erhielten nun den expliziten Auftrag, Barcelonas Kultur in Citys Jugendteams und später auch bei den Profis zu installieren. Soriano war wie in Barcelona für die großen, strategischen Fragen zuständig. Begiristain kümmerte sich darum, die richtigen Spieler für die geplante Vision zu finden. 2013 beschwerte sich Barcelonas Präsident Sandro Rosell öffentlich, Soriano würde versuchen, zahlreiche Mitarbeiter Barcelonas abzuwerben. Inwieweit diese Geschichte stimmt, ist offen. Soriano und Rosell verbindet seit ihrer gemeinsamen Zeit in Barcelona eine tiefe Rivalität.

Einen ehemaligen Mitarbeiter des FC Barcelona wollte City unbedingt verpflichten: Pep Guardiola. Nach vier erfolgreichen wie aufreibenden Jahren hatte Guardiola 2012 beschlossen, Barcelona zu verlassen. Er gönnte sich ein Sabbatjahr, zog nach New York, verbrachte seine Zeit bei NBA-Partien oder spielte Schach mit Großmeister Garri Kasparow. Abgeschnitten von der Fußballwelt war Guardiola in New York keineswegs. Regelmäßig besuchten ihn Abgesandte europäischer Topklubs, um ihn davon zu überzeugen, nach seinem Sabbatjahr bei ihnen anzuheuern. Auch City schickte seine Leute. Ihre besten Argumente waren Guardiolas Kumpanen Soriano und Begiristain. Das Trio hatte schon in Barcelona erfolgreich zusammengearbeitet. Begiristains Abgang soll einer der wesentlichen Gründe gewesen sein, weshalb Guardiola seinen Jugendverein kurze Zeit später ebenfalls verließ.

Umso größer war Citys Schock, als Guardiola sich 2013 dafür entschied, nicht nach England, sondern nach Deutschland zu gehen. Der FC Bayern München hatte offenbar überzeugendere Argumente. Die Klubführung bestand aus Ex-Fußballern, die dem Verein verbunden waren; das imponierte Guardiola. Während sich Citys Mannschaft im Umbruch befand und auch das Klubgelände noch nicht fertiggestellt war, traf Guardiola in München auf ein Team, das bereits Großartiges leistete.

Soriano verpflichtete stattdessen Manuel Pellegrini. Der Trainer hatte mit dem FC Málaga für Aufsehen gesorgt, als er das Viertelfinale der Champions League erreichte. Zuvor hatte der Chilene Pellegrini bereits für Villarreal und Real Madrid gearbeitet. Pellegrini sollte den spanischen Ballbesitzstil nach

Manchester bringen. Doch jeder wusste, dass Pellegrini allenfalls Plan B war. Unter Pellegrini gewann City zwar eine Meisterschaft sowie zwei Ligapokale. Doch die großen Probleme des Teams konnte auch er nicht lösen. City wirkte noch immer wie eine Ansammlung talentierter Spieler ohne höhere Philosophie. In der Champions League scheiterte Pellegrini zweimal im Achtelfinale am großen Vorbild Barcelona. 2016 erreichte City das Halbfinale, das gegen Real Madrid verloren ging. Mindestens so schwer wie das abermalige Ausscheiden in der Königsklasse wog die Art des Fußballs, die City auf dem Weg ins Halbfinale spielte. Die Mannschaft überzeugte nicht durch Spielkunst, sondern verteidigte tief und überließ dem Gegner den Ball. Das war nicht der Stil, den Citys neue Chefs sehen wollten.

Der Draht zu Guardiola riss während Pellegrinis Amtszeit nie ab. Den Katalanen ermüdete die Arbeit in München zusehends. Die Granden des FC Bayern erfüllten seine Transferwünsche nicht, die deutsche Bundesliga langweilte ihn. Zu seinem Assistenztrainer Hermann Gerland soll er während seines dritten und letzten Jahres in München gesagt haben: «Ich habe einfach keine Lust mehr, mich auf Spiele gegen Werder Bremen vorzubereiten.» Guardiola signalisierte seine Bereitschaft, nach Manchester zu wechseln. Es gab nur noch eine Hürde: Guardiola war es aus Barcelona und München gewohnt, im Stadtkern zu wohnen, in den Markthallen im Herzen Barcelonas zu essen, in München von seiner Altbauvilla aus zu Fuß zum Viktualienmarkt zu spazieren. In Manchester wohnen die meisten Spieler jedoch in großen Villen in Cheshire, einer abgelegenen Grafschaft südlich der Stadt. Das Stadtkind Guardiola lehnt Landleben strikt ab. Aber in Citys Welt gibt es kein Problem, das sich nicht mit Geld lösen ließe. Die ADUB widmete einfach ein Hotel um, das sie im Herzen Manchesters gekauft hatte, fügte einen Pool und mehrere Luxuswohnungen hinzu. Im Sommer 2016 bezog Guardiola die City Suites, gelegen zwischen Kathedrale, Victoria Station und Fußballmuseum.

City hatte nun alle Puzzlestücke gesammelt, um den Stil der Mannschaft entscheidend zu verändern. Das Funktionsteam beinhaltete fast so viele Spanier wie Briten. Guardiola hatte neben seinen Co-Trainern und Analysten auch seinen Berater Manuel Estiarte, einen früheren Wasserball-Olympiasieger, sowie die Ernährungswissenschaftlerin Silvia Tremoleda mitgebracht. Später stieß noch Juan Manuel Lillo als Assistenztrainer hinzu. City war nicht nur auf den Trainerpositionen exzellent besetzt. Der Italiener Max Sala gilt als einer der fähigsten Mannschaftsärzte weltweit. 2020 ging City neue Wege und verpflichtete als «Performance Director» Simon Timson, der zuvor Großbritannien zur Nummer eins im Skeletonsport entwickelt hatte. Seine Aufgabe lautet, neue Erkenntnisse aus der Wissenschaft oder von Konkurrenten zu analysieren und gegebenenfalls bei City zu implementieren. In allen Abteilungen schmückt City sich mit Koryphäen.

Guardiola machte sich daran, Citys Spielern seinen Stil beizubringen. Er fordert, stets im Sinne des Teams zu denken und zu agieren. Der Katalane Guardiola hat feste Vorstellungen davon, wie die Spieler die Räume auf dem Feld zu besetzen haben. Dabei unterteilt er das Feld in mehrere Zonen. Die Spieler sollen die gesamte Breite des Feldes abdecken und zugleich in vorderster Linie immer wieder Tiefe schaffen, um hinter die gegnerische Abwehr zu gelangen. Nur wenn die Zonen auf dem Feld gleichmäßig besetzt sind, so Guardiolas Theorie, kann eine Mannschaft den Gegner dominieren. Dann kann man den Ball laufen lassen und nach einem Ballverlust sofort zur Rückeroberung ansetzen. «Mein Traum wäre, alle elf Spieler des Gegners von der ersten Minute in dessen Strafraum zu drängen und zu verhindern, dass sie auch nur einmal die Mittellinie überschreiten», so Guardiola.

Um Guardiolas Vision vom perfekten Fußball zu erfüllen, öffneten Citys Besitzer die Geldschatulle. Über 200 Millionen Euro gab City zu Guardiolas erster Saison für neue Spieler aus. So kamen unter anderen Verteidiger John Stones (55 Millionen Euro), Dribbler Leroy Sané (50 Millionen Euro) sowie der flexibel einsetzbare Stürmer Gabriel Jesus (32 Millionen Euro). Trotz all der teuren Verpflichtungen tat sich Guardiola in seinem ersten Jahr in England schwer. Den Spielern gelang es nicht immer, die komplexen Vorgaben des Trainers umzusetzen. Bei seiner vorherigen Station in München hatte Guardiola mit der Idee überrascht, die Außenverteidiger ins Zentrum rücken zu lassen; auf diese Weise ließ sich eine Überzahl in der Mitte herstellen. Doch Bacary Sagna und Gaël Clichy agierten nicht auf demselben Niveau wie David Alaba und Philipp Lahm. Im Mittelfeld fehlte ein klarer Sechser, und auch Torhüter Claudio Bravo patzte immer wieder. Noch schwerer als der dritte Platz in der Liga wog das Aus in der Champions League. City blamierte sich gegen Außenseiter Monaco. Gegen die Monegassen rund um den jungen Star Kylian Mbappé kassierte City in Hin- und Rückspiel jeweils drei Gegentore.

Doch schon im ersten Jahr säte Guardiola, was später reifen sollte. İlkay Gündoğan entpuppte sich als ideale Ergänzung für den Guardiola-Fußball: strategisch klug, dazu immer auf dem Sprung nach vorne. De Bruyne wuchs in die Rolle des Spielgestalters, die Abwehrspieler verbesserten sich im Aufbauspiel. Bereits im ersten Jahr hatte Guardiolas Team in der Premier League die besten Statistiken vorzuweisen. Laut der

Statistik Expected Goals etwa hätten sie die Liga gewinnen können. (Dieser Wert wird in einem späteren Kapitel ausführlicher behandelt.)

City glaubte an Guardiola. So sehr, dass sie den Einsatz erhöhten. Der Kader wurde von Grund auf erneuert. Der Klub ließ zahlreiche Spieler ziehen und nahm so 90 Millionen Euro ein. Die Verkäufe deckten aber nicht annähernd die Kosten, die der Verein für neue Spieler ausgab: Über 300 Millionen Euro investierte er in Neuverpflichtungen. Doch während Paris Saint-Germain im selben Jahr Rekordsummen ausgab für Neymar und Mbappé, ging City jetzt gezielt vor. Begiristain kümmerte sich vorrangig um die Schwachstellen, die Guardiola in seinem ersten Jahr gebremst hatten. Mit Ederson (40 Millionen Euro) kam ein neuer Torwart, der sowohl auf der Linie wie auch als mitspielender Torhüter überzeugt. Aymeric Laporte (65 Millionen Euro) sollte als technisch beschlagener Innenverteidiger den Spielaufbau leiten. Gleich drei neue Spieler verpflichtete City für die vakanten Außenverteidigerpositionen: Kyle Walker (50 Millionen Euro), Danilo Luiz da Silva (30 Millionen Euro) sowie Benjamin Mendy (knapp 60 Millionen Euro). Letzterer kam aus Monaco. Die Monegassen hatten in der Champions League offensichtlich Eindruck hinterlassen, denn City sicherte sich die Dienste eines weiteren Spielers und holte noch den kreativen Portugiesen Bernardo Silva (50 Millionen Euro). So kann man sich auch an seinen Gegnern rächen.

Diese Liste unterstreicht, wie sehr sich die Strategie der Citizens gewandelt hat. Unter den Neuverpflichtungen fand sich kein Weltstar, kein Stürmer, der Tore versprach, kein Dribbelkünstler, der das Publikum in Atem versetzt. Stattdessen investierte City in die Defensive. Zudem achtete man darauf, dass alle Spieler Guardiolas Philosophie umsetzen konnten. Die

Verteidiger wurden nicht einzig nach Defensivqualitäten ausgewählt, sondern auch nach ihren Fähigkeiten im Passspiel. Nahezu jeder Transfer rentierte sich. Die verpflichteten Spieler entwickelten sich nach und nach zu Stützen der Mannschaft.

Nach dem ersten Jahr hatte manch ein Experte geunkt, Guardiolas Stil funktioniere in Spanien und Deutschland, nicht aber in der anspruchsvollen englischen Premier League. Schon im zweiten Jahr strafte Guardiola seine Kritiker Lügen und brach mit der Mannschaft alle Rekorde. Erstmals gelang es einem Premier-League-Team, die Schallmauer von 100 Punkten zu durchbrechen. Dabei erzielte City 106 Tore – eine Marke, die in der langen Geschichte des englischen Fußballs zuvor nur einmal überboten wurde; im Jahr 1931 schoss Aston Villa 128 Tore. Aber Citys Erfolg sollte kein einmaliger bleiben. Im darauffolgenden Jahr sammelte die Mannschaft 98 Punkte und gewann erneut die Meisterschaft. In der Saison 2019/20 schwächelte City etwas und kam mit 81 Punkten nur auf den zweiten Rang. In den beiden darauffolgenden Jahren krönten die Citizens sich wieder zum Meister. Vier Titel in fünf Jahren: Das war in der Premier League bisher nur dem großen Sir Alex Ferguson mit Manchester United gelungen.

Guardiolas Team hat auf dem Feld eine Konstanz entwickelt, die im Weltfußball ihresgleichen sucht – sogar im Vergleich mit den zuvor von ihm trainierten Teams. Guardiolas Barcelona-Team war so etwas wie sein Debütalbum: neu, bisher ungekannt, den Fußball für immer verändernd. Sein Bayern-Team war wie das experimentelle zweite Album: Es gab überall etwas Neues zu entdecken, er probierte viel, das Team agierte aber nicht konstant und in der Spitze nicht so erfolgreich. Guardiolas City wirkt wie das Meisterwerk eines routinierten Musikers, der seine Kunst perfektioniert hat. Woche für Woche holt er das Beste aus seinen Spielern raus, passt seine Mannschaft an den Gegner an, schafft immer im richtigen Bereich des Feldes Überzahlen. Keinem Team lässt sich der Ball so schwer abnehmen, kein Team dominiert Spiele so eindeutig wie City.

Nach dem Kaufrausch zur Saison 2017/18 veränderte sich der Kern des Teams kaum mehr. City fügte Jahr für Jahr einzelne Spieler hinzu, wie etwa den Mittelfeldmotor Rodri (60 Millionen Euro) oder den englischen Wunderknaben Jack Grealish (dessen Ablöse vom Klub geheim gehalten und von den Medien auf 118 Millionen Euro geschätzt wird). In keiner der Saisons betrug der negative Transfersaldo mehr als 100 Millionen Euro. Zwischen 2018 und 2022 befindet sich City in der Transferstatistik «nur» auf dem 13. Rang (minus 225 Millionen Euro), auf einem Niveau mit Liverpool und weit entfernt von Arsenal (knapp 500 Millionen Euro) und Lokalrivale United (600 Millionen Euro). Nachdem sich die Mannschaft einmal gefunden hatte, performte sie einfach immer weiter und weiter.

City ist das beste Beispiel dafür, was Geld im Fußball leisten kann – und was nicht. Sobald der Klub einmal verstanden hatte, wie er sein Geld auszugeben hatte, setzte er sich an die Spitze des englischen Fußballs. Man verpflichtete nicht mehr die größten Namen, sondern die passenden Spieler für das Konzept des Trainers. Auch für die Arbeit hinter den Kulissen engagierte man die besten Leute. Den Grundstein dafür legte der Bau des eigenen Campus. Die Arbeitsbedingungen vor Ort sind das beste Argument, um Profis von City zu überzeugen (neben dem Gehalt, selbstredend). Der gesamte Verein wirkt wie der Campus: aus einem Guss. So hat sich nicht nur die Profiabteilung der Citizens weiterentwickelt. Auch im Jugendbereich gilt City als eine der Topadressen. Mit Phil Foden haben die Citizens einen Star aus den eigenen Reihen entwickelt; der heutige Nationalspieler ist sogar in der Region geboren. Derweil droht Citys Erfolgsgeschichte kein Ende: Die ADUB investiert weiter in den Klub, alle zentralen Angestellten haben langfristige Verträge. Auch Guardiola soll mindestens bis 2025 in Manchester bleiben – und weiter fleißig Titel sammeln.

⚽⚽⚽

Madrid, 4. Mai 2022. Pep Guardiola steht fassungslos am Spielfeldrand. 180 Minuten des Champions-League-Halbfinales sind gespielt. Sein Manchester war die klar überlegene Mannschaft gegen Real Madrid. Als die reguläre Spielzeit praktisch beendet war, benötigte Madrid noch zwei Tore, um überhaupt in die Verlängerung zu gelangen. Und doch ging Real Madrid an diesem Abend als Sieger vom Platz. In der 90. Minute hatte Rodrygo das erste Tor erzielt, eine Minute später das zweite, und in der dadurch entstandenen Verlängerung traf Karim Benzema vom Punkt zum entscheidenden 3:1 für Real Madrid. «Es war ja nicht so, dass sie in den letzten zehn Minuten Angriff um Angriff gestartet haben und du gelitten hast. Das ist nicht passiert», sagte Guardiola nach dem Spiel. Manchester City hatte den Einzug ins Finale verpasst.

Mal wieder. Seit die ADUB Manchester City übernommen hat, träumt der Klub vom ganz großen Triumph auf der europäischen Bühne. Man formuliert diesen Wunsch nicht so offen wie die Kataris, die nach dem Kauf von Paris Saint-Germain posaunten, sie wollen innerhalb von fünf Jahren die Champions League gewinnen. Doch über zehn Jahre sind vergangen, seit die ADUB City gekauft hat, mehrere Milliarden Euro wurden investiert. Die ADUB kaufte noch weitere Vereine und spannt ein Netzwerk um den ganzen Planeten. New York, Melbourne, Yokohama, Montevideo, Mumbai, Girona sind alle Teil der City Football Group. Sie bauen die besten Trainingsanlagen und holen die fähigsten Mitarbeiter. Und doch bleibt der Traum vom ganz großen Titel bisher verwehrt. 2017 blamierte sich City gegen Monaco. 2018 scheiterte Guardiola an Jürgen Klopp, das Hinspiel gewann der FC Liverpool sogar deutlich mit 3:0. 2019 verlor City in letzter Minute im Viertelfinale gegen Tottenham und 2020 beim Corona-bedingten Champions-League-Turnier gegen Olympique Lyon. 2021 versagten im Finale gegen Chelsea die Nerven.

Nie jedoch waren sie so unerwartet am Sieg vorbeigeschrammt wie im Mai 2022. City war praktisch bereits ins Finale eingezogen. Guardiolas Mannschaft hatte mehr Spielanteile, die besseren Chancen, wirkte wie das stimmigere Team und spielte den technisch wie taktisch anspruchsvolleren Fußball. Nur wenige Minuten bevor Real Madrid zum Comeback ansetzte, war Jack Grealish alleinstehend vor dem Tor gescheitert. Als die Naturgewalt Real Madrid kurz vor Schluss aufdrehte, wirkten die City-Profis plötzlich wie Schuljungen.

Warum will es City einfach nicht gelingen, die Königsklasse zu gewinnen? Manche Fans geben Trainer Guardiola die Schuld: Er wähle in entscheidenden Spielen die falsche Taktik, so etwa gegen Liverpool, als er sich von Klopp auscoachen ließ. Andere verweisen auf das Pech, das Guardiola verfolge. Gegen Tottenham, Lyon und Real Madrid waren die Citizens das eindeutig bessere Team. In keinem der Spiele konnten sie ihre Dominanz und ihre zahlreichen Torchancen in eine hohe Führung ummünzen. Dadurch blieben sie verwundbar für ein Comeback des Gegners.

Vielleicht gilt aber auch hier wieder das Sparsamkeitsprinzip. Die einfachste Erklärung ist häufig die korrekte. Und die einfachste Erklärung lautet: Nicht alles lässt sich kaufen. City verfügt über die besten Mitarbeiter, das modernste Vereinsgelände, über einige der aufregendsten und technisch stärksten Spieler. Und doch entschied Real Madrid das Halbfinale 2022 für sich, jener Verein, der bekannt ist für seine Nehmerqualitäten und den Glauben daran, am Ende immer zu gewinnen, egal, wie das Spiel läuft. Reals Spieler kamen nicht ins Straucheln, selbst als sie nach 180 gespielten Minuten praktisch ausgeschieden waren. Sie hatten schon zuvor Comebacks geschafft: gegen Paris Saint-Germain und Chelsea, die ebenfalls von reichen Geldgebern hochgepäppelt wurden. Jeder weiß, dass im Fußball nicht immer die beste Mannschaft gewinnt. Manchmal gewinnt einfach das cleverere Team. In einer Ära, in der Staaten Fußballklubs kaufen und die Reichen immer reicher werden, spendet das Hoffnung. Am Ende lässt sich nicht alles im Fußball kaufen.

Dazu gehören auch die Herzen der Fans. In Manchester mögen sich Abu Dhabis Machthaber beliebt gemacht haben. Citys Fans können ihr Glück kaum fassen: Sie dürfen Titel feiern, anstatt um den Abstieg in die Zweitklassigkeit zu bangen. Auch der nicht fußballbegeisterte Teil Manchesters zeigt sich dankbar für die Milliardeninvestitionen des Emirats. Verlässt man die Stadt, ändert sich die Stimmung. Aktivisten beklagen die Menschenrechtsverletzungen in den Vereinigten Arabischen Emiraten. Viele der Kritikpunkte, die Katar angesichts der Austragung der Weltmeisterschaft 2022 vorgeworfen werden, treffen auf Abu Dhabi in noch viel stärkerem Maße zu: menschenunwürdige Verhältnisse für Arbeitsmigranten, mangelnde Frauen- und Minderheitenrechte. City ist ein Versuch, das schmutzige Image reinzuwaschen.

Gerade Fußballfans aus Kontinentaleuropa blicken kritisch auf die neureichen Citizens. Die ADUB hat Summen in den Klub gepumpt, die den internationalen Wettbewerb aushebeln. Selbst die größten Vereine des Planeten wie Real Madrid oder Bayern München können nicht mithalten mit den Milliarden aus Öl- und Gashandel. Das Investment von Abramowitsch hat einen Hyperkapitalismus im Fußball angetrieben, den Abu Dhabi in Manchester und Katar in Paris auf die Spitze treiben. 2022 verpflichtete City den Wunderknaben Erling Haaland. Die 75 Millionen Euro Ablöse wirken noch human. Hinzu kommen jedoch Handgelder sowie ein Gehalt jenseits der 20 Millionen Euro pro Jahr bei insgesamt fünf Jahren Vertragslaufzeit. Das Gesamtpaket des Transfers beläuft sich damit auf über 200 Millionen Euro. Solch ein Angebot können Teams ohne derart potente Investoren nicht abgeben. Um mit den staatlich finanzierten Klubs mithalten zu können, versuchen die übrigen Vereine, noch mehr Geld aus dem Fußball zu pressen. Sonst haben sie keine Chance, weiterhin Spitzenspieler zu verpflichten.

Wie egal den Investoren aus Abu Dhabi die klassischen Strukturen im Fußball sind, haben Recherchen des Magazins *Spiegel* gezeigt. Im Zuge der Football-Leaks-Enthüllungen fielen der Redaktion Daten aus dem Innersten von Manchester City in die Hände. Mit dubiosen Sponsorenverträgen schummelte man sich dort um die Financial-Fairplay-Regelungen herum, die übermäßige Ausgaben eines Klubs verhindern sollten. Ein Anwalt des Klubs habe in jener Zeit in einer internen Mail geschrieben, der Klub würde lieber «zehn Jahre lang 30 Millionen Euro für die 50 besten Anwälte der Welt» ausgeben, als eine Strafe der UEFA zu akzeptieren.

So sieht die neue Fußballwelt aus. Geld ist einer der wichtigsten Faktoren auf dem Weg zum Erfolg. Ein Verein wie Paris Saint-Germain mag noch nicht verstanden haben, wie man Geld zum Gewinn von Titeln einsetzt. Davon zeugt der Versuch, mit großen Namen große Titel zu erzwingen. City indes hat sich über clevere Investitionen in den vergangenen Jahren zum besten Verein Englands gemausert – und ist gekommen, um zu bleiben. Im Fußball ist es eben wie in jedem anderen Lebensbereich: Diejenigen mit dem meisten Geld können mehr investieren, das beste Personal zu sich locken, die neuesten Innovationen erwerben.

Zugleich muss selbst der kritischste Fan gestehen: City spielt unter Guardiola einen Fußball, der nicht von diesem Stern zu sein scheint. Die Millioneninvestitionen haben geholfen, den Sport auf ein anderes Niveau zu hieven. Citys Spieler gehen athletisch an ihr Limit, agieren auf technisch wie taktisch herausragendem Niveau. Aus diesem Grund wird City auch in den kommenden Jahren den englischen wie europäischen Fußball dominieren. Gut möglich, dass sie den lange ersehnten Champions-League-Titel bereits gewonnen haben, wenn Sie diese Zeilen lesen.

KAPITEL 2

FC Bayern München: Die Evolution des «Mia san mia»

«Louis van Gaal ist verantwortlich dafür, dass der FC Bayern seinen Fußball grundlegend verändert hat. Ballbesitz, Positionsspiel – das hat er maßgeblich initiiert. Jupp Heynckes und Pep Guardiola haben das dann weitergeführt und teilweise verbessert. Wir profitieren bis heute von van Gaals Ideen.»

Uli Hoeneß

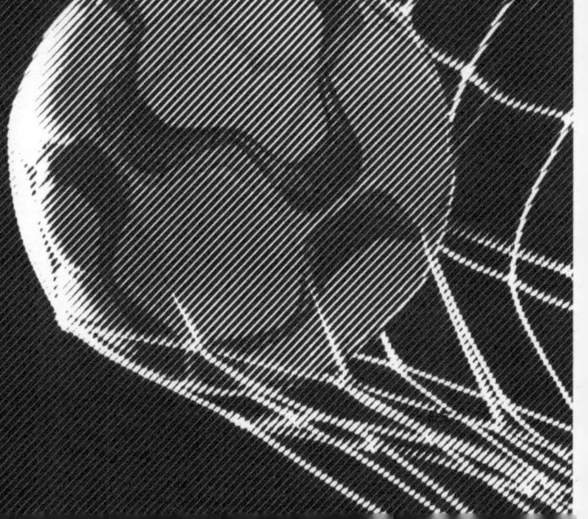

Ein guter Indikator für die Wichtigkeit eines Ereignisses ist der ARD-Brennpunkt. Wenn die größte deutsche Fernsehanstalt zur besten Sendezeit eine Sondersendung ansetzt, muss etwas Gewaltiges passiert sein, eine Naturkatastrophe etwa oder ein politischer Skandal. Auch der Fußball bekam in der fünfzigjährigen Geschichte des Formats einige Sondersendungen spendiert, etwa angesichts der Korruptionsvorwürfe zur WM-Vergabe 2006.

Eine Persönlichkeit des deutschen Fußballs stand im Fokus gleich zweier ARD-Sondersendungen. Am 12. Juli 2006 verfiel Deutschland in Trauer, nachdem Jürgen Klinsmann als Teamchef der Nationalmannschaft zurücktrat. Vier Tage zuvor hatte Deutschland den dritten Platz bei der Heim-WM errungen. Klinsmann thronte nach dem Sommermärchen an der Spitze jeder Beliebtheitsskala. Drei Jahre später sollte er erneut Mittelpunkt einer Sondersendung sein. Am 27. April 2009 änderte die ARD ihr Programm, um ein «Sportschau Spezial» zu Klinsmanns Entlassung beim FC Bayern München zu senden.

Eine Sondersendung zur Entlassung eines Bayern-Trainers? Angesichts der sich anhäufenden Krisen unserer Zeit erscheint solch eine Programmgestaltung geradezu lächerlich. Zu jener Zeit beschäftigte jedoch die Klinsmann-Entlassung Menschen weit über München hinaus. Klinsmann war durch das Sommermärchen zu einer der bekanntesten Persönlichkeiten des Landes avanciert. Die Bayern-Granden Uli Hoeneß und Karl-Heinz Rummenigge hatten gehofft, der Ex-Spieler würde mit den Bayern wiederholen, was ihm mit der DFB-Elf gelungen war: Er sollte den Klub modernisieren, emotionalisieren und ins 21. Jahrhundert hieven.

Neun Monate später mussten sie eingestehen: Das Projekt war gescheitert. In der Champions League waren die Bayern mit 0:4 in Barcelona untergegangen, in der Liga verloren sie den Meistertitel an den VfL Wolfsburg. Die Häme war groß. Klinsmann, der Sommermärchen-Held, wurde binnen weniger Monate zu Klinsmann, dem Bayern-Versager. Später sagte Rummenigge, die Klinsmann-Anstellung sei sein größter Fehler gewesen in seiner dreißig Jahre währenden Zeit als Bayern-Funktionär.

Klinsmanns Ende war zugleich der Beginn einer Ära beim FC Bayern. Der Verein verpasste sich in den Jahren danach jene moderne Philosophie, die eigentlich Klinsmann nach München bringen sollte. Die Professionalisierung, die dessen Anstellung anstieß, wirkt bis heute nach – und sorgt dafür, dass die Bayern in der Bundesliga mittlerweile unbesiegbar wirken. Die Geschichte der Bayern wirft das Licht auf eine zentrale Frage im modernen Fußball: Wie findet ein Verein eine Philosophie, die zu ihm passt?

⚽⚽⚽

2008 befand sich der FC Bayern an einer Weggabelung. Sieben Jahre zuvor hatte der Klub die Champions League gewonnen. In den folgenden Jahren kamen die Bayern in der Königsklasse jedoch maximal ins Viertelfinale. Sobald sie auf Real Madrid, den FC Chelsea oder den AC Milan trafen, schieden sie aus. Die großen Vereine Europas hatten mehr Geld zur Verfügung als der FC Bayern. Der deutsche Fußball laborierte an den Nachwirkungen der Kirch-Pleite im Jahr 2002. Dass der Konzern von Medienmogul Leo Kirch Insolvenz anmeldete und die Zahlungen für die TV-Rechte einstellte, schmerzte die gesamte Bundesliga, die Bayern aber besonders. Sie hatten eine geheime Vereinbarung getroffen, die ihnen zusätzliche Einnahmen zusicherte. Das Geld blieb aus, die internationale Konkurrenz zog davon.

Doch das war nicht alles. Unter Felix Magath und Ottmar Hitzfeld hatten die Bayern den Anschluss an so manchen Trend verpasst. Taktisch hinkte das Team hinterher, das Vereinsgelände bedurfte einer Modernisierung, und auf dem Transfermarkt fehlte eine kohärente Strategie. Hoeneß und Rummenigge betrauten Klinsmann damit, den Verein neu aufzustellen. Rummenigge pries Klinsmann bei dessen Vorstellung als «Querdenker». Was seit Corona wie eine Beleidigung klingt, galt damals als hohes Lob. Er schien genau der richtige Mann, um an der Säbener Straße eine Revolution auszulösen.

Der neue Trainer machte sich ans Werk. Höchste Priorität hatte die Neugestaltung des Vereinsgeländes. Klinsmann arbeitete höchstpersönlich mit den Architekten zusammen. Er gab Input bei der Gestaltung der Spieler-Lounges, in denen sich die Spieler entspannen und Bücher lesen sollten. Außerdem sorgte er für den Bau eines neuen Auditoriums für Pressekonferenzen, eines kleinen Kinos für Mannschaftsbesprechungen und einer E-Learning-Bibliothek. Auch abseits des Vereinsgeländes lieferte der neue Trainer Impulse. Klinsmann vergrößerte den Trainerstab massiv, brachte mehrere Co-Trainer und psychologische Berater mit. Er setzte sich für den Aufbau einer Analyse-Abteilung ein, die Gegner und kommende Neuverpflichtungen studieren sollte. Mit den Spielern wollte er an Themen wie Ernährung, Regeneration und finanzieller Beratung arbeiten. Er wolle den «ganzheitlichen Profi» kreieren, sagte Klinsmann vollmundig.

Wenn man Fans heute fragt, an was sie sich aus Klinsmanns Zeit bei den Bayern erinnern, hört man nichts von alledem. Der Öffentlichkeit blieb vor allem ein Detail im Gedächtnis: die Buddha-Statuen. Dessen Gesicht grinste nach Klinsmanns Amtsantritt von den Dächern und Balkonen des Vereinsgeländes. Die *Bild*-Zeitung machte sich über die Figuren lustig, die katholische Kirche gab zu Protokoll: «Beckenbauer hätte keine Buddhas gebraucht.» Bis heute hält sich der Irrglaube, Klinsmann höchstpersönlich hätte die Buddha-Statuen aufgestellt. Die waren laut seiner Aussage aber auf dem Mist der Architekten gewachsen.

Dass ausgerechnet die Buddha-Statuen im Sinn blieben, sagt viel über Klinsmanns Amtszeit aus. Sie avancierten zum Symbol eines großen Missverständnisses. Der Trainer mag abseits des Platzes Anstöße zur Modernisierung gegeben haben, auf dem Rasen implementierte er jedoch keine eigene Philosophie. Philipp Lahm schrieb später in seiner Biografie, der Mannschaft dämmerte bereits nach wenigen Wochen, dass Klinsmann inhaltlich überfordert gewesen sei. Taktisch gab der Trainer wenig Input, sondern forderte von seinen Spielern Eigeninitiative. Das funktionierte nicht. Sobald der Gegner taktisch überlegen war, gingen die Bayern unter. Die schmerzlichsten Niederlagen waren das 0:4 gegen Pep Guardiolas Barcelona sowie ein 1:5 gegen den VfL Wolfsburg. Dass ausgerechnet Felix Magaths Wolfsburger die Bundesliga gewannen, schmerzte die Bayern-Bosse. Die antiquierten Methoden des Ex-Trainers wollte der Verein doch eigentlich hinter sich lassen.

Nach dem gescheiterten Projekt Klinsmann sehnte sich der Klub nach dem Gegenteil. Ein erfahrener Trainer sollte her, mit den Kernkompetenzen Training und Taktik. Der FC Bayern entschied sich für Louis van Gaal. Der Niederländer hatte in den Neunzigern mit Ajax Amsterdam die Champions League gewonnen. Außerdem hatte er mit dem FC Barcelona und AZ Alkmaar weitere Titel errungen. Van Gaal unterschied sich massiv von seinem Vorgänger. Der knochige Trainerveteran stellte Disziplin über alles.

Als Trainer war van Gaal ein Anhänger der niederländischen Schule. Seine Teams hatten sich schon immer durch eine gute Ballzirkulation und ein starkes Positionsspiel ausgezeichnet. Van Gaal wollte den Bayern seinen offensiven Stil beibringen. Das Ziel war klar – nur der Weg nicht. Der Kader des FC Bayern passte auf den ersten Blick nicht so recht zu van Gaals Spielideal. Die Kompromisslosigkeit, die sich Bayerns Bosse von Klinsmann erhofft hatten, lebte nun der neue Trainer vor. Van Gaal hatte kein Problem damit, den 30-Millionen-Euro-Neuzugang Mario Gómez auf die Bank zu setzen. Dort saß er zusammen mit den Stürmer-Stars Luca Toni und Miroslav Klose, während der als Ersatz vorgesehene Ivica Olić in wichtigen Champions-League-Spielen startete. Der Kroate vollführte Defensivaufgaben gewissenhafter als seine Konkurrenten.

Dass nur ein Platz im Sturm frei war, lag an einem anderen Spieler. Der gerade einmal zwanzig Jahre junge Thomas Müller spielte sich als Freigeist im vorderen Drittel fest. «Müller spielt immer!», lautete van Gaals Mantra. Der Niederländer gilt als Entdecker und Förderer des außergewöhnlichen Talents. Im zentralen Mittelfeld zauberte van Gaal Bastian Schweinsteiger aus dem Hut. Unter Klinsmann und dessen Vorgängern kam Schweinsteiger meist auf den Flügeln zum Einsatz. Nun lenkte er das Spiel aus dem zentralen Mittelfeld. Außerdem bekamen junge Talente wie David Alaba oder Holger Badstuber Einsatzzeiten unter dem neuen Trainer.

Das Herzstück von van Gaals Mannschaft fand sich indes auf den Flügeln. Kurz vor Ende der Transferperiode 2009 legten Bayerns Bosse 25 Millionen Euro für Arjen Robben auf den Tisch. Er sollte auf dem rechten Flügel wirbeln und somit dem Schlüsselspieler der Mannschaft, Franck Ribéry, mehr Freiheiten verschaffen. Der Franzose hatte schon in den Jahren zuvor für Furore gesorgt. Van Gaal bastelte sein System um die beiden Dribbelkünstler. Der Ball sollte so lange zwischen Abwehr und Mittelfeld laufen, bis sich einer der beiden Außenstürmer freispielen ließ. Die Bayern zirkulierten die Kugel von einer Seite zur anderen, wieder und wieder, bis sich eine Öffnung fand. Ihr Ballbesitz-Wert schnellte nach oben. Unter van Gaal knackten sie in einzelnen Spielen die 60-Prozent-Marke.

Es dauerte einige Monate, ehe die Spieler van Gaals Ideen verstanden. Doch dann entwickelte der FC Bayern einen Lauf. In der Liga gewannen sie zehn Spiele am Stück und holten am Ende souverän den Meistertitel. Im DFB-Pokal erzielten sie in fünf von sechs Partien drei Tore oder mehr, das Finale gewannen sie 4:0 gegen Werder Bremen. Auch in der Champions League waren die Bayern wieder konkurrenzfähig. Sie schalteten die Spitzenklubs Juventus Turin und Manchester United aus und kamen bis ins Finale. Dort verlor der FC Bayern gegen

Inter Mailand, trainiert von van Gaals ehemaligem Assistenten José Mourinho.

Die folgende Saison verlief weniger erfolgreich. Jürgen Klopps Dortmunder hängten van Gaals Team in der Tabelle ab. In der Champions League schieden sie früh aus. Im DFB-Pokal verloren sie wieder einmal gegen Felix Magath, der nun den FC Schalke trainierte. Der FC Bayern entließ van Gaal, auch weil der Niederländer mit seinen Alleingängen ständig aneckte.

Damals konnte keiner ahnen, welches Vermächtnis van Gaal bei den Bayern hinterlassen würde. Seine Strategie sollte zur Blaupause für den FC Bayern im kommenden Jahrzehnt werden. Ballbesitz, lange Ballzirkulation, individuelle Klasse auf den Flügeln: Die Schlüsselelemente des niederländischen Stils sollten viele Jahre überdauern.

Dass der Niederländer so spielen ließ, wie er spielen ließ, war ein Produkt der Umstände. Van Gaal wollte seine eigene Philosophie umsetzen: Seine Mannschaft sollte dominant auftreten, mehr Ballbesitz sammeln als der Gegner, flache Pässe spielen, die Kugel schnell wieder zurückerobern. Zugleich musste er mit den Spielern arbeiten, die zur Verfügung standen. Er spürte nach einiger Zeit, dass die Flügelspieler die herausragenden Akteure seiner Mannschaft waren. Dazu gehörten nicht nur Robben und Ribéry, sondern auch Außenverteidiger Philipp Lahm. Der spätere Weltmeister flitzte den rechten Flügel herauf und wieder herunter, unterstützte Schweinsteiger im Spielaufbau und Robben im Angriffsdrittel. Van Gaal passte seine eigene Strategie an. Robben und Ribéry sollten fast ein ganzes Jahrzehnt lang das Spiel des FC Bayern prägen.

Van Gaals Nachfolger setzten eigene Akzente. Jupp Heynckes feierte mit den Bayern 2013 das Triple, nachdem er die

Mannschaft defensiv verbessert hatte. Dem Trainerveteranen gelang es, auch Robben und Ribéry in die Defensivarbeit einzubinden. Zudem ließ sich Heynckes von Borussia Dortmund inspirieren und brachte seinen Spielern ein starkes Gegenpressing bei. Unter Pep Guardiola steigerten sich die Ballbesitzwerte noch weiter. Auch er erklärte seinen Spielern: «Das Geheimnis bei jedem Mannschaftsspiel ist, das Spiel auf eine Seite zu verlagern, damit der Gegner ins Schwimmen kommt. Den Gegner auf eine Seite zu locken, damit er die andere Seite freigibt. Und wenn wir das geschafft haben, dann müssen wir es über diese andere Seite versuchen.» Carlo Ancelotti und Niko Kovač rüttelten ebenfalls nicht an diesem Grundsatz. Hansi Flick kombinierte die Bayern-Philosophie mit einem höchst aggressiven Pressing und gewann so die Champions League. Allen waren die drei Säulen gemein: Dominanz über Ballbesitz, ein aggressives (Gegen-)Pressing sowie ein starkes Flügelspiel.

⚽⚽⚽

Während Klinsmann in München von Krise zu Krise schlitterte, schimpfte Uli Hoeneß über seine Mannschaft. So erzählte Marc Kosicke, später bekannt geworden als Berater Jürgen Klopps, die Geschichte Jahre danach im Podcast *Kicker meets Dazn*. Hoeneß vermisste das alte Bayern-München-Gefühl. Viele Spieler würden gar nicht mehr wissen, was es bedeutet, für den FC Bayern zu spielen, lamentierte der Manager. «Was bedeutet denn das – Bayern München?», habe Kosicke dann gefragt. Hoeneß fand keine zufriedenstellende Antwort. Kosicke ging aus dem Gespräch mit einem Auftrag heraus: Er sollte für den FC Bayern eine Vereinsphilosophie erarbeiten. Wenige Wochen später präsentierte Kosicke die «Bibel des FC Bayern».

Der Titel: «Mia san mia.» Hoeneß und Rummenigge rätselten: «Schreibt man das nicht mit r?» – «Nein, das wäre die russische Raumstation.» So bekam die Bibel ihren Segen. Der FC Bayern hatte eine neue Vereinsphilosophie.

Jeder Klub träumt von einer eigenen Philosophie. Sie soll das große Ganze ausformulieren. Wofür steht der Klub? Was will er erreichen? Wie definiert ein Verein Erfolg? Welche Rolle übernehmen die Spieler, die Mitarbeiter, die Fans? Welche Werte stehen im Mittelpunkt? Praktisch jeder professionelle Fußballverein hat im vergangenen Jahrzehnt eine solche Philosophie erarbeitet. Die meisten Bundesligisten haben ein «Leitbild», andere veröffentlichten ein Dokument mit ihrer «DNA». Man kennt solche Dokumente aus der Wirtschaft. «Vision Statement» nennen es manche Firmen, andere listen ihre «Core Values» auf, ihre wichtigsten Werte. In jedem Fall geht es um das große Ganze. Die Mitarbeiter, aber auch die Fans des Vereins sollen eine klare Antwort erhalten auf die Fragen: Was machen wir hier eigentlich? Was unterscheidet unsere Firma von jeder x-beliebigen anderen Firma?

Im Idealfall dient die Philosophie als Abgleich für die tägliche Arbeit. Befindet sich das Unternehmen noch immer im Einklang mit den postulierten Werten? Oder muss sich in der täglichen Arbeit etwas ändern? «Wir glauben, dass wir auf der Erde sind, um großartige Produkte herzustellen, und das wird sich nicht ändern.» So lautet das Vision Statement der Firma Apple. Es stellt – auf durchaus pathetische Weise – die Innovationskraft des Unternehmens in den Vordergrund. Apples Mitarbeitende sollen nie vergessen, worauf der Hauptfokus ihrer Arbeit liegen sollte: auf der Herstellung großartiger Produkte.

Auch im Fußball können solche Statements helfen. Auf den ersten Blick mag das Ziel jedes Klubs gleich sein: erfolgreichen Fußball spielen. Doch schon den Begriff «Erfolg» definiert jeder Klub anders. Während sich der FC Bayern nach Titeln sehnt, sieht eine erfolgreiche Saison in Mönchengladbach, Stuttgart oder Duisburg ganz anders aus. Traditionsvereine stehen vor anderen Herausforderungen als Retortenklubs wie Hoffenheim oder Wolfsburg. Jeder Klub ist einzigartig. Diese Einzigartigkeit sollte sich auch in der eigenen Philosophie widerspiegeln.

Das Problem der meisten Leitbilder: Sie neigen zur Beliebigkeit. Könnten Sie folgender Philosophie den passenden Klub zuordnen? «Wir verfolgen höchstmögliche sportliche Ziele – selbstbestimmt und finanziell solide.» So lautet der oberste Punkt im Leitbild des Hamburger SV. Manche Schlagwörter prägen praktisch jedes Leitbild. Vereine wollen «respektvoll» miteinander umgehen, «nachhaltig» handeln, «solide wirtschaften». Fast alle Klubs verschreiben sich der Toleranz, der Förderung des Nachwuchses und der Gemeinschaft der Fans. Wer möchte schließlich intolerant sein und seine Fans spalten?

Diese Beliebigkeit zeigt sich bereits bei den Slogans der Vereine. Erneut ein Quiz. Welcher Verein trug den Slogan «Ein Team. Ein Weg. Einmalig.»? Und wer sieht sich als «furchtlos und treu»? Welcher Verein behauptet, «Fußball ist alles»? Die Antworten: Hoffenheim, Stuttgart und Wolfsburg. Selbst ein markanter Slogan kann zu Irritationen führen. «Die Zukunft gehört Berlin» mag ein sachlich korrektes Statement sein. Inwiefern dies zur Performance und Außendarstellung von Hertha BSC passt, ist wiederum eine andere Frage. Die meisten Leitbilder sind derart beliebig, dass sie an jedem Standort funktionieren würden.

Vor allem aber behandelt kaum ein Leitbild den Bereich, der einen Fußballverein ausmachen sollte: den Fußball. Kaum ein Klub schafft es, kurz und prägnant darzustellen, wie er eigentlich gedenkt, auf dem Rasen erfolgreich zu sein. Und Erfolg auf dem Rasen ist noch immer der Hauptantrieb für Profis, Mitarbeiter und größtenteils auch Fans. Viele Klubs konzentrieren sich in ihren Leitbildern auf Fans und Mitarbeiter, vergessen dabei aber Trainer und Spieler. Noch viel schwieriger wird es, das Geschehen auf dem Rasen mit den Anliegen der Fans und der Mitarbeiter zu verbinden. Wie schafft man es, ein Leitbild zu erarbeiten, das allen wichtigen Gruppen eines Vereins Tribut zollt, ohne dabei vollständig beliebig zu sein?

Der FC Bayern hat gegenüber den meisten anderen Klubs einen gewaltigen Vorteil: Ihr «Mia san mia» ist kein Marketing-Slogan, sondern tief ins Bewusstsein des Klubs eingebrannt. Jeder Mitarbeiter, Funktionär, Trainer, Spieler und auch Fan weiß um den Selbstanspruch des Klubs. Hier gilt es, jedes Jahr mindestens einen, wenn möglich sogar alle Titel zu gewinnen. Der FC Bayern will selbst über sein Schicksal bestimmen. Bei den meisten anderen Bundesligisten dürften die Spieler kaum den Slogan ihres eigenen Vereins kennen. Das «Mia san mia» des FC Bayern kennen alle.

Den Bayern dürfte kaum bewusst gewesen sein, was ihnen um das Jahr 2010 gelang. Nicht nur definierten sie ein Leitbild, was es eigentlich bedeutet, Teil des FC Bayern zu sein. Die Definition passte auch noch haargenau zu dem Spielstil, der sich unter van Gaal und dessen Nachfolgern herauskristallisierte. Das «Mia san mia», das berühmt-berüchtigte Selbstbewusstsein der Bayern, spiegelt sich im Ballbesitzspiel wider. Die Bayern wollten jedes Spiel dominieren. Sie wollten handeln, sprich: den Ball laufen lassen, ihn sofort zurückerobern, den Gegner in dessen Hälfte festpinnen. Sie waren sich bewusst, dass sie in fast allen Spielen dem Gegner individuell überlegen sind. Diese individuelle Überlegenheit sollte der technisch wie taktisch anspruchsvolle Ballbesitzfußball zur Geltung bringen. «Mia san mia» eben.

Fast alle Werte, die der Klub heute auf seiner Webseite hervorhebt, lassen sich so interpretieren, dass sie neben, aber auch auf dem Platz Gültigkeit haben. «Sei ein Fan» mag nur teilweise darunterfallen. Sicher aber «Handle selbstbewusst», «Spiel im Team», «Spiel ab», «Gib niemals auf» und «Gestalte das Spiel». Unter dem Punkt «Spiel ab» heißt es: «Individuelle Leistungen sind die Grundlage für gemeinsamen Erfolg. Aber wir nehmen uns auch selbst zurück, wenn es für den Erfolg besser ist. Ob auf dem Platz oder neben dem Platz: Hab ein Auge für den besser positionierten Mitspieler, binde andere ein, lerne andere kennen und unterstütze sie.» Das ist eine sehr gute Definition für einen Spielstil, der auf zahlreichen Pässen fußt, aber auch darauf, die individuell starken Außenstürmer in Szene zu setzen.

⚽⚽⚽

Eine ausformulierte Philosophie hilft, den Mitarbeitern Werte vorzugeben und im Idealfall auch vorzuleben. Sie stiftet Identität. Die tägliche Arbeit indes beeinflusst sie nur selten. «Philosophie schießt keine Tore, Spieler schießen Tore!» Für diese Weisheit müsste man beim *Sport1-Doppelpass* 3 Euro ins Phrasenschwein werfen. Das macht die Aussage aber nicht weniger wahr. Insofern ist für einen Profiverein, der Fußballspiele gewinnen will, nicht die allgemeine Philosophie entscheidend. Sondern die Spielphilosophie.

Wie will die Mannschaft spielen? Im Fußball gibt es zig verschiedene Strategien, um erfolgreich auf dem Platz zu agieren. Will ein Team den Ball haben oder eher kontern? Wie will es Tore verhindern, wie Tore schießen? Möchte es eher abwartend agieren oder leidenschaftlich nach vorne verteidigen? Soll der Gegner früh gestört oder in die eigene Hälfte eingeladen werden? Soll eher über die Flügel oder durch das Zentrum angegriffen werden?

Klassischerweise ist für die Beantwortung dieser Fragen der Trainer zuständig. Er bestimmt die Aufstellung und Einstellung des Teams. Lange Jahre machten sich die meisten Bundesligisten keine Gedanken, ob die Spielphilosophie des Trainers auch zum Verein passt. Hauptsache, die Mannschaft gewinnt! In der Bundesliga kam es des Öfteren vor, dass ein Trainer seiner Mannschaft ein langsames Ballbesitzspiel eintrichtern wollte. Als die Ergebnisse ausblieben, entließ der Klub ihn – und stellte in der Folge einen Coach an, der stattdessen das schnelle Umschaltspiel fokussierte. Die Spielphilosophie des Trainers kam stets vor der Spielphilosophie des Vereins.

Das Beispiel FC Bayern zeigt, welche Fallstricke bei solch einem Vorgehen bestehen. Zu Beginn des Jahrtausends verfolgte der Verein keine ganzheitliche Spielphilosophie. Die Trainer gaben die Strategie auf dem Feld vor. Hoeneß und Rummenigge hatten die Aufgabe, die bestmöglichen Spieler zu verpflichten. Ab Mitte der Nullerjahre griffen die Bayern auf ihr berühmt-berüchtigtes Festgeldkonto zurück, um wieder zu den großen Klubs Europas aufzuschließen. 2006 verpflichtete der Verein Mark van Bommel für 10 Millionen Euro. Vor der Saison 2007/08 gab der Klub 30 Millionen Euro für Franck Ribéry aus sowie jeweils knapp 15 Millionen Euro für Miroslav Klose, Marcell Jansen und Luca Toni. Zwei Jahre später kam Mario Gómez für 30 Millionen Euro.

Spätestens als van Gaal stur seine eigene Philosophie durchdrückte, wurde der Nachteil dieser Vorgehensweise sichtbar. Der FC Bayern hatte viel Geld für Spieler ausgegeben, die gar nicht zum Stil des neuen Trainers passten. Schlimmer noch: Die Bayern verbrannten jede Menge Geld. Sie machten mit dem Verkauf von Mario Gómez rund 15 Millionen Euro Verlust, bei Marcell Jansen und Mark van Bommel 6 Millionen Euro. Luca Toni und Miroslav Klose verließen den Klub sogar ablösefrei. Das alles, weil die Bosse anders planten als ihr Trainer.

Die Philosophie, die van Gaal nach München mitbrachte, nervte die Bayern-Bosse entsprechend zunächst. Sie hatten viel Geld in Stürmer investiert – und dann lässt der Trainer nur einen spielen? Mit seiner knorrigen Art vergraulte van Gaal Stars wie Toni oder Kapitän van Bommel; Spieler, um die Hoeneß und Rummenigge heftig geworben hatten. Auch so erklärt sich der Konflikt zwischen van Gaal und den Bossen.

Das Problem war aber nicht ausschließlich bei van Gaal zu verorten. Die Herangehensweise des Vereins funktionierte nicht. Wenn sich mit jedem Trainerwechsel auch die Spielphilosophie ändert, ist eine langfristige Arbeit kaum möglich. Ein Spieler, der auf Wunsch eines Trainers verpflichtet wird, mag schon beim nächsten Trainer auf der Bank schmoren. Transferpolitik verkommt zum Glücksspiel. Viele Schwierigkeiten, die Klubs auf dem Transfermarkt haben, erklären sich aus diesem Problem. Gerade der Hamburger SV kann ein Lied davon singen: Sie gaben viel Geld für den Wunschspieler ihres jeweiligen Trainers aus, nur um den Übungsleiter nach den ersten Rückschlägen wieder zu entlassen. Der Abstiegskader aus dem Jahr 2018 war ein Flickenteppich aus verschiedensten Spielertypen, verpflichtet für unterschiedlichste Trainer. Aber auch der FC Schalke, Werder Bremen und Hertha BSC verbrannten im vergangenen Jahrzehnt viel Geld auf dem Transfermarkt. Sie wussten einfach nie genau, welche Spieler sie suchten.

Für den FC Bayern sollte sich van Gaals Philosophie als Segen erweisen. Dadurch, dass sein Nachfolger Jupp Heynckes die Strategie übernahm und verfeinerte, verfolgten die Bayern erstmals seit langer Zeit eine Spielphilosophie, die den aktuellen Trainer überdauerte. Die verantwortlichen Kaderplaner wussten, welche Strategie die Mannschaft verfolgt, und konnten das Team entsprechend verstärken. Das begann bei der grundsätzlichen Spielanlage und ging bis ins taktische System, das der Trainer spielen ließ. Der Verein suchte jetzt nicht mehr einfach nur nach guten Spielern. Die entscheidende Frage lautete nun: Welche Spieler benötigt der Klub, um die eigene Spielphilosophie umzusetzen?

Die große Aufgabe im Fußballgeschäft lautet, eine Mannschaft zu bauen, die mehr ist als nur die Summe ihrer Teile. Die auf allen Positionen harmonisch besetzt ist, die eine gemeinsame Strategie verfolgt und die dem Trainer die bestmöglichen Optionen bietet, seine Vision vom Fußball umzusetzen. Hier kommt die Spielphilosophie zum Tragen: Sie gibt vor, wie ein Verein spielen möchte. Im Idealfall bestimmt die Spielphilosophie, welche Spieler ein Verein verpflichtet – und nicht umgekehrt.

Michael Reschke war lange Jahre Manager bei Bayer Leverkusen, ehe er 2014 zu den Bayern wechselte. Als Technischer Direktor war er maßgeblich an der Münchener Kaderplanung zwischen 2014 und 2017 beteiligt. In der Kaderplanung gäbe es laut Reschke mehrere Säulen zu beachten: Man müsse den eigenen Profikader und die talentiertesten Nachwuchstalente perfekt einschätzen können. Darauf basierend, gilt es dann, den nationalen und internationalen Transfermarkt zu kennen. Welche Lücken sind in der eigenen Mannschaft zu füllen, welche Spieler kommen infrage?

Um sich einen Überblick über mögliche Lücken im Kader zu verschaffen, entwerfen Profiklubs Schattenkader. Das Prinzip ist simpel: Ausgehend von der derzeitigen strategischen wie taktischen Ausrichtung notiert man, wie die eigene Mannschaft in einem, zwei oder fünf Jahren aussehen könnte. Man betrachtet, welche Spieler man hat, und überlegt sich, wie lange man diese Spieler noch haben wird. Wie alt sind sie? Wie lange können sie noch auf dem aktuellen Niveau spielen? Haben sie einen langfristigen Vertrag? Welche Spieler werden den Verein kurz- oder mittelfristig verlassen? Innerhalb dieses Schattenkaders notiert man auch die Spieler, die aktuell noch gar nicht im Kader stehen. Auf welcher Position könnte man einen Spieler kaufen, der besser performt als die aktuellen Spieler? Wo muss man nachlegen? Gibt es im Nachwuchsbereich Spieler, die das Potenzial besitzen, Profis zu werden? Diese Planungen können kurz- oder langfristiger Natur sein. Am Ende erhält man eine Übersicht, wie der zukünftige Kader aussehen könnte.

Das Konzept Schattenkader klingt auf den ersten Blick genauso schlüssig wie simpel. Jeder halbwegs professionelle Verein hantiert heutzutage mit diesem Konzept. Das allein gibt keinem Verein einen Vorsprung. Sehr wohl aber die Frage, wie dieses Schattenteam mit Leben gefüllt wird. Es ist wie bei vielen Dingen im Leben: Je mehr ich weiß, wer ich bin, umso leichter wird es herauszufinden, was ich will. Auf Fußballvereine übertragen, bedeutet das: Ein Schattenkader muss nicht nur die Formation oder die grobe taktische Ausrichtung definieren. Er muss für jede einzelne Position herausarbeiten, welche Art von Spieler benötigt wird. Unterschiedliche taktische Systeme benötigen unterschiedliche Spieler. Unterschiedliche Spielertypen benötigen unterschiedliche Umgebungen, um aufzublühen.

Zu wissen, welche Spielertypen man haben möchte, ist entscheidend im Scouting-Prozess. Nur die allergrößten Vereine suchen die eierlegende Wollmilchsau, also einen Spieler, der alles beherrscht und keine nennenswerten Schwächen besitzt. Einen Lionel Messi oder Cristiano Ronaldo findet man nur selten. (Und selbst diese beiden herausragenden Spieler der Fußballgeschichte schwächeln in der Defensivarbeit.) Nicht einmal der FC Bayern kann es sich leisten, ausschließlich Spieler zu verpflichten, die keine Schwächen besitzen. Es geht also darum, jene Spieler zu finden, die mit ihren Stärken und Schwächen in das eigene System passen – sowohl von der Spielweise als auch von der Mentalität. Hier kommt die Spielphilosophie zum Tragen: Wenn ein Klub weiß, welche Art von Fußball er spielen will, fällt die richtige Wahl der Spieler leichter.

Ein Beispiel: Die Position eines Rechtsverteidigers erscheint auf den ersten Blick simpel. Er soll auf der rechten Seite verteidigen und, falls möglich, auch offensiv Akzente setzen. Doch schon hier beginnen die Probleme. Wie viel offensive Akzente muss er tatsächlich setzen? Soll er immer wieder an die Grundlinie vorstoßen? Muss er mit seinen Flanken die Stürmer füttern? Oder soll er eher defensiv agieren und die vordere Zone einem Flügelstürmer überlassen? Wie viele Ballkontakte wird er im Schnitt haben? Soll er sich aktiv am Spielaufbau beteiligen oder eher weiter aufrücken? Soll er vielleicht sogar im Zentrum aushelfen, wenn sich dort eine Lücke auftut?

Nicht nur strategische, sondern auch taktische Überlegungen spielen bei solchen Positionsprofilen eine Rolle. Für einen Rechtsverteidiger macht es einen großen Unterschied, ob er innerhalb einer Vierer- oder einer Fünferkette agiert. In letzterem Fall wird seine Rolle wesentlich offensiver ausgerichtet sein. Es gibt selbst auf dem höchsten Niveau Rechtsverteidiger, die sich in einer Fünferkette wohlfühlen, nicht aber in einer Viererkette – oder umgekehrt. Spielt der eigene Trainer meist in einer Viererkette, ergibt es keinen Sinn, einen Spieler zu kaufen, der in einer Fünferkette aufblüht.

Das ist nur ein kleiner Auszug an Fragen, die sich die Verantwortlichen bei der Suche nach einem Rechtsverteidiger stellen sollten. Und dies ist nur eine Position von vielen. Im Idealfall gibt der Verein eine Spielphilosophie vor, die er wiederum auf die einzelnen Positionen herunterbrechen kann. Ein Team, das auf Konter spielt, benötigt andere zentrale Mittelfeldspieler als eine Ballbesitz-Mannschaft. Wer über Flanken in den Strafraum gelangen will, benötigt einen anderen Stürmer als eine Mannschaft, die über das Zentrum angreift. Je ausgereifter das eigene Profil ist, umso geringer die Chance, einen Spieler zu verpflichten, der gar nicht ins Spielsystem der Mannschaft passt.

Nicht immer ist es möglich, für jede Position den hundertprozentig passenden Kandidaten zu finden. Dann müssen sich die Verantwortlichen die Frage stellen, welche Fähigkeiten sie priorisieren. Kompromisse sind auch in der Kaderzusammenstellung notwendig. Manches Mal wird ein Verein sogar seine eigenen Positionsprofile über Bord werfen, wenn ein möglicher Neuzugang individuell herausragt. Dann gilt es, an die Flipcharts zurückzukehren. Positionsprofile wollen überarbeitet, ein neuer Schattenkader entworfen werden. Das gesamte

Team soll schließlich funktionieren, nicht nur der neue Starspieler.

Ein absolutes Positivbeispiel für eine gute Kaderplanung war Bayerns Kauf von Javi Martínez. Im ersten Jahr unter Heynckes liefen die Bayern in allen Wettbewerben auf Rang 2 ein. In der Liga und im Pokal mussten sie sich Dortmund geschlagen geben. Besonders schlimm wog die Niederlage im Champions-League-Finale gegen Chelsea. Der FC Bayern verpasste zwar im eigenen Stadion den ersehnten Königsklassentitel, glaubte aber an die Stärke der Mannschaft. Allerdings waren Lücken im Kader zu füllen, um im kommenden Jahr vor allem defensiv besser zu stehen. Ein defensivstarker Sechser hatte für die Bayern oberste Priorität. Er sollte neben Schweinsteiger absichern und das Pressing des Teams verbessern. So kam es, dass die Bayern einen Rekordbetrag von 40 Millionen Euro für Martínez ausgaben. Der zentrale Mittelfeldspieler füllte die offene Lücke im Kader. Er half nicht nur maßgeblich beim Triple-Gewinn 2013, sondern avancierte auch in den Jahren danach zu einem Schlüsselspieler.

Mit Martínez' Transfer reagierten die Bayern auf einen Mangel im Kader. Noch wichtiger ist bei einer langfristig angelegten Kaderzusammenstellung, rechtzeitig Positionen neu zu besetzen, die in naher oder ferner Zukunft vakant werden. Eine goldene Generation zu versammeln, ist bereits eine harte Aufgabe. Die Mannschaft zum richtigen Zeitpunkt zu verändern, damit der Erfolg andauert: Das ist die Königsdisziplin in der Kaderplanung.

Wie wichtig es sein kann, das Potenzial eines neuen Spielers, aber auch die Bedürfnisse der eigenen Mannschaft zu kennen, erklärt mir Reschke am Beispiel Kingsley Coman. 2015 suchten die Bayern einen neuen Außenstürmer. Robben und Ribéry waren zwar trotz ihres hohen Alters gesetzt, allerdings fehlten sie häufig aufgrund von Verletzungen. Die Bayern wussten: Noch sind sie nicht zu ersetzen. In ein paar Jahren gehen sie jedoch in Fußballrente. Es brauchte einen Ersatzmann, der kurzfristig bei Verletzungen einspringen und langfristig die Superstars beerben kann.

Reschke empfahl Coman. «Ich weiß noch, wie Karl-Heinz Rummenigge mich gefragt hat: ‹Herr Reschke, Coman spielt ja bei Juventus fast überhaupt nicht, wieso sollen wir den holen?›» Juventus agierte damals in einem 3–5–2 mit zwei offensiven Außenverteidigern, aber ohne echten Außenstürmer. «Coman ist ein klassischer Außenstürmer, und bei Juventus gab es für ihn keine Position. In Guardiolas System bei Bayern München allerdings schon.» Der damals Neunzehnjährige habe in das Positionsprofil der Münchener gepasst. «Bei Juventus war Coman in einer wichtigen Entwicklungsphase am falschen Platz. Wir mussten ihn nur noch überzeugen, dass wir der richtige Platz sind.» So kam es, dass ein Ersatzspieler von Juventus Turin zu einem Leistungsträger in München avancierte. 2020 sollte der Franzose die Bayern mit seinem entscheidenden Finaltor zum Champions-League-Titel schießen.

Positionsprofile sind ein Schlüssel für eine gute Transferpolitik. Im Haifischbecken des Transfermarkts kann es entscheidend sein zu wissen, was man will, und genau darauf zu achten, dass Neuzugänge in die eigene Mannschaft passen. Ein falscher Transfer kann Millionen verbrennen. Das kann sich selbst der FC Bayern kaum leisten.

Um keine Fehler in der Kaderplanung zu begehen, haben die Bayern ihren Scouting-Bereich in den vergangenen Jahren immer weiter vergrößert. Laut *Transfermarkt.de* arbeiten – Stand 2022 – sechzehn hauptamtliche Scouts für Bayern München. Es dürften noch zahlreiche Scouts auf Honorarbasis hinzukommen. Sie sollen mögliche Neuzugänge auf ihre Stärken und Schwächen analysieren. Der FC Bayern durchleuchtet mögliche Neuzugänge genau – nicht nur, ob sie gut genug sind für die Bayern, sondern ob sie auch menschlich ins Team passen.

Auch in der Führung sind die Bayern heute gänzlich anders aufgestellt als 2008. Mit den Jahren haben Hoeneß und Rummenigge immer mehr Macht abgegeben. Heute pflegen die Bayern eine klare Aufgabenteilung. Vorstandschef Oliver Kahn ist zuständig für die großen Fragen, beispielsweise für die Vision des Klubs. Jan-Christian Dreesen kümmert sich um die Finanzen. In der Kaderplanung sind Sportvorstand Hasan Salihamidžić und der technische Direktor Marco Neppe federführend. In München sagt man, Salihamidžić sei als ehemaliger Bayern-Spieler näher an den Aktiven dran. Bei Transfers leiste er emotionale Überzeugungsarbeit. Der frühere Drittliga-Spieler Neppe habe seine Kernkompetenz im analytischen Bereich. Er zeige Neuverpflichtungen die taktischen wie fußballerischen Möglichkeiten auf. Kaderplanung ist auch bei den Bayern mittlerweile Teamarbeit.

Entscheidend ist vor allem die Besetzung einer Position: des Trainers. Er ist am Ende dafür zuständig, die gewünschte Spielphilosophie auf dem Platz umzusetzen. Es muss nicht nur zwischen Trainer und Spielern bzw. Spielern und Verein passen, sondern auch zwischen Verein und Trainer. Nicht zufällig gab der FC Bayern rund 25 Millionen Euro für Trainer Julian Nagelsmann aus. Schon als Trainer in Hoffenheim und Leipzig tat sich Nagelsmann mit seinem Ballbesitz-Fußball hervor. Der Trainer sollte zur Spielphilosophie des Vereins passen – und umgekehrt.

⚽⚽⚽

Seit 2010 haben sich die Ballbesitzwerte des FC Bayern immer weiter erhöht. Unter van Gaal sammelten sie in der Liga im Schnitt 58 Prozent Ballbesitz. Unter Heynckes kletterte der Wert auf 60 Prozent, ehe er unter Guardiola mit durchschnittlich 66 Prozent einen Höhepunkt erreichte. Carlo Ancelotti und Niko Kovač traten leicht auf die Bremse, kamen aber jeweils auf einen Wert um die 60 Prozent. In Julian Nagelsmanns Debütsaison kletterte der Wert wieder auf 65 Prozent. In praktisch jedem Spiel in diesem Jahrzehnt sammelten die Bayern mehr Ballbesitz als der Gegner.

Die Bayern sind nicht die einzige Mannschaft, deren Ballbesitzwert im vergangenen Jahrzehnt hochschnellte. In van Gaals Debütsaison 2009/10 gab es in Europas Top-Fünf-Ligen ein einziges Team, das im Schnitt mehr als 60 Prozent Ballbesitz sammelte: Guardiolas Barcelona. In der Saison 2021/22 übersprangen gleich neun Mannschaften die 60-Prozent-Hürde: Barça, Real Madrid und der FC Sevilla in Spanien, Paris Saint-Germain und Olympique Marseille in Frankreich, Manchester City, Liverpool und Chelsea in England sowie die Bayern in Deutschland. (Napoli und Borussia Dortmund scheiterten mit jeweils 59 Prozent knapp an der Marke.) Einzig in Italien gewann im Jahr 2022 eine Mannschaft den Titel, die im Schnitt weniger als 60 Prozent Ballbesitz sammelte: Der AC Milan kam auf einen Wert von 54 Prozent. Sosehr sich mancher Fan den Tod des Ballbesitz-Fußballs wünschen mag: In den großen Ligen wird er immer dominanter.

Zum einen hat dies fußballerische Gründe. Es ist kein Zufall, dass Guardiolas Barça als Erstes die 60-Prozent-Marke geknackt hat. Der Coach popularisierte viele Ideen, die Spitzenteams heute auf der ganzen Welt nutzen. Das Positionsspiel hilft, den Ball besser laufen zu lassen. Pressing und Gegenpressing sorgen dafür, dass die Kugel sofort zurückerobert wird. Guardiola hat diese Konzepte nicht erfunden, aber auf eine völlig neuartige Weise verknüpft. Viele internationale Teams haben Guardiolas Ideen übernommen. So auch die Bayern.

Zum anderen erklärt sich die Dominanz des Ballbesitz-Fußballs aus dem finanziellen Ungleichgewicht, das sich im Fußball immer weiter verschärft. Die *Deutsche Presse-Agentur* schrieb während der Saison 2003/04, der Gesamtetat der Bayern hätte in jener Spielzeit 60 Millionen Euro betragen. Damit lagen die Münchener rund 10 Millionen Euro vor den dahinter platzierten Dortmundern. 2012 vermeldeten die Bayern einen Personaletat von 166 Millionen Euro. Der BVB lag – nach langjähriger Sparpolitik und trotz gerade erzielter Meisterschaft – im selben Jahr bei 80 Millionen Euro. 2018 lag der Personaletat der Bayern bei 315 Millionen Euro, der Dortmunder Etat kletterte auf 187 Millionen Euro. 2021 steigerten sich die Bayern auf 373 Millionen Euro, Dortmund hingegen nur auf 216 Millionen Euro. Die Lücke zwischen den Bayern und ihrem ärgsten Verfolger stieg damit von 10 Millionen Euro in der Saison 2003/04 auf 157 Millionen Euro in der Saison 2021/22.

Der Abstand zum Rest der Liga fällt noch wesentlich beträchtlicher aus. Der VfL Bochum verbuchte nach dem Aufstieg in die Bundesliga 2021 einen Personaletat von rund 20 Millionen Euro. Das Gehalt eines Münchener Spitzenspielers liegt in etwa auf demselben Niveau. Umso lauter jubelten die Bochumer am 12. Februar 2022, als ihr VfL den Bayern die Lederhosen auszog. Während des 4:2-Siegs sammelten sie rund 35 Prozent Ballbesitz. Mit der eigenen Führung im Rücken zogen sie sich weit zurück, mit Kontern und Flügelangriffen setzten sie Nadelstiche. An diesem Nachmittag ging die Taktik auf.

Solche Spiele bestreitet der FC Bayern freilich nicht nur einmal im Halbjahr. Nahezu alle Bundesligisten suchen im Spiel gegen den FC Bayern das Heil in der Defensive. Was passieren kann, wenn man selbst mitspielen will, hatte der VfL Bochum im Hinspiel erfahren. Mit einer nur minimal offensiven Taktik ging der Aufsteiger in der Allianz Arena mit 0:7 unter. Dieses Schicksal gilt es für die Bundesligisten zu vermeiden. Gegen die finanziell übermächtigen Bayern wagen die wenigsten Gegner lange Ballstafetten. Ex-Werder-Verteidiger Sebastian Prödl formulierte es passend. «München ist wie ein Zahnarztbesuch. Muss jeder mal hin. Kann ziemlich wehtun. Kann aber auch glimpflich ausgehen.»

Vom FC Bayern werden Siege erwartet, in jedem Spiel, gegen jeden Gegner. Wenn nun Bochum, Mainz oder Augsburg in der Allianz Arena antreten, wäre bereits ein Unentschieden eine Schmach. Der FC Bayern hat schließlich den Anspruch, solche Gegner Woche für Woche zu schlagen. Wenn diese sich nun also an den eigenen Strafraum zurückziehen, ist es an den Münchenern, Lösungen zu finden und Torchancen zu kreieren. Direkt in die Spitze zu spielen, würde gegen solche Gegner nicht funktionieren. Lösungen gegen einen tiefstehenden Gegner müssen immer auch Ideen beinhalten für Situationen, in denen man selbst den Ball hat. In einer Welt der finanziellen Ungleichheit ist ein starkes Ballbesitzspiel für den FC Bayern kein Bonus, sondern Pflicht. Ansonsten würde der FC Bayern gegen Teams wie Bochum regelmäßig Punkte verlieren.

Das 2:4 stellte für die Bayern in der Tat eine große Ausnahme dar. Seit sie 2013 ihre Serie von zehn Meistertiteln in Folge begannen, verloren sie nur zweimal gegen einen Aufsteiger: 2018 mit 1:4 gegen den VfB Stuttgart, als es für sie am finalen Spieltag um nichts mehr ging – und eben 2022 gegen den VfL. Von ihren 44 Spielen gegen Aufsteiger gewannen die Bayern 39. Der Vergleich mit Borussia Dortmund legt offen, wie außergewöhnlich diese Statistik ausfällt. Der BVB verlor im selben Zeitraum neun Spiele gegen Aufsteiger, spielte achtmal unentschieden und gewann 27-mal. Das zeugt von Bayerns Wille, jedes Spiel zu gewinnen – und von ihrer Fähigkeit, defensiv auftretende Gegner auseinanderspielen zu können. Die Spielphilosophie, die van Gaal einst nach München brachte, trägt bis heute Früchte.

Doch inwieweit kann man den FC Bayern für seine strategischen Entscheidungen loben? Man stelle sich eine alternative Realität vor, in der 2009 nicht van Gaal, sondern ein x-beliebiger Trainer mit Konterphilosophie nach München gekommen wäre. Auch er hätte in den kommenden Jahren vor demselben Problem gestanden: Wie sollen die Bayern als Favorit die massierten Verteidigungsreihen der Underdogs knacken? Nicht zufällig gingen sämtliche Spitzenteams der Erde im vergangenen Jahrzehnt einen ähnlichen Weg wie die Bayern. Selbst Jürgen Klopp, lange Jahre ein Anhänger des explosiven Umschaltspiels, passte seinen Stil an. Seine Liverpooler verfügen mittlerweile über ein ausgeklügeltes Ballbesitzspiel. Auch sie sammelten in ihrer Meistersaison 2019/20 pro Spiel im Schnitt 60 Prozent Ballbesitz. 2021/22 lag ihr Wert sogar bei 63 Prozent.

Die finanzstarken Teams haben selten die freie Wahl der Strategie. Ihr Prestige und die Herangehensweise des Gegners gibt vor, wie sie selbst zu spielen haben. Selbst in der Champions League gibt es nur eine Handvoll Gegner, gegen die der FC Bayern nicht als Favorit aufläuft. So trafen die Bayern im Viertelfinale der Champions League 2021/22 auf den amtierenden Europa-League-Sieger, den FC Villarreal. Der Umsatz der Bayern war dreimal so hoch wie der ihres Gegners. Villarreal überrumpelte die Bayern mit der eigenen Kontertaktik, scheiterte dann aber im Halbfinale an den übermächtigen Liverpoolern. In keinem der Spiele gegen Bayern oder Liverpool hatte der Außenseiter annähernd so viel Ballbesitz wie der Gegner. Die Rollen sind selbst im internationalen Fußball fest zementiert.

Die ökonomische Realität mag die Spielphilosophie der Bayern diktieren. Dafür haben sie aber auch deutlich mehr Geld zur Verfügung als fast alle ihrer Gegner. Dass sie einen ausgeklügelten Ballbesitz-Fußball spielen können, liegt auch daran, dass sie technisch wie taktisch herausragende Spieler verpflichten können.

Ich würde sogar so weit gehen zu behaupten: Dass großen Klubs wie den Bayern die Spielphilosophie praktisch vorgegeben wird, ist kein Nachteil, sondern ein krasser Vorteil. Die Bayern können die Frage, was für sie Erfolg bedeutet, leicht beantworten: jeden Gegner bezwingen und möglichst viele Titel gewinnen. Dazu werden sie die fußballerische Strategie wählen, die den größten Erfolg verspricht. Das heißt konkret: Sie müssen den Gegner dominieren und tief verteidigende Abwehrreihen umspielen. Nur so können sie den Titel in Liga und Pokal gewinnen sowie die entscheidenden K.-o.-Runden der Champions League erreichen. Über alternative Strategien brauchen sie erst nachzudenken, wenn sie in den K.-o.-Runden der Königsklasse auf andere Spitzenklubs treffen.

Schon für den Zweiten der Bundesliga ist die Frage, was Erfolg bedeutet, gar nicht mehr so leicht zu beantworten – siehe das Kapitel zu Borussia Dortmund. Auch an anderen Standorten führt diese Fragestellung zu regelrechten Sinnkrisen.

Wie schaffen Retortenklubs wie Leverkusen, Hoffenheim oder Wolfsburg sinnstiftende Ereignisse für ihre Fans, wenn das Höchste der Gefühle die Qualifikation für die Champions League darstellt? Was bedeutet Erfolg für langjährige Bundesligisten wie Mainz, Augsburg oder auch Freiburg, deren Anhänger wie Spieler sich nicht jedes Jahr nur für den Abstiegskampf motivieren können?

Noch schwerer tun sich diese Klubs, eine eigene Spielphilosophie zu definieren. Eine Wahl zu besitzen, birgt auch immer die Möglichkeit falschzuliegen. Kaum ein Funktionär hält dem Druck der Öffentlichkeit stand, wenn der anvisierte Plan sich nicht in Ergebnissen niederschlägt. Nur wenigen gelingt es, eine feste Spielphilosophie zu installieren. Selbst wenn alle achtzehn Klubs perfekt arbeiten würden: Am Ende steigen immer mindestens zwei ab. Wenige hatten das Glück wie die Bayern. Louis van Gaal zwang sie zu ihrer Strategie – und der eigene Anspruch sowie die finanzielle Realität erledigten den Rest.

Das ist das grundsätzliche Problem in Zeiten des fußballerischen Hyperkapitalismus. Wenn die Großen stolpern, purzeln sie trotzdem die Treppe hinauf. Der finanzielle Vorsprung ist derart groß, dass ein Aufholen der Konkurrenz unmöglich erscheint. Wenn der Personaletat aller Bundesligaklubs um 1 Prozent wächst, hat der VfL Bochum 200 000 Euro mehr zur Verfügung, der FC Bayern hingegen 3,5 Millionen Euro. Wenn der FC Bayern bei einem 5-Millionen-Euro-Neuzugang falschliegt, ist dies kein Drama. Der VfL Bochum müsste den Konkursverwalter bestellen.

Dieses finanzielle Ungleichgewicht ist fest im System verankert. Solange die Bayern aus Champions League und internationaler Vermarktung so viel Geld verdienen, wie manche Bundesligisten im ganzen Jahr erwirtschaften, wird sich nichts ändern. Und dass sich etwas ändert, ist nicht zu erwarten. Die Bayern mögen der Hecht im Karpfenteich Bundesliga sein. Sie selbst schwimmen aber in einem Meer, in dem sie mit Haien wie Paris Saint-Germain oder Manchester City konkurrieren. Man kennt dieses Argument aus jedem Verteilungskampf. Keiner will mehr Steuern bezahlen, weil es im Zweifel immer jemanden gibt, der noch reicher ist. Sollen die doch mehr zahlen! Die Bayern verteidigen ihren finanziellen Status quo mit dem Argument, dass sie bereits jetzt der internationalen Konkurrenz hinterherhängen. Sie haben damit nicht einmal unrecht. Man muss dazu nur die Ablösesummen aus dem Kapitel zu Manchester City mit den Zahlen dieses Kapitels vergleichen.

Bayern-Fans werden einwerfen, dass sich die Münchener ihren Vorsprung über Jahre und Jahrzehnte erarbeitet haben. In der Tat möchte ich den Erfolg der Bayern nicht schmälern. Auch wenn sie es angesichts ihrer Position einfacher haben: Ihr erfolgreiches Beharren auf der eigenen Spielphilosophie ist keine Selbstverständlichkeit. Dazu muss man nur zu jenem Klub schauen, der City und Bayern im vergangenen Jahrzehnt inspiriert hat. Der FC Barcelona habe sich vom «Apple des Fußballs zum Goldman Sachs FC» gewandelt, schrieb der Journalist Miguel Delaney im Sommer 2022. Vor einigen Jahren noch verfolgte der Klub eine klare Philosophie, hatte einen wiedererkennbaren Spielstil und gewann Titel um Titel. Nun muss er sein Tafelsilber bei Investmentfirmen wie Goldman Sachs oder Six Street pfänden, um finanziell überleben zu können. Von dem Geld kauft man teure Stars, die nicht wirklich zum klassischen Barça-Stil passen. Vor wenigen Jahren war die Philosophie des Vereins noch unverkennbar. Nun wissen selbst größte Barça-Fans nicht mehr, wofür ihr Klub steht.

Von diesem Schicksal sind die Bayern weit entfernt. Auch

über zehn Jahre nach van Gaals Abgang gehen sie weiter konsequent den Weg, der einst mit dem Niederländer begann. Das «Mia san mia» der Bayern mag schon viele Jahre durch die Welt geistern. Doch erst als die Verantwortlichen die Worthülse mit Leben füllten, wurde aus den Bayern einer der größten Klubs der Welt. Zehn Bundesligatitel in Serie sowie zwei Champions-League-Triumphe sind der Lohn dieser Entwicklung. Dass sie überhaupt noch mit Manchester City oder Paris Saint-Germain mithalten können, ist angesichts der finanziellen Ausgangslage keine Selbstverständlichkeit. Das ist eben der Anspruch der Bayern: immer die Allerbesten zu sein. Die Verantwortlichen werden alles dafür tun, um die Titelsammlung weiter zu vergrößern.

KAPITEL 3

Borussia Dortmund: Die Abteilung «Top-Talente»

«Der Anspruch ist es, sich um die besten Talente vor allem in Europa, aber auch weltweit zu kümmern.»

Michael Zorc

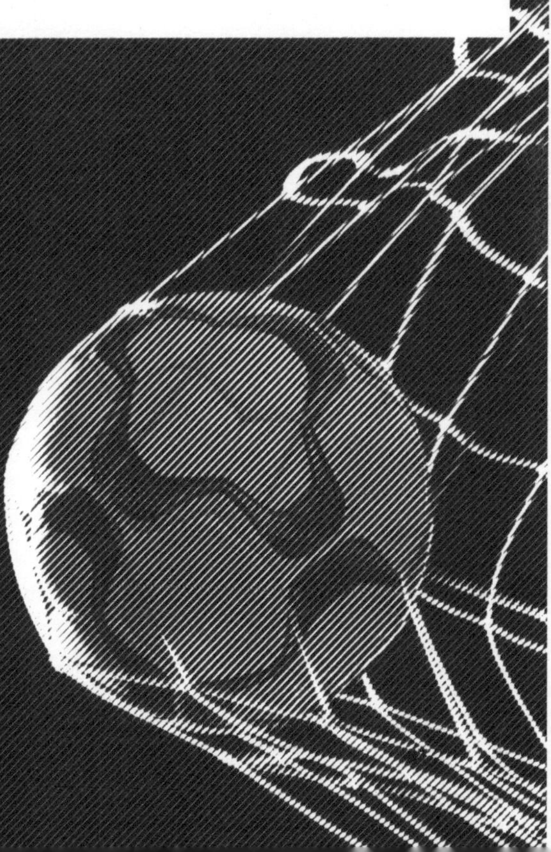

Die Deloitte Football Money League der Saison 2009/10 liest sich wie eine Reise in eine weit entfernte Zeit. Zwar thronten schon damals mit den spanischen und englischen Klubs die üblichen Verdächtigen an der finanziellen Spitze. Auf den Plätzen 10 bis 20 sah die Welt der umsatzstärksten Fußballklubs allerdings noch ganz anders aus: Manchester City kam gerade einmal auf Rang 11, Paris Saint-Germain schaffte gar nicht erst den Sprung unter die zwanzig Bestverdiener. Stattdessen komplettierten die Liste einige deutsche Vereine, auf die heute kaum ein Fan mehr kommen würde: Der zweitumsatzstärkste deutsche Klub nach den Bayern war der Hamburger SV auf Rang 13. Es folgte der FC Schalke 04 auf Rang 16 und der VfB Stuttgart auf Rang 19. All diese Klubs sollten im kommenden Jahrzehnt in die Zweite Bundesliga absteigen.

Nicht in die Top 20 schaffte es in jenem Jahr Borussia Dortmund. Die Westfalen gelten heute wie selbstverständlich als die Nummer 2 in Deutschland. Vor etwas mehr als zehn Jahren erwirtschafteten sie noch weniger Umsatz als der HSV oder Erzrivale Schalke. Binnen eines Jahrzehnts hat sich der Umsatz der Dortmunder fast vervierfacht: 2009 verdiente der BVB knapp 100 Millionen Euro, 2019 waren es knapp 400 Millionen Euro. Die einzigen Spitzenvereine, die im selben Zeitraum stärker wuchsen, waren Manchester City und Paris Saint-Germain. Anders als der BVB profitierten sie von reichen Besitzern, die nach Belieben Geld nachschießen.

Die wundersame Geschichte von Borussia Dortmund wurde oft erzählt. Sportliche Großmannssucht hatte die Borussia Anfang der Nuller an den Rand des Ruins getrieben. Um Branchenprimus Bayern München vom Thron zu stoßen, verpflichtete der BVB teure Stars. Als der sportliche Erfolg und damit das Geld aus der lukrativen Champions League ausblieb, stürzte das Kartenhaus zusammen. Nur mit viel Verhandlungsgeschick konnte eine Gruppe um Hans-Joachim Watzke den Verein 2005 vor der Insolvenz retten. Was darauf folgte, war die vielleicht größte Phönix-aus-der-Asche-Geschichte des deutschen Fußballs: Trainer Jürgen Klopp, Manager Michael Zorc und Watzke führten den Verein ab 2008 zurück an die Spitze. Binnen weniger Jahre mauserte sich der BVB von der Beinahe-Insolvenz zum zweimaligen Meister und Pokalsieger. Nicht nur national, auch international schloss der BVB zu den Großen auf, wie der Einzug ins Champions-League-Finale 2013 bewies.

Auf die Party folgte der Kater. Nach und nach verlor der BVB die Stützen der Meisterjahre. Shinji Kagawa, Mario Götze, Robert Lewandowski, Mats Hummels, İlkay Gündoğan und letztendlich auch Meistertrainer Jürgen Klopp: Sie alle verließen Westfalen. Gerade Bayern München machte es sich zum Geschäftsmodell, dem BVB die besten Spieler abzukaufen. Dortmund mag diese Spieler groß gemacht haben, aber sobald sie zu den besten der Welt gehörten, warben die noch finanzstärkeren Klubs sie ab. Der BVB hat finanziell aufgeschlossen zu den Großen, aber die Lücke zu Bayern München, Manchester United oder den Investorenklubs konnte er nie schließen.

Doch der BVB machte aus der Not eine Tugend. Wenn sie schon Spieler abgeben mussten, dann mit Profit. Heute sucht der Verein auf der ganzen Welt nach den größten Talenten. Das Kalkül: Spieler jung und günstig verpflichten, sie in Dortmund weiterentwickeln und am Ende für viele Millionen Euro verkaufen. Borussia Dortmunds Führung weiß, dass die großen Spieler auf der Höhe ihres Schaffens für den Verein nicht bezahlbar sind, zu Beginn ihrer Karriere aber durchaus. Der BVB hat in den vergangenen Jahren einige der größten Talente zu sich locken können: von Ousmane Dembélé über Jadon Sancho bis hin zu Erling Haaland.

Scouting heißt der Prozess, mit dessen Hilfe ein Verein Talente sucht. Borussia Dortmund verfügt über eine der besten Scouting-Abteilungen Deutschlands, vielleicht sogar der Welt. Kein Talent entgeht ihnen. Dieses Kapitel erklärt am Beispiel Borussia Dortmund, wie die Talentsuche im 21. Jahrhundert funktioniert und warum sie so schwierig geworden ist. Zugleich geht es um die Frage, warum Dortmund zwar eine Marktlücke gefunden hat – aber trotzdem im Niemandsland des Spitzenfußballs zu versinken droht.

⚽⚽⚽

Der Begriff Scouting klingt nach einem Modewort des modernen Fußballs. Dabei ist Scouting fast so alt wie der Sport selbst. Seit mit Fußball Geld verdient wird – in England seit dem 19. Jahrhundert, in Deutschland spätestens seit der Gründung der Bundesliga 1963 –, sind die Besitzer und Manager von Fußballvereinen darauf aus, die größten Talente zum eigenen Verein zu locken. Früher reisten Teambesitzer oder Trainer selbst zu den Spielen der Konkurrenz, um hoffnungsvolle Talente zu finden. Live-Übertragungen im Fernsehen gab es damals nur selten, dazu noch in schlechter Bildqualität. So durchsuchten Trainer wie Hennes Weisweiler, Udo Lattek oder Otto Rehhagel selbst das Land, um zu sehen, wie der nächste Gegner spielt – und welche Spieler des Gegners für den eigenen Kader interessant sein könnten.

Mit der Zeit erweiterte sich der Blick der deutschen Manager. Sie suchten Talente nicht mehr nur im eigenen Land, sondern zunächst in Europa und später auf der ganzen Welt. Legendär wurde etwa die «Brasilien-Connection» von Reiner Calmund. Der jüngeren Generation ist Calmund als Feinschmecker bekannt. In den Achtzigern und Neunzigern speiste er nicht minder gerne, arbeitete jedoch auch als Manager von Bayer Leverkusen. Calmunds Vorliebe für brasilianische Fußballer begann eher zufällig, als er Mitte der Achtziger bei einem Benefizkick den offensiven Mittelfeldspieler Tita entdeckte. Calmund fragte den Brasilianer, ob er nicht noch weitere hoffnungsvolle Talente aus seinem Land kenne. Später fing Calmund an, Experten vor Ort um Rat zu fragen. Im folgenden Jahrzehnt verpflichtete Leverkusen zahllose Spieler aus Brasilien: von Jorginho (Weltmeister 1994) über Zé Roberto (Vize-Weltmeister 1998) bis hin zu Lúcio (Weltmeister 2002). Regelmäßig flogen Calmunds Späher nach Brasilien, um sich vor Ort einen Überblick zu verschaffen über die großen Talente Südamerikas.

So oder so ähnlich begann in Fußballvereinen der Prozess, der letzten Endes zur Gründung eigener Scouting-Abteilungen führte. Mit der Zeit wurde die Arbeit, verschiedene Länder und Ligen zu durchforsten, zu viel für die Manager. Sie stellten

Leute an, die diese Aufgaben übernahmen. Im Grunde machten die Talentspäher von damals dieselbe Arbeit, die Trainer oder Manager seit Jahrzehnten gemacht hatten: Sie reisten von Stadion zu Stadion, schauten sich Fußballspiele an und hofften, gute Spieler zu finden. Der Beruf des Scouts – zu deutsch: Späher – war geboren. Damals war es noch möglich, Talente an exotischen Orten zu finden. Skandinavien, Osteuropa, Südamerika und Afrika: Für jede Region stellten Bundesligaklubs Scouts ab, die dort die besten Spieler entdecken sollten. Häufig waren dies frühere Spieler des Vereins, die nach ihrer aktiven Karriere in ihr Heimatland zurückgekehrt waren.

Dass die meisten Vereine ihre Scouting-Abteilungen ausbauten, verwundert nicht. Spielerverpflichtungen bedeuten mittlerweile Investitionen in zweistelliger Millionenhöhe. Zur Ablöse gesellen sich Kosten für den Berater, das Gehalt des Spielers sowie etwaige Boni. Ein Fehlgriff mag einen Verein zwar nicht direkt ruinieren. Er schränkt aber die finanziellen Möglichkeiten stark ein. Umso wichtiger ist es, die bestmöglichen Kandidaten zu finden und faule Eier auszusieben. Die Kosten eines Scouts – sei es auf Honorarbasis oder als Gehalt im fünfstelligen Bereich – sind überschaubar im Vergleich zur Verpflichtung eines neuen Spielers. Deshalb haben viele Klubs in den vergangenen Jahren massiv in diesen Bereich investiert.

Im ersten Jahrzehnt des neuen Jahrtausends funktionierte Scouting noch wie in früheren Tagen. Scouts hielten ihre Augen und Ohren auf, um die großen Talente der Welt zu entdecken. Der Fleiß eines Scouts maß sich in der Menge an Kilometern, die er zurücklegte, und in der Anzahl an Fußballspielen, die er pro Woche sah. Sein Notizbuch galt als sein Heiligtum. Hier notierte er die Stärken und Schwächen der Spieler. Die Scouts gaben ihr Urteil ab, welche Spieler ein Verein verpflichten sollte und welche lieber nicht. Nicht immer hörte der Geschäftsführer oder der Sportdirektor auf sie. Zumindest aber konnten sie im Nachhinein behaupten, ein hoffnungsvolles Talent zuerst entdeckt zu haben. Noch immer laufen viele Leute in der Branche herum, die ihren Status als «Erster» hervorheben: Menschen, die behaupten, damals auf dem Amateurplatz in Rio de Janeiro oder Casablanca zuerst den neuen Superstar von morgen entdeckt zu haben. Und ja, auch heute gibt es noch immer Vertreter dieses Berufsstandes, die darauf schwören, von 365 Tagen im Jahr 360 unterwegs zu sein.

Zu Beginn des Jahrtausends vollzogen sich jedoch mehrere Entwicklungen, die eigentlich kaum etwas miteinander zu tun haben – die aber die Arbeit der Scouting-Abteilungen revolutionierten. Im alten Jahrtausend gab es für Scouts praktisch nur eine Möglichkeit, ein Spiel zu sehen: Sie mussten vor Ort sein. Wenn, sagen wir, der SC Freiburg und der Hamburger SV am selben Tag ein Heimspiel hatten, war es unmöglich, beide Partien zu sehen. Es gab schlicht keine TV-Übertragungen. Franz Beckenbauer erzählte mir einst, er habe vor der Weltmeisterschaft 1990 die Fernsehsender angebettelt, ihre Kameraaufnahmen mit dem DFB zu teilen. Doch die Sender nutzten die Aufnahmen nur für ihre Highlight-Clips im TV und verweigerten eine Weitergabe. Aus heutiger Sicht erscheint es unglaublich, aber der Bundestrainer musste Spieler nominieren, ohne tatsächlich gesehen zu haben, welche Leistung sie erbracht hatten. Sein Nachfolger Berti Vogts hatte es schon etwas leichter: Seit der Saison 1990/91 zeigte der Pay-TV-Sender Premiere die Bundesliga live – allerdings nur ein Spiel pro Woche. Es dauerte zehn weitere Jahre, ehe Premiere sämtliche Spiele der Ersten und Zweiten Bundesliga live und über neunzig Minuten übertrug. Dabei beschränkte sich das Angebot auf die deutsche Bundesliga. Wollte man einen Spieler aus Brasilien oder Georgien kennenlernen, gab es weiterhin nur eine Möglichkeit: Man musste hinreisen.

In den vergangenen zwei Jahrzehnten vervielfachte sich die Zahl der Liveübertragungen. Zunächst begannen die Vereine, sich Videoübertragungen aus der ganzen Welt zu besorgen. In den Neunziger- und Nullerjahren herrschte ein reger Handel mit Videokassetten, CDs und DVDs, auf denen Spiele aus Südamerika oder Asien aufgenommen waren. Dieser Handel wurde in den vergangenen Jahren obsolet. Mittlerweile kann man auch in Deutschland Fußball aus der ganzen Welt sehen. Allein der Streamingdienst Dazn zeigt 27 Wettbewerbe aus über zehn verschiedenen Ländern.

Diese Entwicklung allein wäre nicht so eindrucksvoll, wenn sie nicht mit einer weiteren einhergegangen wäre: Die Digitalisierung nahm rasant Fahrt auf. Die Geschäftsstellen der Fußballvereine waren – wie weite Teile der Gesellschaft – bis zur Jahrtausendwende frei von Laptops oder Modems, die eine Internetnutzung erlaubt hätten. Doch jetzt setzte sich das weltweite Netz durch. Handys waren auf einmal nicht mehr nur zum Telefonieren geeignet, und Fußballspiele konnte man nicht mehr nur vor Ort oder auf einem Fernseher anschauen, sondern auf jedem internetfähigen Gerät.

Die Digitalisierung eröffnete auch dem Scouting neue Möglichkeiten. Dazn mag Fußball aus zehn verschiedenen Ländern zeigen, es gibt aber auch professionelle Anbieter, die noch viel mehr Spiele in ihren Datenbanken sammeln. Der verbreitetste Anbieter, den auch Borussia Dortmund nutzt (sowie der Autor dieses Buchs), ist Wyscout. Gegen einen nicht ganz geringen Obolus erhalten Vereine, aber auch Spieler, Berater oder Journalisten Zugriff auf eine riesige Videodatenbank. Dort lassen sich Partien aus über 250 verschiedenen Wettbewerben abrufen. Dazu gehören nicht nur die gängigen großen Ligen wie die Bundesliga oder Premier League. Auf Wyscout findet sich alles, was das Scout-Herz höherschlagen lässt, egal, ob zweite belgischen Liga, der marokkanische Pokal oder die deutsche A-Junioren-Bundesliga. Über 2000 Spiele fügt Wyscout hinzu – pro Woche. Das dürften mehr Livespiele sein, als man früher in einem Jahrzehnt im TV verfolgen konnte.

Wyscout fungiert nicht nur als Videostreaming-Plattform, sondern auch als Datenbank. Knapp 500 000 Spieler sind dort gespeichert. Für jeden einzelnen Spieler lassen sich Informationen abrufen. Neben simplen Fakten – wie alt er ist oder wie sein Berater heißt – finden sich zu jedem Spieler auch Statistiken und automatisch generierte Highlightvideos. Vereine können hier filtern, welche Art von Spieler sie suchen. Du brauchst einen Stürmer, der über 190 Zentimeter groß ist und besonders viele Kopfballduelle gewinnt? Das war früher keine einfache Aufgabe. Man musste sein Netzwerk bemühen und Leute fragen, um solch einen Spieler zu finden. Zumal es nicht leicht war, die Körpergröße eines Spielers zuverlässig zu bestimmen. Noch Anfang 2013 verpflichtete Hannover 96 einen Stürmer, der laut Recherchen 1,88 Meter groß sein sollte. Erst als der Vertrag bereits unterschieben war, maß der Verein nach und stellte fest, dass der Spieler in Wahrheit 6 Zentimeter kleiner ist.

Heute funktioniert das anders. Wyscout schwört auf eine enge Zusammenarbeit mit den Vereinen, und die Daten sollten stimmen. Binnen zwei Klicks lassen sich alle Spieler der Welt filtern, die größer als 190 Zentimeter sind und viele Kopfballduelle gewinnen. Mit einem weiteren Klick kann man sich alle relevanten Szenen eines Spielers ansehen, in diesem Fall etwa alle Kopfballduelle, die er in den vergangenen Spielen geführt hat. Mitarbeiter von Wyscout scannen dazu alle Videos und markieren Ereignisse; in der Fachsprache wird dies Tagging genannt. Pässe, Kopfballduelle, Zweikämpfe: Alle diese Szenen werden getaggt und sind einzeln abrufbar. Man muss also nicht ganze Spiele schauen, um einen Eindruck von einem Spieler zu erhalten. Jeder professionelle Spieler der Welt lässt sich heute mit wenigen Klicks analysieren. Wyscout serviert die passenden Clips. Eine Revolution.

Viele Scouts, mit denen ich gesprochen habe, mahnen zur Vorsicht: Plattformen wie Wyscout oder Konkurrenzprodukte wie InStat oder Opta seien eine großartige Unterstützung. Sie können das Scouting vor Ort aber nicht komplett ersetzen. Das hat mehrere Gründe. Zum einen bieten die Plattformen in den meisten Fällen nur die klassischen TV-Bilder an. Im Fernsehen sind allerdings meist nur Ausschnitte des Spiels zu sehen. Was der Innenverteidiger oder der Stürmer macht, während er sich gerade nicht im Bild befindet, lässt sich allenfalls erahnen. Die Bundesligaklubs haben zwar ein Gentleman's Agreement: Sie teilen miteinander Kamerabilder, auf denen zu jeder Zeit das gesamte Feld zu sehen ist. Dieses Abkommen endet jedoch bereits an der deutschen Grenze. Möchte man einen Spieler aus England, Belgien oder Kamerun über neunzig Minuten sehen, muss man auch heute noch vor Ort sein.

Scouts beziehen bei der Bewertung von Spielern nicht nur deren fußballerische Fähigkeiten ein. Ein Scout muss in seinen Berichten auch die weichen Faktoren bewerten: Wie verhält sich der Spieler, wenn etwas schiefläuft? Wie sieht das private Umfeld des Spielers aus? Wie verhält er sich beim Warmmachen, nach dem Spiel, beim Training? Selbst wenn ein Spieler nicht aufgestellt wird, können sich Erkenntnisse ergeben: Verfolgt er auf der Auswechselbank aufmerksam das Spiel, oder wirkt er eher teilnahmslos? Freut er sich, wenn ein Mitspieler trifft, und ärgert er sich, wenn sein Team in Rückstand gerät? Manche Eindrücke lassen sich eben nur vor Ort gewinnen. Also reisen Scouts auch heute noch Tausende Kilometer pro Jahr.

Die Erkenntnisse eines Scouts werden am Ende mit der gesamten Abteilung geteilt. Früher hatten sie hierfür vorgefertigte Formulare, auf denen sie die Stärken und Schwächen eines Spielers notierten. Längst ist auch dieser Bereich digitalisiert. Weit verbreitet ist die Software Scout 7 ISF der Firma Opta. Wie Wyscout wird sie mit Videos und Statistiken gefüttert und enthält die Daten von Hunderttausenden Spielern. Zugleich fungiert Scout 7 ISF noch stärker als eine Art Datenbank. Die Vereine sammeln hier die Notizen, die ihre Scouts für die einzelnen Spieler anfertigen. Dabei können sie eigene Vorgaben erstellen, nach denen Scouts Spieler bewerten sollen. Klassischerweise fertigt jeder Scout für einen Spieler nicht nur einen schriftlichen Report an, sondern vergibt auch Noten für verschiedene Bereiche: Zweikampf defensiv, Zweikampf offensiv, Aggressivität, um nur einige Teilbereiche zu nennen. Die Software fasst die Bewertungen der einzelnen Scouts zusammen und verbindet sie mit Statistiken und Videos. Im Endeffekt ist es die digitale Version eines klassischen Scouting-Reports. Anstatt dass die Scouts sich für jeden einzelnen Spieler treffen müssen, um über ihn zu sprechen, wird hier auf digitale Weise eine Vorauswahl getroffen. Opta ist nicht die einzige Firma, die solch ein Produkt anbietet. Auch der Hersteller SAP wagt sich mit einer eigenen Software in diesen Bereich.

Scouting findet damit heute mindestens so sehr in der digitalen wie in der realen Welt statt. Treffen sich die Scouts eines

Vereins, dürfen Laptops und Tablets nicht fehlen. Gemeinsam gehen sie durch, welche Kandidaten für das eigene Team interessant sein könnten. Am Ende präsentieren sie die talentiertesten Spieler dem Chef der Scouting-Abteilung. Dieser wiederum steht in engem Austausch mit der sportlichen Leitung. Dank Video-Scouting können die Klubs dabei potenziell die gesamte Welt im Blick behalten: Ganze Ligen werden zunächst per Video gescoutet, ehe die höherrangigen Scouts am Ende vor Ort die finale Beobachtung des Spielers übernehmen.

Auch Borussia Dortmund professionalisierte nach der Fast-Insolvenz das eigene Scouting. Ihr Gedankengang funktionierte jedoch eher andersrum: Nicht weil die Borussia mehr Geld, sondern weil sie plötzlich keins mehr hatte, investierte sie in Scouts. In den Neunziger- und frühen Nullerjahren hatte Dortmund die Stars der Welt verpflichtet. Für Márcio Amoroso hatten die Dortmunder bereits 2001 über 20 Millionen Euro Ablöse gezahlt, für Tomáš Rosický und Evanilson über 15 Millionen Euro. Unbekannte Talente zu finden, schien dem BVB nicht wichtig. Man hatte schließlich das Geld, fertige Spieler zu kaufen. Nach der Beinahe-Pleite 2005 waren diese Summen jedoch nicht mehr zu stemmen. Borussia Dortmunds Chefscout Sven Mislintat bekam nun die undankbare Aufgabe, aus wenig Transferetat viel Ertrag rauszuholen. Er konnte nicht einfach bei der Konkurrenz schauen, welche Spieler gerade angesagt waren. Er musste neue Wege gehen.

Mislintat baute sich aus Scouts, Beratern und Insidern ein Netzwerk auf, das ihn mit Informationen fütterte. So bekam der Chefscout 2009 einen Tipp von einem Berater: Dieser habe einen Spieler aus der zweiten japanischen Liga unter Vertrag, der groß herauskommen könnte. Der 1. FC Köln habe dem Spieler abgesagt, er würde aber gern nach Dortmund wechseln. Mislintat schaute sich den Spieler auf Video und vor Ort an. Insgesamt sechsmal flog er nach Japan, um den jungen Mann zu sehen. Er überzeugte seine Vorgesetzten, dem Spieler eine Chance zu geben. Im Sommer 2010 zahlte Borussia Dortmund 350 000 Euro Ausbildungsentschädigung für Shinji Kagawa. Er sollte nicht nur Dortmunds wichtigster Spieler des ersten Meisterjahres werden. Er sollte auch einen gewichtigen Teil dazu beitragen, Dortmund finanziell zu gesunden. 2012 kaufte Manchester United Kagawa für rund 15 Millionen Euro. Der BVB merkte: Scouting zahlt sich aus, im monetärsten Sinne des Wortes.

Die Entdeckung von Kagawa war ein waschechter Coup für den BVB. Doch obwohl Kagawa sein herausragendes Talent in der zweiten japanischen Liga deutlich unter Beweis stellte, traf Mislintat auf seinen Reisen nach Fernost nicht allzu viele europäische Scouts. Heute wäre das anders: Ein Spieler, der im Alter von neunzehn Jahren fünfzehn Tore in der zweiten japanischen Liga schießt, wird von allen Scouting-Abteilungen der Welt bemerkt. Die meisten würden sich den jungen Mann zumindest auf Video anschauen, ehe sie ihre Scouts hinschicken.

Ben Manga war lange Jahre Chefscout bei Eintracht Frankfurt, bevor er dort 2021 zum Direktor Profifußball befördert wurde. Er schildert eindrücklich, wie umkämpft die Suche nach Talenten heute ist: «Da, wo ich bin, sind 300 Scouts. Da, wo meine Scouts sind, sind auch 300 Scouts. Wir sind bei den gleichen Turnieren, wir sind bei den gleichen Spielen. Da sitzt die gesamte Bundesliga, Italiener, Spanier, Griechen. Keiner von denen ist blind. Von 300 Scouts haben 280 die gleichen Spieler gut gesehen.» Wie durchleuchtet der Markt ist, zeigt auch eine Geschichte von Freiburgs Vorstand Jochen Saier. Saier reiste vor einigen Jahren in die Türkei, um einen Spieler der zweiten türkischen Liga zu beobachten. Er trat die Reise voller Vorfreude an: Die zweite türkische Liga, da schaut niemand drauf! Endlich hatte er mal wieder einen Spieler entdeckt, den niemand kennt, dachte er. Im Stadion angekommen, begrüßte ihn ein Kollege aus der Bundesliga. Bei ihm stand exakt derselbe Spieler auf dem Zettel.

Das ist die finale große Entwicklung im Scouting: Heute arbeiten deutlich mehr Menschen in diesem Bereich als früher. Während um die Jahrtausendwende vielerorts noch keine eigenen Scouting-Abteilungen existierten, stellen manche Vereine heute zehn oder gar zwanzig Menschen in Vollzeit an, um die Welt nach potenziellen Verpflichtungen zu durchleuchten. In Italien hat sich mittlerweile sogar eine Interessenvertretung gegründet, die langfristig zu einer Gewerkschaft für Scouts aufsteigen möchte.

⚽⚽⚽

Scouts umweht immer auch die Aura des Geheimnisvollen. Die meisten Profivereine geben nicht gerne Einblick in die Arbeit ihrer Späher. Als ich eine Interviewanfrage an Borussia Dortmund zu diesem Thema schicke, erhalte ich nur wenige Minuten später einen Anruf des Pressesprechers. Ich müsse verstehen: Der BVB behandle das Thema Scouting als «Geschäftsgeheimnis». Gesprächen mit Scouts schiebt der Verein einen Riegel vor.

Ein Interview gewährt mir Borussia Dortmund also nicht. Zum Glück habe ich 2018 einem Vortrag von Eduard Graf lauschen können. Grafs Rolle beim BVB ist durchaus ungewöhnlich. Er sucht als Scout nicht Spieler für die erste Mannschaft, sondern für den Jugendbereich. Der BVB war einer der ersten Vereine, die das Scouting für die Jugend ausgegliedert hatten. «Top-Talente» nennt sich die Abteilung, der Graf angehört. Wenn Graf sich also auf Reisen begibt, besucht er nicht das Bernabeu in Madrid oder das San Siro in Mailand. Er ist auf den Nebenplätzen zugegen, auf denen die Talente von morgen spielen.

Auf einem Kongress erzählte er damals aus seinem Alltag als Scout. Auch er unterstrich, was viele Scouts sagen: Es ist heutzutage unmöglich geworden, Talente zu entdecken, die niemand auf dem Schirm hat. Auch er jage nur Spielern hinterher, die zahlreiche Vereine bereits beobachten. Dazu nehme er «Hunderttausende Kilometer pro Jahr» im Dienstwagen auf sich und sei mehr Tage im Jahr unterwegs als zu Hause. Entscheidend sei, schneller und früher das Talent eines Spielers zu entdecken als die Konkurrenz – und dann konsequent dranzubleiben.

Die Idee, das Teenager-Scouting in Dortmund in eine eigene Abteilung auszulagern, sei im Jahr 2016 gereift, so Manager Michael Zorc gegenüber der *Bild*. Bereits in den Jahren zuvor hatte der BVB Leistungsträger gehen lassen müssen, etwa Robert Lewandowski oder Mario Götze. In jenem Sommer verlor der BVB jedoch gleich drei Schlüsselspieler: İlkay Gündoğan wechselte zu Manchester City, Henrikh Mkhitaryan ging zu Arsenal, Mats Hummels zog es nach München. Spätestens hier wurde schmerzhaft deutlich: Der BVB ist für viele Profis nur eine Durchgangsstation. Sobald die Eliteteams mit den großen Scheinen wedeln, kann Dortmund nicht mithalten. Zugleich aber spülte der Verkauf der drei Stars rund 100 Millionen Euro in die Dortmunder Kassen; Geld, das man für andere Spieler ausgeben konnte.

Der BVB war gewillt, das Geld gut anzulegen. 35 Millionen

Euro investierte der Verein in einen neunzehnjährigen Franzosen namens Ousmane Dembélé. Es war der Beginn eines Strategiewandels. Dortmund sah sich nun ganz bewusst nach jungen, entwicklungsfähigen Spielern um, nach Spielern am Anfang ihrer Karriere. In Dortmund will man diese auf dem Weg vom Talent zum Spitzenspieler fördern und begleiten. Bevor man Talente fördern kann, muss man sie aber erst einmal finden. Darum gründete der BVB die Abteilung «Top-Talente».

Der Jugendbereich ist heute fast so gläsern wie der Profibereich. Nicht nur die Vereine sichten in der Region die besten Jugendspieler. Auch Verbände wie der DFB sind darauf aus, möglichst früh Talente zu finden, um sie bestmöglich zu fördern. So gibt es mittlerweile zahlreiche Turniere auf der Welt, bei denen die besten Jugendspieler gegeneinander antreten. Immer mit vor Ort: die Scouts der Profivereine. Anfangs konzentrierte sich der BVB ab der U16 auf internationale Talente. Mittlerweile schaut man schon in jüngeren Jahrgängen, welche Spieler Profis werden könnten.

So hat der BVB gute Erfahrungen damit gemacht, US-Spieler auf internationalen Jugendturnieren zu entdecken. Christian Pulisic sah der BVB erstmals während eines U15-Turniers in der Türkei. Giovanni Reyna entdeckte der BVB bei einem Jugendturnier in Florida. Präsent ist der BVB zudem bei den Spielen der UEFA Youth League. Hier treffen die Jugendteams der Champions-League-Teilnehmer und die nationalen A-Junioren-Meister Europas aufeinander. Ein Satz von Graf ist mir aus dem Vortrag im Gedächtnis geblieben. Sinngemäß sagte er: Wenn ein Spieler in einer Jugendnationalmannschaft auftaucht, ist es eigentlich schon zu spät. Sobald ein Jugendspieler eine Jugend-Welt- oder Europameisterschaft spielt, sollte er bereits beim BVB auf dem Zettel stehen. Das unterstreicht noch einmal, wie durchleuchtet der Markt ist – und welche Mühen der BVB auf sich nimmt, die Talente von morgen zu finden.

Dabei legt der BVB sein Augenmerk nicht auf die Randgebiete des europäischen Fußballs. Ganz im Gegenteil: Frankreich, Italien, Spanien und besonders England sind die Hauptreiseziele der Dortmunder Scouts. Während der BVB kaum einen Profi aus Manchester oder Madrid loseisen kann, sieht das im Jugendbereich anders aus. Da wird die finanzielle Stärke der Großen zu einem Nachteil. So köderte der BVB im Jahr 2017 Jadon Sancho von Manchester City. In Dortmund kam Sancho in der ersten Mannschaft zum Einsatz. Diese Perspektive sah er im stargespickten Kader der Citizens nicht. Auf dessen liebster Linksaußenposition hatte City schließlich ein Jahr zuvor für eine Ablöse von rund 50 Millionen Euro Leroy Sané verpflichtet. Sancho sollte den Schritt nach Deutschland nicht bereuen. Er spielte sich in der Dortmunder Mannschaft fest und avancierte vom Talent zum Spitzenspieler. 2021 wechselte er zurück nach Manchester zu United. Der BVB freute sich über eine Ablösesumme von 85 Millionen Euro.

Dortmund profitiert von dem Ruf, den es sich in den vergangenen Jahren erarbeitet hat: Beim BVB sitzen Talente nicht auf der Bank oder der Tribüne, sondern stehen auf dem Platz. Regelmäßig. Damit rennen sie bei den Beratern offene Türen ein. Seriöse Berater planen die Karriere ihrer Spieler nach dem 3P-Prinzip: «Play, perform and pay» – also spielen, Leistung bringen und bezahlt werden. In der ersten Phase einer Karriere zählt nur eins: spielen, spielen, spielen. Nur so lässt sich Erfahrung auf Top-Level sammeln, dank deren Hilfe man später in der Blütezeit performt. In der letzten Phase der Karriere, wenn man nicht mehr mit den Besten mithalten kann, geht es vor allem darum, Geld zu kassieren, etwa über lukrative Verträge in Katar, China oder den USA.

Dass viele Talente sich dem BVB anschließen, hat einen weiteren Grund: die Dortmunder Beharrlichkeit. Der BVB betreibt einen großen Aufwand, um Talente früher zu entdecken als die Konkurrenz. Ist man von einem Spieler überzeugt, wirft der Verein alles in die Waagschale, um ihn zu bekommen. Jude Bellinghams Talent etwa war schon früh nicht zu übersehen: Mit vierzehn Jahren galt er in Insiderkreisen als kommender Superstar. Laut *Sport1* sah der BVB ihn erstmals bei einem U15-Turnier in Italien. Danach habe der BVB ihn noch weitere vierzehnmal spielen sehen. Der Verein nahm den Kontakt zum Spieler und zu seiner Familie auf und machte schon in dieser frühen Phase unwiderruflich klar: Wir wollen dich! Das Ziel des BVB: als Erster einen Spieler ansprechen und ihm das Gefühl geben, seine Verpflichtung genieße höchste Priorität. Für Bellingham sollen Spitzenvereine wie Manchester City, Bayern München und Chelsea Offerten abgegeben haben, aber er entschied sich, mit siebzehn Jahren aus seiner Heimat Birmingham nach Dortmund zu wechseln.

Der BVB entdeckt junge Spieler beizeiten, handelt schnell und bietet ihnen direkt einen Platz im Profikader. So gelang es den Dortmundern auch, Erling Haaland nach Westfalen zu locken. Der Norweger galt wie Bellingham bereits in jungen Jahren als Riesentalent. Sein Vater Alf-Inge, selbst als Profi bei Leeds und Manchester City aktiv, ließ seine Kontakte spielen, um seinen Sohn bestmöglich zu fördern. Spätestens nachdem er mit siebzehn beim norwegischen Klub Molde FK zum Stammspieler avancierte, verfolgte halb Europa ihn. Auch Dortmund war früh an ihm dran. Zunächst entschied er sich, nach Salzburg zu wechseln. Dortmund blieb beharrlich, schickte

Haaland Videos von der Stimmung im Westfalenstadion und lud ihn immer wieder ein. Diese Beharrlichkeit zahlte sich aus: Im Winter 2020 wechselte Haaland nach Dortmund. Er gab ausdrücklich an, die Stimmung im Dortmunder Westfalenstadion sei ein gewichtiges Argument für den Wechsel gewesen. Dass der BVB ihm ein großzügiges Gehalt sowie die Perspektive bot, als Stammspieler in der Champions League aufzulaufen, dürfte ebenfalls geholfen haben.

Dembélé, Sancho, Haaland: Die jungen Spieler haben dem BVB nicht nur auf dem Rasen viel Freude bereitet. Sie haben sich auch als gutes Geschäft erwiesen. Seit der Gründung der Abteilung «Top-Talente» im Jahr 2016 hat der BVB über 800 Millionen Euro an Transfereinnahmen erwirtschaftet. Damit liegt der Klub nicht nur mit großem Abstand vor der Bundesligakonkurrenz. Auch innerhalb Europas haben im selben Zeitraum nur Juventus Turin und die AS Monaco mehr Geld mit Spielerverkäufen verdient. Diese Transfers sind für den BVB überlebenswichtig: Nur so kann er die Lücke zu den Investorenklubs und zum alten europäischen Geldadel halbwegs schließen. Und die Talentschmiede Dortmund ist noch lange nicht am Ende: Jamie Bynoe-Gittens und Tom Rothe feierten bereits ihr Debüt für die Profis, Julian Rijkhoff und Filippo Mane gelten als kommende Stars. Der BVB hat seine Marktlücke gefunden und bespielt sie konsequent.

⚽⚽⚽

Dortmunds Transferstrategie hat dem Klub nicht nur viel Geld beschert, sondern auch Ärger. Im Sommer 2017 zeigte der FC Barcelona Interesse an Ousmane Dembélé. Der Franzose habe nach eigenen Angaben schon als Kind davon geträumt, das Trikot der Katalanen überzustreifen. Nach Meinung der BVB-Fans hingegen träumte Dembélé vor allem von einem großen Gehaltsscheck. Da dem Franzosen die Verhandlungen zwischen dem BVB und Barcelona nicht schnell genug gingen, erschien er im August 2017 nicht zum Training. Borussia Dortmund suspendierte ihn, nur wenige Tage später wechselte er für eine Rekordablöse im neunstelligen Bereich doch nach Barcelona. Der Schaden war aber bereits angerichtet. Die ganze Fußballwelt diskutierte über Dembélés Streik. Gestreikt haben Jadon Sancho und Erling Haaland zwar nicht, bevor sie Dortmund verließen. Doch auch sie machten nie einen Hehl daraus, dass Dortmund für sie nur eine Zwischenstation war auf dem Weg zu größerem Ruhm. Gerade Haaland brachte mit seinen Allüren so manchen BVB-Fan gegen sich auf.

Das mag normal erscheinen im modernen Fußball. Doch es macht etwas mit Fans, gerade mit den stolzen Fans der Borussia. Sie spüren, dass das Bemühen, mit den ganz Großen mitzuhalten, auf Kosten der Identifikation mit dem eigenen Verein geht. Sie haben das Gefühl, der BVB ist nur mehr eine Durchgangsstation für die Spieler, keine Herzensangelegenheit. Die heutigen Spieler mögen wesentlich talentierter sein als Kevin Großkreutz, Marcel Schmelzer oder Sebastian Kehl. Sie sind aber eben nur als Zeitarbeiter beim Verein angestellt.

Und so fragen sich nicht wenige BVB-Fans mittlerweile: Ist es das alles wert? Die Dortmunder verpflichten die größten Talente, die im heimischen Signal-Iduna-Park teils berauschenden Fußball zeigen. Die Trophäen recken sie aber erst in die Höhe, wenn sie Dortmund verlassen haben. Im Endeffekt ist das, was der BVB betreibt, Sisyphusarbeit: Sie suchen die größten Talente, verpflichten die besten Nachwuchsstars, nur um sie ein bis zwei Jahre später an den Meistbietenden zu verkaufen und wieder von vorne anzufangen. Das alles nur, um am Ende dort rauszukommen, wo sie vorher waren: auf Platz zwei in Deutschland und international im Mittelmaß. Dem optimistischsten Fan dämmert mittlerweile, dass die Erfolge der Jahre 2011 und 2012 nicht zurückkehren werden.

Nicht nur in sportlicher, auch in finanzieller Hinsicht arbeitet der BVB für viele Fans am Rande des Erträglichen. Das BVB-Fan-Magazin *Schwatzgelb* schreibt in einem Artikel aus dem Dezember 2020: «Interessant erscheint vor diesem Hintergrund übrigens auch, welche Partner der FC Bayern an Land zieht (27 Sponsoren vorwiegend aus der ersten Reihe: Telekom, Audi, SAP, Siemens, Adidas, Allianz, Coca-Cola, Hugo Boss, Varta, Veuve Clicquot), während der ‹zweite Leuchtturm› satte 61 Sponsorennamen nicht zuletzt aus dem Nirgendwo auf seine internationale Webseite klatschen muss. Ob Energydrinks, Sicherheitsschuhe, Cloud-Software, Möbelstudio, Getränkemarkt, Tresore, Motoröl, Schweizer Skigebiet, eine mongolische Airline oder eine Kryptobörse – solange ein Umsatz vermeldet werden kann, ist dem BVB offensichtlich egal, wer an seiner Seite steht.»*

Hans-Joachim Watzke würde an dieser Stelle einwerfen, dass Dortmund nur auf diese Weise den aktuellen Rang im nationalen wie internationalen Fußball halten könne. Er betont, dass die Stadt München allein mehr DAX-Unternehmen beheimate (sieben) als das gesamte Ruhrgebiet zusammen (vier). Solche Sponsoren in der Region könne sich der BVB nicht schnitzen, weshalb die eigene Strategie alternativlos sei. Dazu

* Beim Schreiben dieser Zeilen Mitte 2022 war die Zahl der Münchener Sponsoren auf 31 angewachsen.

benötige der Verein die Akquise von Sponsoren genauso wie die Verkäufe talentierter Spieler. Nur so verliere man nicht den Abstand zur Spitze.

Aber gelingt das dem BVB überhaupt? Die finanzielle Ungleichheit im Fußball ist in den vergangenen zehn Jahren massiv gewachsen. Die Großen ziehen immer weiter davon – auch vom BVB. Man muss nur die Deloitte Football Money League zurate ziehen, um die Schwierigkeit der Dortmunder Aufgabe zu unterstreichen. Seit Klopps Abgang 2015 haben die Dortmunder fünfzehn internationale Spiele bestritten gegen Teams, die in der Money League vor ihnen lagen. Zehn dieser Spiele gingen verloren, ein einziges konnten die Dortmunder gewinnen. Es war ein 2:1-Erfolg im Hinspiel des Champions-League-Achtelfinals 2019/20 gegen Paris Saint-Germain. Das Rückspiel verlor der BVB mit 0:2 und schied aus. Nicht einmal einberechnet in diese Statistik sind die zahllosen Spiele gegen den Erzrivalen Bayern München. 21-mal trafen die Dortmunder seit 2015 auf die Bayern in Liga, Pokal sowie Supercup. Vier dieser Spiele konnte der BVB gewinnen, vierzehn gingen verloren. In der Liga mussten sie in den vergangenen zehn Jahren stets dem FC Bayern den Vortritt lassen. Titel gewinnt der BVB – wenn überhaupt – nur noch im DFB-Pokal.

Natürlich wäre es zu einfach, Borussia Dortmunds Titellosigkeit einzig der finanziellen Situation zuzuschreiben. Dass die Bayern in der Liga bis zu einem Dutzend mehr Punkte sammeln als die Dortmunder, liegt nicht nur daran, dass sie die direkten Duelle gewinnen. Wieder und wieder scheiterte der BVB in den vergangenen Jahren daran, konstant gegen Teams aus der unteren Tabellenhälfte zu punkten. Im Pokal verlor der BVB 2022 gegen Zweitligist St. Pauli, nachdem die Bayern bereits aus dem Wettbewerb ausgeschieden waren.

Meisterschaften, Pokalsiege und internationale Titel verspielte er in den vergangenen Jahren nicht nur in München oder Manchester, sondern auch in Düsseldorf, Bremen oder Glasgow.

Dennoch: Eine perfekte Saison würde für den BVB bedeuten, sämtliche Klubs zu schlagen, die sich finanziell auf Augenhöhe befinden oder unter ihnen stehen. Das sind die Klubs aus Leipzig, Amsterdam oder Lissabon, sicher aber nicht die Vereine aus Madrid, Manchester und München. Der BVB ist immer davon abhängig, dass die finanzstärkeren Klubs keine perfekte Saison spielen. Selbst wenn er alle Gegner auf Augenhöhe besiegt, kann das bedeuten, dass die Dortmunder am Ende Vizemeister werden und in Pokal und Champions League an den finanzstärkeren Klubs scheitern. Und selbst das ist den meisten BVB-Fans nach den sensationellen Jahren unter Klopp nicht genug. Seit der Meistertrainer den Klub verließ, standen in sieben Jahren sechs verschiedene Übungsleiter an der Seitenlinie. Das liegt an der fehlenden Geduld der Verantwortlichen, könnte aber auch mit den hohen Erwartungen zu tun haben, die das Umfeld an einen BVB-Trainer stellt.

Die nächste Frage für den BVB lautet: Wie lange hält der Vorsprung noch, den er sich im Bereich Talente-Scouting erarbeitet hat? Vom Segeln kennt man das Phänomen, dass der Führende immer den Vorteil hat, den Verfolger kopieren zu können. Wenn das zurückliegende Schiff die Taktik wechselt, übernimmt das Führungsboot einfach dessen neue. Geht man dabei richtig vor, sind beide Schiffe gleich schnell – und das Führungsschiff behält den Vorsprung. Auf den Fußball gemünzt, bedeutet dies: Die großen Vereine müssen die Strategie des BVB nur ebenfalls anwenden, um am Ende vor dem BVB zu bleiben.

Konkret sieht man bereits, wie sich die Spitzenteams am

BVB orientieren: Die Idee, Spieler möglichst früh zu entdecken, hat der BVB keineswegs gepachtet. In den vergangenen Jahren sind die Ablösesummen im Jugendbereich explodiert. Die Topklubs geben für Fünfzehn-, Sechzehn- oder Siebzehnjährige das aus, was sie vor zehn Jahren für einen Spieler in der Blüte seines Schaffens zahlen mussten. Dieses Wettbieten im Jugendbereich muss der BVB zur Kenntnis nehmen. Bei Mike Wisdom, einem Gladbacher Spieler, der in der Branche als Ausnahmetalent gilt, brach der BVB die Verhandlungen ab. Das Gesamtpaket, das Bayern München bot, sah der BVB als nicht darstellbar für einen Dreizehnjährigen. Laut Sky-Informationen soll der Transfer eine mittlere sechsstellige Summe gekostet haben – viel Geld für einen Spieler, von dem man nicht einmal weiß, wie er sich bis zur Adoleszenz körperlich entwickelt.

Fußball ist aber auch immer ein Geschäft mit der Hoffnung. Fans verfolgen intensiv den Transfermarkt mit dem Wunsch, dass die eigene Mannschaft im kommenden Jahr stärker sein wird als im aktuellen. Die BVB-Fans hören in dieser Hinsicht meist gute Nachrichten. Noch immer entscheiden sich die großen Talente für die Dortmunder – und nicht nur die, wie der Transfer von Niklas Süle beweist. Die Dortmunder haben im Scouting einen Vorsprung, den die Konkurrenz erst aufholen muss. Und wer weiß, vielleicht kommt in einer der Spielzeiten alles zusammen, und die hochtalentierte Rasselbande gewinnt doch den ganz großen Titel. Nur wetten kann man darauf in Zeiten des fußballerischen Hyperkapitalismus nicht.

KAPITEL 4

FC Liverpool: Moneyball in Merseyside

«Ich bin kein Genie. Ich weiß nicht mehr als der Rest der Welt. Ich brauche andere Menschen, um die perfekten Informationen zu erhalten.»

Jürgen Klopp

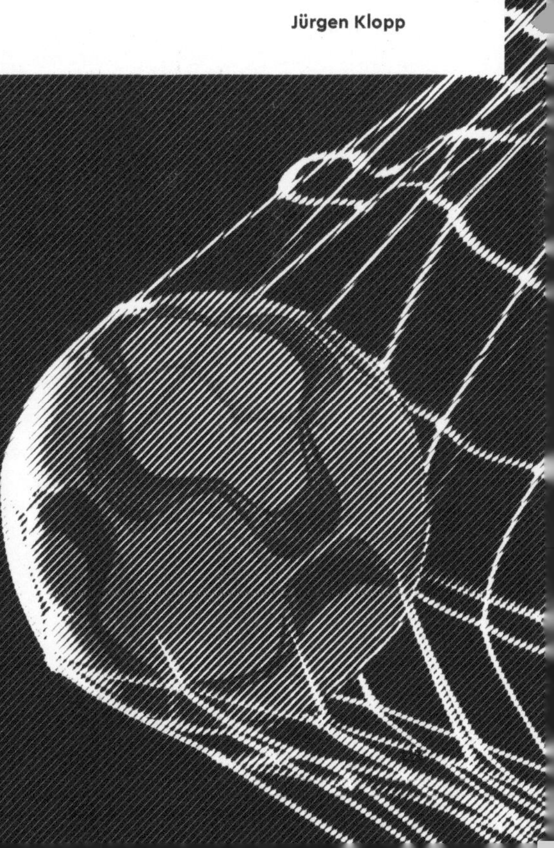

Moneyball» ist ein seltsamer Sportfilm. Der Streifen spielt fast ausschließlich in den Büroräumen der Oakland Athletics, einem national eher unbedeutenden Baseballteam. Sportszenen sucht man in «Moneyball» ebenso vergeblich wie die genretypischen Ansprachen des Trainers. Stattdessen dreht sich der Film um Zahlen. Regisseur Bennett Miller erzählt die reale Geschichte, wie der Manager Billy Beane den Loserklub sensationell in die Playoffs führt. Beane, gespielt von Brad Pitt, vertraut nicht auf die alten Berater und Scouts, die seit Jahrzehnten ihrem Beruf nachgehen. Stattdessen holt er einen jungen Datenanalysten an Bord, gespielt von Jonah Hill. Mithilfe von Statistiken drehen sie den Klub auf links – und revolutionieren so nicht nur den Verein, sondern den gesamten Baseballsport.

Ein Film über Sportstatistiken? Das mag langweilig klingen. Trotzdem fesselt er über die gesamten zwei Stunden Spielzeit. Das Drehbuch des Films basiert auf dem Sachbuch von Michael Lewis. Der Publizist schrieb 2003 die Geschichte der Oakland Athletics auf. Beane gibt es wirklich – genauso wie die Sabremetrics, eine Strömung im Baseball-Sport, die mit erweiterten Statistiken arbeitet. Auch wenn Baseball außerhalb der

USA keine allzu große Popularität genießt, brachte «Moneyball» nach seiner Veröffentlichung 2011 so manchen Fußball-Fan zum Nachdenken. Wird eine Statistik-Revolution auch im Fußball folgen? Was lässt sich aus Daten herausholen?

Aus statistischer Sicht ist Fußball ein wahnsinnig komplexer Sport. Vergleicht man ihn mit Baseball oder auch American Football, sieht man direkt den Unterschied: Letztere Sportarten bestehen aus kurzen Sequenzen, die einige Sekunden dauern und während eines Spiels zigfach wiederholt werden. Der Fußball befindet sich viel stärker im Fluss. Hier gibt es praktisch kaum Beschränkungen, wie sich Spieler auf dem Feld bewegen dürfen. Die 22 Spieler können sich in unzähligen Kombinationen auf dem Feld positionieren. Zudem ist der Ball mit dem Fuß ungleich schwerer zu kontrollieren als mit der Hand, weshalb die Kugel immer wieder unvorhergesehen die Richtung ändert. Es passiert unfassbar viel auf einem Fußballfeld. Um es mit einem Indie-Filmhit des Jahres 2022 zu sagen: «Everything everywhere all at once» – alles passiert überall zu jeder Zeit.

Lange Zeit spielten Statistiken im Fußball eine untergeordnete Rolle; im alten Jahrtausend wurden praktisch keine erhoben. Welcher Spieler wie oft den Ball hat, wer wie oft auf das Tor schießt, welches Team wie viele Zweikämpfe gewinnt: Das wusste niemand so genau. Antworten auf diese Fragen gibt es erst, seit TV-Sender Fakten suchen, die sie ihren Zuschauern präsentieren können. Seit den Neunzigerjahren arbeiten Firmen daran, die Ereignisse eines Fußballspiels zu messen. Analysten schauen sich Spiele an und weisen mithilfe einer speziellen Tastatur jeder Aktion auf dem Feld einen statistischen Wert zu. Spielt ein Spieler einen Pass, liest die statistische Auswertung: Pass von Toni Kroos auf Thomas Müller, erfolgreich.

Am Ende lässt sich genau bestimmen, wie viele Pässe Toni Kroos gespielt hat und wie viele dieser Pässe bei einem Teamkollegen ankamen. Seitdem werden im Fußball zahllose Ereignisse statistisch erfasst. Wie oft hat ein Spieler den Ball? Wie viele Pässe spielt er? Wie viele dieser Pässe kommen an? Wie oft geht er in Zweikämpfe? Wie oft schießt ein Spieler auf das Tor? Wie viele Torschüsse eines Kollegen leitet er ein? Firmen wie Opta oder Wyscout erheben diese Daten.

Die Datensammelwut hört an dieser Stelle nicht auf. Mittlerweile gibt die Technik viel mehr her. Jedes Spiel wird mit zig Kameras gefilmt. Sie erfassen mit 25 Bildern pro Sekunde, wo sich auf dem Feld welcher Spieler befindet. Mit diesen Kameras lässt sich die Geschwindigkeit des Balls ebenso bestimmen wie das Tempo einzelner Spieler. Es lässt sich genau feststellen, wie lange welcher Spieler an welchem Ort verweilt. Bei 25 Bildern pro Sekunde ergeben sich allein durch die Bewegungen der Spieler und des Balls über drei Millionen Datenpunkte pro Spiel. Es gibt praktisch kein Ereignis mehr, das sich nicht in der Statistik widerspiegelt. So lassen sich auch Pässe bis ins kleinste Detail analysieren: Wie lang ist ein Pass, wie hoch wird er gespielt? Wird er nach vorne, seitlich oder nach hinten gespielt? Bekommt der Spieler, der den Pass erhält, sofort Druck von einem Gegenspieler?

Diese Daten sind zunächst einmal nur Zahlen. Ohne Kontext sind sie wertlos. Ralph Gunesch, früherer Bundesligaprofi und mein Kollege in der Sendung «Bohndesliga», liefert ein perfektes Beispiel, warum Statistiken manchmal trügen. Während eines Spiels wurde bei ihm ein Sprint gemessen, bei dem er über das ganze Feld in persönlicher Rekordzeit gerannt ist. Sein Trainer hätte ihn nach dem Spiel für seinen Einsatz loben können. Doch Gunesch hatte keinen Ball erobert und auch keine Anspielstation geschaffen. Der Verteidiger wollte einfach nur mit seinen Teamkollegen ein Tor bejubeln.

Das ist ein Grund, warum Fans Daten ablehnen. Was soll man mit Statistiken anfangen, die beim Verständnis des Spiels nicht helfen, vielleicht sogar schaden? «Es gibt nur eine Statistik, die zählt: Tore!», lautet noch heute ein Mantra vieler Zuschauer. Das ist die eine Seite der Medaille. Statistik-Nerds geben sich damit aber nicht zufrieden. Sie hoffen, auf der anderen Seite der Medaille Gold zu finden. Wenn sich der Wust an Daten bändigen lässt, wenn man aus dem schieren Zahlenmeer die wirklich relevanten Daten herausfiltern kann: Wäre das nicht der Moneyball-Moment des Fußballs? Könnte man damit nicht Ordnung in das Chaos des Sports bringen? Könnten Daten dann nicht bei Themen wie Taktikanalyse oder Scouting helfen?

Die Wahrheit ist: Dieser Moneyball-Moment wurde längst erreicht. Praktisch alle großen Klubs stellen Statistiker an, die Daten interpretieren. Besonders hervorgetan hat sich dabei der FC Liverpool. Er gilt als «First Mover», also als Verein, der in diesem Bereich früher und mehr investiert hat als die meisten anderen Klubs. Sie haben ihre eigene Moneyball-Geschichte geschaffen. In der Hauptrolle: ein deutscher Trainer, ein Haufen Wissenschaftler sowie ein Investor, der bereits im Original-Moneyball eine Nebenrolle gespielt hat.

⚽⚽⚽

Was haben ein Doktor der theoretischen Physik, ein ehemaliger Forscher am Teilchenbeschleuniger CERN, ein Astrophysiker und ein britischer Jugendmeister im Schach gemeinsam? Nein, das wird kein Witz über vier Nerds, die zu blöd sind, eine

Glühbirne zu wechseln. Aus diesen vier Personen setzt sich die Analytics-Abteilung des FC Liverpool zusammen. Dr. Ian Graham machte seinen Doktor in theoretischer Physik in Cambridge, ehe er sich der Datenanalyse im Fußball zuwandte. Er fungiert heute als «Director of Research» beim FC Liverpool. In seiner Abteilung arbeiten noch William Spearman, ein Harvard-Absolvent und Doktor der Partikelphysik, der bereits am CERN gearbeitet hat, Tim Waskett, ein Astrophysiker, der zuvor als Analyst in der Energiebranche tätig war, sowie Dafydd Steele, ebenfalls ein früherer Analyst der Energiebranche und zudem ehemaliger britischer Juniorenmeister im Schach. Komplettiert wird die Abteilung von mehreren IT-Fachleuten.

Die Aufgabe der Analytics-Abteilung klingt einfach, ist aber komplex: Sie soll Zahlen und Statistiken auswerten, um dem Verein wertvolle Erkenntnisse zu liefern. Wenn ein neuer Spieler gesucht wird, filtern die Analysten Datenberge, um die falschen Kandidaten auszusieben. Verliert der FC Liverpool ein Spiel, schicken die Statistiker Analysen an die Trainerabteilung, um die Gründe für die Niederlage ausfindig zu machen. Wenn eine Vertragsverlängerung ansteht oder ein Gespräch mit einem Spieler, wälzt die Analytics-Abteilung Daten, um ihren Vorgesetzten Fakten an die Hand zu geben.

Datenanalyse ist im Fußball eine recht neue Aufgabe. Der FC Liverpool begann 2012 damit, eine Abteilung eigens für die Analyse von Statistiken aufzubauen. Dass ausgerechnet Liverpool Geld in die Hand nahm, um Physiker und IT-Fachleute zu sich zu lotsen, hat viel mit der Geschichte hinter «Moneyball» zu tun. Die Boston Red Sox waren der erste Baseballverein, der die Fühler nach Beane ausstreckte. Deren Besitzer John Henry hat es sogar in den Film geschafft; in einer Nebenrolle verhandelt er mit Beane und erklärt ihm, dass Veränderungen

Menschen «komplett durchdrehen» lassen. Henry hatte ein Vermögen an der Börse verdient, weil er einen Algorithmus entworfen hatte, mit dessen Hilfe sich steigende und fallende Preise im Sojabohnenhandel voraussagen lassen. 2002 kaufte Henry mit seiner Firma, der Fenway Sports Group, die Red Sox. Er konnte Beane zwar nicht davon überzeugen, von der West- an die Ostküste zu wechseln. Unter Henry sollten die Red Sox aber trotzdem den ersten Titel seit über hundert Jahren gewinnen. Ein Faktor: Auch sie erkannten den Wert der Sabremetrics. Im Film sagt Henry zu Beane, wer fortan nicht nach dessen Methode arbeite, sei ein Dinosaurier. Henry will keiner sein.

Der US-Amerikaner Henry ist mit seiner Firma nicht nur Besitzer der Red Sox. 2010 erweiterte die Investorengruppe ihr Portfolio und kaufte für 300 Millionen Pfund den FC Liverpool. Der stolze Traditionsverein aus dem Industriegürtel in Nordengland träumte seit Jahren davon, aufzuschließen zu den Großen im Fußball. Nachdem Liverpool den europäischen Fußball in den Siebzigern und Achtzigern dominiert hatte, verlor der Verein in den Neunzigern den Anschluss an Erzfeind Manchester United. Sir Alex Ferguson gewann in der 1992 gegründeten Premier League Titel um Titel, während Liverpool meist unter «ferner liefen» landete. Die Fans dürsteten nach Erfolg – und die Fenway Sports Group (FSG) wollte ihnen Titel schenken. Vor allem aber sollte sich ihr 300-Millionen-Pfund-Investment rentieren.

Die neuen Besitzer entsandten Michael Gordon in den Vorstand der Liverpooler. Er sollte auf der anderen Seite des Atlantiks überwachen, dass das angelegte Geld auch richtig verwendet wird. Gordon war eine interessante Wahl. Er hatte sich als Investmentbanker ein Vermögen aufgebaut, 12 Prozent der

FSG gehören ihm. Der studierte Wirtschaftswissenschaftler gilt als ausgewiesener Fachmann für Baseball. Was den öffentlichkeitsscheuen Gordon qualifizierte, einen Fußballverein zu leiten? Wenig. So sahen es zumindest die Fans des FC Liverpool, die in den ersten Jahren die neuen Besitzer häufig kritisierten. Diese stellten sich nicht immer clever an. So rief eine Erhöhung der Ticketpreise große Proteste hervor, schließlich sieht sich Liverpool als Arbeiterverein, der ärmere Fans nicht vom Stadionbesuch ausschließen möchte.

Ein Hauptkritikpunkt galt dem sogenannten «Transfer Committee». In England herrschte bis vor wenigen Jahren die Tradition, dass der Trainer zugleich Manager eines Vereins war. Training, Aufstellung, Vertragsangelegenheiten, Transfers: Der Chefcoach vereinte sämtliche Aufgaben auf sich. Im 21. Jahrhundert ging der englische Fußball damit einen Sonderweg. Im kontinentalen Fußball hatte sich längst die Arbeitsteilung zwischen Trainer auf der einen sowie Sportdirektor auf der anderen Seite durchgesetzt. Der Trainer kümmert sich um die Mannschaft, der Direktor um Vertragsangelegenheiten und um neue Spieler. Im Idealfall sprechen sich alle Beteiligten ab; siehe die erfolgreiche Arbeit des SC Freiburg, die in einem späteren Kapitel beleuchtet wird.

Der FC Liverpool nutzte ein Mischmodell. Der Trainer kam mit den Leitern verschiedener Abteilungen zusammen, um über künftige Transfers zu beraten – das sogenannte «Transfer Committee». Dieses «kontinentale Modell», wie es auf der Insel heißt, hatte die FSG bereits bei den Red Sox erfolgreich angewandt. Gordon wollte die besten Leute zusammenbringen, um bei Transferentscheidungen die bestmöglichen Entscheidungen zu treffen. Er hatte schnell erkannt, wie wichtig Transfers im Fußball sind. In einem seiner rar gesäten Interviews verglich Gordon die Arbeit bei einem Fußballklub mit seiner Arbeit als Investor: Es gehe darum, unterbewertete Rohdiamanten aufzuspüren und sie zu verkaufen, sobald sie überbewertet waren. Ein Klub wie Liverpool könne zu Manchester City, Chelsea oder United nur aufschließen, wenn sie auf dem Transfermarkt schlauer agieren als die Konkurrenz.

In Liverpool traf Gordon auf einen Mitarbeiter, der ähnlich dachte: Chefanalyst Michael Edwards. 2011 war dieser von den Tottenham Hotspurs verpflichtet worden. Mit Gordon teilt er die Liebe zu Zahlen. Gordon hatte sowohl als Hedgefonds-Manager wie auch während seiner Zeit bei den Red Sox gelernt, wie Daten bei der Entscheidungsfindung helfen. Edwards war vernarrt in Fußballstatistiken. Er sagte zu Gordon: In Liverpool bietet sich die Chance, mithilfe von Daten einen Vorsprung zur Konkurrenz zu erarbeiten. Diese hätten größtenteils keine Analysten. Gemeinsam machte sich das Duo also daran, die besten Statistiker aus dem Fußballbereich anzustellen. So entstand Liverpools Analytics-Abteilung.

Die ersten Gehversuche verliefen holprig. Das Unternehmen FSG bestand darauf, alle Teammitglieder bei Transferfragen einzubeziehen: die Finanzabteilung, die klassischen Scouts, aber auch die neuen Jungs aus der Analyseabteilung. Trainer Brendan Rodgers, 2014 mit dem FC Liverpool Vizemeister geworden, sah sich aber eher in der Rolle des klassischen englischen Managers. Nach dem Vizemeister-Titel verließ sein Star-Stürmer Luis Suárez den Verein. Rodgers und die Führungsebene stritten sich um die Frage, wer den Stürmer ersetzen sollte. Die Ersatzlösungen – der Verein verpflichtete unter anderen Adam Lallana (35 Millionen Euro) und Mario Balotelli (20 Millionen Euro) – schlugen nicht ein. Die Fans machten das «Transfer Committee» für die Fehler verantwortlich. Liverpool verpasste als Tabellensechster die direkte Qualifikation zur Champions League. Nach einem schwachen Start in die Folgesaison wurde Rodgers entlassen.

Die Suche nach einem Nachfolger führte die FSG nach Deutschland. Jürgen Klopp war wenige Wochen zuvor von seinem Traineramt bei Borussia Dortmund zurückgetreten. Sieben Jahre waren genug. Die FSG ließ sich von der Analytics-Abteilung einen fünfzig Seiten langen Bericht schreiben. Darin argumentierte Graham anhand von Daten, dass Dortmund in Klopps finaler Saison wesentlich besser gespielt habe als die Konkurrenz, obwohl der BVB sich zeitweise auf einem Abstiegsplatz befunden hatte. Klopp überzeugte die FSG auch im direkten Gespräch. Der gebürtige Schwabe vereint als Trainer viele herausragende Fähigkeiten. Er verfügt über Charisma, kann Leute begeistern, und kaum ein anderer Trainer versteht so viel von Taktik. Klopp hat genaue Vorstellungen, wie seine Mannschaft zu spielen hat und welchen Weg er gehen muss, um diesen Spielstil zu erreichen. Er ist streng, aber fair. Er trifft Entscheidungen, zeigt sich aber offen für Ideen seiner Mitarbeiter. Er kommuniziert mit Fans, Medien und Spielern so, wie es zum jeweiligen Gegenüber passt.

Klopps überragende Eigenschaft dürfte indes seine Teamfähigkeit sein. Er weiß um die Komplexität seiner Aufgabe. Er tut nicht so, als würde er alle Facetten des Trainerseins allein abdecken. In seiner ersten Pressekonferenz als Liverpool-Trainer sagte er über das «Transfer Committee», er finde Diskussionen um dessen Existenz lächerlich. «Ich bin kein Genie. Ich weiß nicht mehr als der Rest der Welt. Ich brauche andere Menschen, um die perfekten Informationen zu erhalten.» Ihm sei es nur wichtig, am Anfang und am Ende eines Prozesses mitzureden. Was dazwischen passiert? Da sei er für alles offen.

Klopp kannte die Analytics-Abteilung der Reds nur in groben Zügen. In den kommenden Jahren sollte er sie richtig kennenlernen. Liverpool setzte weiter darauf, mithilfe von Daten Spieler zu finden, die unterschätzt werden. Wie groß der Einfluss auf einzelne Transfers ist, lässt sich schwer beziffern. Auch beim FC Liverpool ist die Analytics-Abteilung nur ein kleines Rädchen im großen Getriebe. Sie wird flankiert vom klassischen Scouting und von Videoanalysen.

Dennoch nimmt die Datenabteilung einen nicht unerheblichen Stellenwert ein bei der Analyse möglicher Verpflichtungen. Ian Graham formuliert es in einem Interview so: «Es gibt mehrere hunderttausend Fußballspieler auf der Welt, für die Daten zur Verfügung stehen. Fünf Prozent davon dürften vielleicht den Ansprüchen an einem Premier-League-Spieler nahekommen. Das sind immer noch zu viele, um sie alle in der Tiefe und im Detail zu scouten. Wir können also dabei helfen, solche Spieler zu filtern und zu identifizieren.» Die Datenabteilung schlägt mögliche Kandidaten vor, die klassischen Video-Scouts vielleicht entgangen wären.

Als große Erfolge der Analytics-Abteilung gelten vor allem zwei Verpflichtungen. Bereits früh unter Klopp drängte der Verein auf die Verpflichtung eines neuen Verteidigers. Diese Position hatte der Klub als Schwachstelle ausgemacht. Schnell einigte man sich auf einen Namen: Virgil van Dijk. Der Verein nahm im Sommer 2017 einen ersten Anlauf, den Verteidiger vom FC Southampton loszueisen, scheiterte aber. Southampton warf Liverpool vor, hinter seinem Rücken mit dem Niederländer verhandelt zu haben. Es gab bitteres Blut zwischen den beiden Klubs. Manch einer in Liverpools Führungsriege hätte am liebsten auf den Transfer verzichtet, allein um Southampton kein Geld überweisen zu müssen. Die Analytics-Abteilung sagte aber klipp und klar: Kein Verteidiger kommt in den Statistiken auch nur annähernd an van Dijk heran. Im Winter zahlte Liverpool 80 Millionen Euro für den Spieler, eine Rekordsumme für einen Verteidiger. Sie sollte sich mehr als rentieren: Van Dijk avancierte zum Schlüsselspieler von Klopps Mannschaft.

Der zweite wichtige Transfer, der dank der Hilfe der Analytics-Abteilung zustande kam, war Mohamed Salah. Der Ägypter wusste zwar bei der AS Roma durchaus zu überzeugen. Wenige Jahre zuvor hatte er sich aber beim FC Chelsea nicht durchsetzen können. War Salah zu filigran für die physisch anspruchsvolle Premier League? Die Analytics-Abteilung drängte darauf, seine Zeit in London nicht zu stark zu gewichten. Er habe dort kaum gespielt, und selbst wenn er spielte, hätten seine Daten überzeugt. Zudem habe die Taktik von Trainer José Mourinho nicht zu seinen Stärken gepasst. Das sei in Liverpool anders. Klopps Taktik sei näher an der Spielweise der Roma als am destruktiven Spiel von Chelsea. Liverpool verpflichtete Salah für über 40 Millionen Euro. In seinen fünf ersten Spielzeiten in Liverpool war der Stürmer an über 200 Toren direkt beteiligt. Er hat seine Ablöse mehr als gerechtfertigt.

⚽⚽⚽

Einen Spieler wie van Dijk oder Salah anhand von Zahlen zu bewerten, klingt zunächst einmal äußerst abstrakt. Scouts machen sich die Mühe, einen Spieler im Video- und Livestudium zu analysieren. Welche Stärken besitzt er, welche Schwächen? Auf welcher Position fühlt er sich am wohlsten? Passt der Spieler in die eigene Mannschaft, als Fußballer wie als Mensch? Die Eindrücke der Scouts durch ein Studium von Zahlen zu ersetzen, erscheint auf den ersten Blick unmöglich. Wie soll man einen Spieler anhand von Pass- und Zweikampfdaten kennenlernen?

Die meisten Zahlen, die TV-Zuschauer präsentiert bekommen, lassen keinen direkten Rückschluss zu auf die Qualität eines Spielers. Das klassische Beispiel ist die Passquote. Folgendes Szenario: Neun von zehn Pässen eines Spielers erreichen seinen Mitspieler. Damit kamen 90 Prozent der Pässe an, sprich: Die Passquote des Spielers beträgt 90 Prozent. Das klingt zunächst nach einem starken Wert; der Durchschnittswert in der Bundesliga liegt bei knapp 80 Prozent. Dieser Wert sagt aber nichts aus über die Qualität der Pässe. Es kann sein, dass der Spieler zehn Rückpässe gespielt hat, von denen sogar noch einer schiefgegangen ist und zu einer Chance für den Gegner geführt hat. Das wäre anders zu bewerten als die Leistung eines Spielers, der zehn risikoreiche Pässe in den gegnerischen Strafraum gewagt hat. Hier wären 90 Prozent ein überragender Wert.

An dieser Stelle beginnt die Arbeit von Statistikern wie Graham. Wie schaffen sie es, die rohen Daten in den Kontext eines Spiels zu setzen? Graham nannte in einem Interview mit der *New York Times* genau dieses Beispiel der Passquoten. «Die Sache, von der ich wirklich besessen bin, ist das Risiko-Ertrag-Verhältnis von Pässen. Einige der besten Passspieler im Fußball haben mit die niedrigsten Passquoten. Und das liegt daran, dass das Risiko-Ertrag-Verhältnis im Fußball sehr, sehr schief ist. Es ist leicht, die eigenen Statistiken zu frisieren und eine hohe Passquote zu erreichen, indem man sehr konservative Pässe spielt, die nicht die Chancen eines Teams erhöhen, ein Tor zu schießen. Die Pässe, die ich liebe, sind diejenigen, die hinter der gegnerischen Defensive landen, die vier oder fünf Verteidiger auf einmal aus dem Spiel nehmen. Diese Pässe sind schwer. Jemand, der die Hälfte dieser Pässe an den Mann bringt, wäre ein Weltklasse-Angreifer.»

Um diese Spieler herauszufiltern, arbeitet der FC Liverpool mit einem System, das Graham als «Goal Probability added» bezeichnet, was sich grob mit «Torwahrscheinlichkeit, die ein Spieler hinzufügt», übersetzen lässt. «Wir versuchen, jede Aktion auf dem Feld zu bewerten – egal, ob es ein Pass oder ein Schuss oder das Tackling eines Verteidigers ist –, und stellen uns die Frage: ‹Wie hoch war die Wahrscheinlichkeit eines Teams, ein Tor zu machen, bevor die Aktion passiert ist?› Und dann: ‹Wie hoch war die Wahrscheinlichkeit, ein Tor zu machen, nachdem die Aktion passiert ist?›» Messe man auf diese Weise jede Aktion auf dem Feld, erhalte man eine einzige Währung, mit der man einen Spieler kurz und knapp bewerten könne, so Graham. Wenn ein Spieler konstant die Wahrscheinlichkeit seines Teams erhöht, ein Tor zu schießen, ist er ein guter Spieler.

Doch wie misst man die Wahrscheinlichkeit eines Teams, ein Tor zu schießen? Auch hierfür nutzen Analysten Statistiken. Besser gesagt: historische Daten. Der Vorläufer dieser Idee war das «Expected-Goals»-Modell, auch bekannt als xG-Modell. Der Grundgedanke hinter dem xG-Modell ist die Idee, dass Fußball ein Sport ist, in dem ständig unvorhergesehene oder gar unwahrscheinliche Ereignisse eintreten: der Stürmer, der allein vor dem Tor danebenschießt, der Torhüter, dem ein Sonntagsschuss durch die Hosenträger rutscht, der Ballvirtuose, der von der Mittellinie aus den Keeper überlistet.

Nicht jede Chance hat eine gleich hohe Wahrscheinlichkeit, im Tor zu landen. Das xG-Modell soll diese Wahrscheinlichkeit messen. Beim xG-Modell wird jeder Schussversuch ausgewertet und mit historischen Daten verglichen. Wie häufig in der Fußballgeschichte landete ein Schuss von exakt dieser Position im Tor? Elfmeter etwa werden in 76 Prozent der Fälle direkt verwandelt. Ein Elfmeter hat also einen xG-Wert von 0,76. Dies lässt sich für jeden anderen Schuss ebenso messen. Man nimmt einen Schuss und vergleicht ihn mit allen anderen Schüssen, die je von dieser Position abgegeben wurden. Fernschüsse aus 30 Metern etwa haben in der Regel einen xG-Wert von 0,01; sie führen in maximal einem Prozent der Fälle zu Toren. Schüsse innerhalb des 5-Meter-Raums können bis zu 0,30 xG erhalten. Eine 30-prozentige Torwahrscheinlichkeit wirkt auf den ersten Blick nicht allzu hoch. Man darf aber nie vergessen, wie unwahrscheinlich der Torerfolg im Fußball eigentlich ist. Schließlich fallen bei einem Bundesliga-Spiel nur rund drei Treffer pro Partie. Dank Tracking-Daten fließen mittlerweile zig Variablen in die Berechnung. Schließt der Stürmer mit dem Fuß oder dem Kopf ab? Wo befinden sich die Gegenspieler? Wie schnell kam die Hereingabe in den Strafraum? All das beeinflusst die Wahrscheinlichkeit eines Stürmers, das Tor zu treffen.

Das xG-Modell kann äußerst hilfreich sein, um die Leistungen von Teams zu bewerten. Ergebnisse spiegeln im Fußball nicht immer die Leistung beider Teams wider. Jeder Bayern-Fan erinnert sich schmerzhaft an das Champions-League-Finale 2012. Chelsea verschanzte sich am eigenen Strafraum, die Bayern erspielten sich Chance um Chance. Trotzdem endete das Spiel nach 120 Minuten 1:1, Chelsea gewann im Elfmeterschießen. Die Londoner waren nicht die bessere Mannschaft, sie nutzten nur ihre Chancen effizienter. Bayern München hätte nach «Expected Goals» über drei Tore erzielen können. Chelsea hingegen kam auf einen Wert von 0,6.

Manch ein Fan wird nun sagen: «Na und? So ist Fußball eben!» In der Tat zieht der Fußball viel Faszination aus der Tatsache, dass nicht immer das bessere Team gewinnt. Trotzdem ist gerade bei der Analyse von Leistungen die Frage entscheidend, wie ein Ergebnis zustande gekommen ist. Hat die eigene Mannschaft die Chancen nicht genutzt? Oder hat sie sich erst gar keine Chancen herausgespielt? Solche Fragen lassen sich mithilfe von xG-Modellen beantworten.

Das gilt nicht nur für Vereine, sondern auch für Spieler. Welche Stürmer entpuppen sich als Chancentod, wer verwandelt selbst unwahrscheinliche Gelegenheiten? Wer legt für seine Teamkollegen besonders gute Möglichkeiten auf? Nicht immer trifft den Stürmer die Schuld, dass er kein Tor erzielt hat. Manchmal bekam er schlicht keine Pässe, die er hätte verwerten können. Bei solchen Fragestellungen helfen xG-Modelle, um gefühlte Wahrheiten in harte Fakten umzurechnen.

Die frühen xG-Modelle hatten einen blinden Fleck: Sie bewerteten nur Schüsse. Die größten Torchancen beinhalten aber nicht immer Abschlüsse eines Stürmers. Das klassische Beispiel: Ein Außenstürmer dribbelt in den Strafraum und lässt seine Gegenspieler stehen. Er flankt scharf vor das Tor, der Stürmer verpasst die Flanke jedoch um Haaresbreite. Das ist eine wesentlich größere Chance als so mancher Fernschuss oder schlecht platzierter Kopfball. In einem klassischen, rein schussbasierten xG-Modell käme diese Chance jedoch nicht vor. Daher gilt es, xG-Werte mit Vorsicht zu genießen, die etwa die Bundesliga nach Spielen einblendet. Nicht immer geben sie ein Spiel korrekt wieder.

Professionelle Analysten haben das xG-Modell ohnehin weiterentwickelt. Sie lassen nicht nur Schüsse einfließen; vielmehr versuchen sie, jeder Aktion einen Wert zuzuordnen. Das funktioniert dank moderner Tracking-Daten, die genau verraten, wo sich welcher Spieler zu welcher Zeit auf dem Feld befindet, aber auch über die schiere Menge an Pass-, Zweikampf- und sonstigen Aktionsdaten. Auf diese Art lassen sich ganze Spielsituationen mit historischen Daten abgleichen.

So agiert auch der FC Liverpool: Mit der «Goal Probability added» versucht man dort, jeder Aktion auf dem Feld einen Wert zuzuordnen. Jede Aktion, egal ob Pass, Schuss oder Zweikampf, wird auf die Frage abgeklopft, ob sie die eigene Chance auf ein Tor steigerte. Wer den Grundgedanken hinter dem Modell versteht, erkennt sofort, warum Liverpool einem Spieler wie Virgil van Dijk solch eine hohe Priorität eingeräumt hat. Van Dijk überragt mit seinen Fähigkeiten im defensiven Eins-gegen-eins fast jeden Verteidiger auf dem Planeten. Gerade in Situationen, in denen ein Stürmer allein auf ihn zuläuft, geht er häufig als Sieger hervor. Er entschärft Situationen mit einer hohen gegnerischen Torwahrscheinlichkeit.

Klassische Scouts würden an dieser Stelle einwerfen, dass diese Stärke van Dijks auch mit bloßem Auge sichtbar sei. Dafür benötige man doch keine Daten!

Tatsächlich liegt der Vorteil von Daten in einem anderen Bereich: Mit ihnen lassen sich ohne viel Aufwand Tausende und Abertausende Spieler miteinander vergleichen. Um alle potenziellen Innenverteidiger zu scouten, die auf Premier-League-Niveau agieren, bräuchte Liverpool Zigtausende Arbeitsstunden. Datenanalysten aber können mit ihren Modellen in kürzester Zeit die gesamte Fußballwelt durchsieben. Sobald das eigene Modell einsatzfähig ist, werden die Daten automatisch eingefügt. Daten wie diese helfen, Spieler direkt miteinander zu vergleichen. Van Dijks Transfer etwa kam deshalb zustande, weil kein anderer Spieler annähernd seine statistischen

Werte erreichte. Liverpool wartete auf seine Verfügbarkeit, anstatt einen Ersatzkandidaten zu suchen. Sie ahnten: Niemand reicht an ihn heran.

Ein weiterer Vorteil: Solche statistikbasierten Modelle heben Spieler hervor, die eine Scouting-Abteilung nicht auf dem Schirm hat. So verpflichtete der Klub etwa Andrew Robertson vom Absteiger Hull City. Der junge Schotte wechselte für etwas mehr als 10 Millionen Euro nach Liverpool, wo er sich zu einem der stärksten Linksverteidiger der Liga entwickelte. Auch hier halfen Daten, Robertsons bei Hull City eher mäßigen Offensivwerte in einen Kontext zu setzen: Hull City spielte sich als Abstiegskandidat nur wenige Chancen heraus. Robertson hat mit seinen Aktionen aber konstant dafür gesorgt, dass die Wahrscheinlichkeit, ein Tor zu erzielen, erhöht wurde.

Doch selbst die beste Datenabteilung des Fußballs liegt nicht immer richtig. Als Wunschkandidat der Analyseabteilung galt Naby Keïta. Bei RB Leipzig übertrumpfte der Guineer mit seinen Werten Mittelfeldspieler weltweit. Zwar wies er nie die höchste Passquote auf. Doch sein riskantes Spiel in die Spitze sowie seine Dynamik nach vorne machten ihn zu einem der besten Spieler der Bundesliga. Immer wieder kreierte er Chancen. Liverpool überwies 2018 60 Millionen Euro nach Leipzig. Allerdings konnte sich Keïta unter Klopp nie richtig durchsetzen. Dazu trugen auch zahlreiche Verletzungen bei.

Graham selbst rechnet vor, dass rund 50 Prozent aller Transfers schiefgehen. Seiner Ansicht nach gebe es sieben Fehler, die man bei Transfers machen könne. Zwei haben mit dem Spieler selbst zu tun: Probleme mit der Fitness oder persönliche Probleme nach seiner Ankunft am neuen Heimatort. Zwei Gründe betreffen den Trainer: Fehleinschätzung des Spielers oder Einsatz auf der falschen Position. Um diese Fehler zu vermeiden, seien Absprachen mit den Spielern, dem Trainerteam und der medizinischen Abteilung notwendig. Die Datenabteilung könne helfen, die drei übrigen Fehler zu vermeiden: Ein Spieler ist nicht so gut, wie man erwartet hat; der Spieler passt nicht zum Stil des Teams; oder aber ein aktueller Spieler ist besser als der Neuling.

Gerade letzteren Fehler begehen nicht wenige Fußballteams. Manager unterschätzen das Potenzial, das im eigenen Kader schlummert. Um solche Konstellationen zu vermeiden, können Datenanalysen helfen, auch den eigenen Kader zu bewerten. Liverpool kann hier mit dem Ansatz, alle Statistiken in einem Wert zu bündeln, besonders effektiv arbeiten: Sie vergleichen den «Goal Probability added» des Neuzugangs mit dem Wert des bereits im Kader befindlichen Spielers. Erzielt der neue Spieler höhere Werte als der alte? Klopp gehört zu den Trainern, die verschüttetes Potenzial immer wieder ausgraben. Unter seiner Ägide wurden Marcel Schmelzer und Trent Alexander-Arnold zu Außenverteidigern von Weltrang umgeschult. Sie sind als Jugendspieler eigentlich im Sturm aufgelaufen.

Insofern ist es fast genauso interessant, welche Transfers der FC Liverpool nicht macht. Tatsächlich hat sich das Gesicht der Mannschaft in den vergangenen Jahren kaum verändert. Nur vereinzelt werden neue Spieler hinzugefügt. Hier kommt wieder Michael Gordons Merksatz in den Sinn: Der FC Liverpool möchte Spieler unterbewertet einkaufen und überbewertet verkaufen. Das ist ihm in den vergangenen Jahren ganz gut gelungen. Seit Klopps Ankunft gab Liverpool über 700 Millionen Euro für Transfers aus und nahm rund 500 Millionen Euro ein. Der negative Saldo von 225 Millionen Euro liest sich auf den ersten Blick zwar extrem hoch, international befindet sich

Liverpool damit aber gerade einmal auf Rang 17. Die Premier-League-Konkurrenten United (minus 900 Millionen Euro), City (minus 650 Millionen Euro) und Arsenal (minus 600 Millionen Euro) gaben wesentlich mehr Geld aus. Bei der Titelausbeute kann allenfalls City mit Liverpool mithalten. Und selbst City träumt weiter vom ganz großen Triumph in der Champions League, den Liverpool bereits 2019 eingetütet hat; hinzu kamen unter Klopp eine nationale Meisterschaft sowie zwei Pokalsiege.

Es wäre vermessen, Liverpools Erfolg auf dem Transfermarkt einzig der Analytics-Abteilung zuzuschreiben. Auch beim FC Liverpool sind Transfers eine Gemeinschaftsaufgabe. Die Datenanalyse ist ein Baustein im Zusammenspiel mit dem Trainerteam, klassischen Scouts sowie den Finanzmanagern. Doch gerade bei den hohen Summen, die im Transferbereich gezahlt werden, kann jeder kleine Schritt den entscheidenden Vorsprung bringen. Das Geld, das etwa Salah dem Verein eingenommen hat, dürfte die Gehälter der Analysten über viele Jahre bezahlen. Warum sollte also ein Fußballverein eine solche Quelle ungenutzt lassen?

⚽⚽⚽

Die Analytics-Abteilung tut sich nicht nur im Bereich Scouting hervor. Ihre zweite Aufgabe ist, einzelne Spiele zu analysieren, um dem Trainerteam bei Entscheidungen zur Hand zu gehen. Welche Spieler haben in einem Spiel überzeugt, welche nicht? In welchen Bereichen des Felds erarbeitete sich das eigene Team einen Vorteil, wo war der Gegner stärker? Welche Spielweise bevorzugt der kommende Gegner, was sind seine Stärken und Schwächen? Auch hier kann das Analytics-Team keine eigenständigen Antworten liefern. Es kann aber helfen, die Komplexität eines einzelnen Fußballspiels zu entschlüsseln.

Sobald der Schiedsrichter ein Liverpool-Spiel abgepfiffen hat, beginnt die Arbeit der Statistiker. Nun erhalten sie die Datenpunkte, welche die Statistikanbieter erhoben haben. Mithilfe dieser Daten werden die eigenen Modelle gefüttert. Schnell ergeben sich daraus relevante Metriken wie die «Expected Goals» oder die «Goal Probability added».

Ein weiteres Modell, das Liverpool bei der Spielanalyse nutzt, trägt den Namen «Pitch Control». William Spearman hat es entwickelt. Hinter diesem Modell steckt eine simple Frage: An welchen Punkten des Feldes kann ein eigener Spieler den Ball schneller erreichen als ein Gegenspieler? Nehmen wir einmal an, zwei Spieler befinden sich 6 Meter voneinander entfernt. Landet der Ball nun 2 Meter vor Spieler A, ist die Wahrscheinlichkeit hoch, dass er die Kugel vor Spieler B erreicht, der 4 Meter entfernt ist. Spieler A kontrolliert diesen Bereich also stärker als der andere Spieler. Landet der Ball in der Mitte, werden beide Spieler gleichzeitig lossprinten. Niemand kontrolliert diesen Raum. Diese Rechnung lässt sich für das ganze Feld übernehmen. Jedem Spieler wird jener Raum zugewiesen, an dem er den Ball schneller erreichen kann als der nächstplatzierte Gegenspieler. Am Ende erhält man ein sogenanntes Voronoi-Diagramm: eine mathematische Visualisierung, die für jeden Spieler den Bereich markiert, den er kontrolliert.

Spearman entwickelte aus diesen Voronoi-Diagrammen sein «Pitch-Control»-Modell. Auch dieses Modell arbeitet mit Wahrscheinlichkeiten. Im oben genannten Beispiel mag der eine Spieler nur 2 Meter vom Ball entfernt sein. Auf dem Weg zum Ball könnte er jedoch ausrutschen, oder aber er bekommt den Ball nicht ordentlich kontrolliert. Es wird also eine Wahrscheinlichkeit angegeben, mit der ein Spieler zuerst den Ball erreicht. Zudem unterscheidet Spearman, welche Räume wichtiger und welche unwichtiger sind. Die Räume um den Ball sind leichter zu bespielen als die Räume am anderen Ende des Feldes; ein 5-Meter-Pass hat schließlich eine höhere Erfolgschance als ein langer Ball über 50 Meter. All diese Faktoren fließen in sein Modell hinein.

Am Ende kann das «Pitch-Control»-Modell ziemlich genau sagen, welche Mannschaft welche Räume auf dem Feld kontrolliert hat. Genauso kann das Modell genutzt werden, um zu zeigen, welche Spieler wie agieren. Schließlich tickt nicht jeder Stürmer gleich. Manche bleiben im Zentrum, einige bewegen sich nach rechts, andere nach links. Sucht der Stürmer den direkten Kontakt zu seinem Gegenspieler? Oder versucht er, Kontrolle über den Raum zu gewinnen, indem er sich von seinem Gegenspieler absetzt? Wo kontrolliert er wie stark welche Räume?

Mithilfe solcher Modelle lässt sich die Leistung eines Spielers besser bewerten. Ein defensiver Mittelfeldspieler hat etwa die Aufgabe, den Bereich im Zentrum zu kontrollieren. Nicht immer muss er dafür Zweikämpfe ausführen. Oft genügt es, sich so zu positionieren, dass er potenzielle Pässe ins Zentrum abfangen könnte. Manchmal haben zentrale Mittelfeldspieler ihre besten Spiele, wenn sie überhaupt nicht auffallen. Dann haben sie den Raum so gut abgedeckt, dass sich der Gegner nicht getraut hat, den Ball in ihre Zone zu spielen. «Pitch Control» macht messbar, wie gut ein Spieler den Raum abdeckt. Zugleich lässt sich damit aufzeigen, wie häufig ein Spieler sich im toten Raum befand, nämlich dort, wohin der Ball gar nicht kommen konnte, weil ein Gegenspieler im Passweg stand.

Solche Zahlen können nicht nur helfen, die Leistung eines Spielers zu bewerten. Sie helfen auch bei der Taktikanalyse. Greift ein Gegner vermehrt über eine Seite an, wird er auf dieser Seite besonders stark versuchen, den Raum zu kontrollieren. Jede Überzahl in einem Raum geht einher mit einer Unterzahl in einem anderen Raum. Wie lässt sich die Taktik des Gegners gegen ihn verwenden? Ausgefeilte Datenmodelle wie diese rücken im Fußball immer stärker in den Fokus. Einzelne Daten miteinander zu verbinden hilft, die Komplexität des Spiels zu entziffern. Diese Daten helfen den Taktikanalysten eines Teams, einen schnellen Überblick zu erhalten über die Spielweise des Gegners.

Ein anderes Beispiel ist der sogenannte «Passes per defensive actions»-Wert (PPDA). Hierbei wird die Zahl der gegnerischen Pässe geteilt durch die Zahl der defensiven Aktionen einer Mannschaft – Tacklings, Kopfballduelle, abgefangene Pässe. Je mehr Pässe der Gegner spielen darf, ehe die verteidigende Mannschaft eingreift, umso weniger aggressiv ist ihr Pressing. Liverpool etwa hat meist einen niedrigen PPDA-Wert; sie stören den Gegner sehr früh und lassen nicht viele gegnerische Pässe zu. Mithilfe dieses Datenpunkts lässt sich schnell feststellen, wie aggressiv eine Mannschaft presst.

Ein weiterer interessanter statistischer Trend zeigt sich bei der Analyse von Passdaten. Das Modell «Packing» war in Deutschland während der EM 2016 in aller Munde. Die ARD nutzte Packing-Werte in ihrer Analyse, sehr zur Belustigung der Fans. Das Satiremagazin *Postillon* machte sich in gleich zwei Beiträgen über Packing lustig. Dahinter steckt aber ein interessantes statistisches Modell. Es berechnet für jede Aktion auf dem Feld, wie viele gegnerische Spieler mit dieser Aktion überspielt wurden. Dribbelt ein Stürmer drei Gegner aus, erhält er einen Packing-Wert von drei. Gerade für die Analyse von Pässen ist dieses Modell wichtig. Wir erinnern uns an das Ausgangsbeispiel: Passt ein Spieler den Ball zehnmal zurück, mag er eine hohe Passquote erreichen; er überspielt aber keine gegnerischen Verteidiger. Mithilfe von Packing lässt sich das Risiko-Ertrag-Verhältnis von Pässen berechnen.

Statistiken wie PPDA und Packing erlauben Rückschlüsse auf den Stil einer Mannschaft. Teams mit hohem Pressing und viel Ballbesitz erzielen in diesen Statistiken andere Werte als eine Mannschaft, die tief verteidigt und mit wenigen Pässen den Gegner auskontern will. Verknüpft man verschiedene Daten, lässt sich ein schneller Überblick schaffen über den Spielstil des kommenden Gegners. Auch hier gilt wieder, dass die Datenanalyse allein keinen Vorteil verschafft. Sie kann aber helfen, den Gegner schneller zu entschlüsseln. Taktikanalysten können ihre Beobachtungen mit den Daten abgleichen oder schneller die Profile einzelner Spieler erkennen. Gerade angesichts des vollen Spielkalenders ist dies nützlich. Wenn ein Team alle drei Tage ein Spiel bestreitet, fällt es schwer, jeden Gegenspieler bis ins letzte Detail zu scouten. Daten helfen, diesen Prozess zu beschleunigen.

Wie genau die Klubs ihre Datenmodelle füttern, bleibt mittlerweile oft ihr Geheimnis. Die Vorträge von Graham und Spearman, die Grundlage sind für meine Ausführungen zu «Goal Probability added» und «Pitch Control», sind bereits mehrere Jahre alt. Kaum vorstellbar, dass sie seitdem nicht an neuen statistischen Modellen gearbeitet haben. Diese Arbeit teilen sie nur bedingt; der FC Liverpool will schließlich einen Vorteil behalten gegenüber der Konkurrenz. Spätestens wenn es um die konkrete Ausgestaltung der Formeln geht, bewahren die Analysten Stillschweigen.

Es gibt zwar Konferenzen, auf denen Daten-Enthusiasten ihre Projekte vorstellen. Doch immer mehr dieser Projekte laufen hinter verschlossenen Türen. Die meisten Analysten, die beim Stats Pro Forum oder bei der StatsBomb Conference Datenmodelle vorstellen, arbeiten mittlerweile für Fußballvereine. Das Wissen, das vor zehn Jahren noch öffentlich zugänglich war, wandert hinter verschlossene Türen. Darum wunderte ich mich, als im Mai 2022 plötzlich zig Fotos und Videos der Titelfeiern des AC Milan in meiner Twitter-Timeline auftauchten. Sie wurden nicht etwa von Milan-Fans in meine Timeline gespült, sondern von Datenanalysten, denen ich schon lange folge. Ich hatte ihre Daten- und Taktikanalysen auf Twitter und auf verschiedenen Webseiten immer gern gelesen – und gar nicht mitbekommen, dass sie mittlerweile nicht mehr als Hobby bloggen, sondern fest für den AC Milan arbeiten. Offensichtlich haben ihre Analysen nicht nur bei mir Eindruck hinterlassen. Neue Posts sind von ihnen in nächster Zeit nicht zu erwarten. Grundsätzlich gilt: Immer mehr Arbeiten im Fußball-Datenbereich werden nicht mehr öffentlich geteilt, sondern verbleiben in den Büros der großen Fußballklubs.

Die kommende Entwicklung in diesem Bereich dürfte die Geschwindigkeit sein, in der Daten verfügbar sind. Die Firma StatsBomb bietet bereits ein Tool an, mit dessen Hilfe sich live im Spiel Datenanalyse betreiben lässt. «StatsBomb Live IQ» heißt das Programm, mit dem man sich während eines Spiels xG-Daten erheben und exportieren lassen kann. Je schneller man die Daten interpretieren kann, umso direkter ist die Hilfe für die jeweiligen Klubs. So können die Datenspezialisten dem Trainerteam bereits in der Halbzeitpause Feedback liefern, was auf dem Feld gut und was schlecht läuft. Auch hier ersetzt die Datenanalyse nicht die Aufgabe eines klassischen Videoanalysten, der live im Stadion das Spiel verfolgt. Die Daten können aber Thesen des Taktikanalysten untermauern oder ihm Blickwinkel aufzeigen, die er sonst übersehen hätte. Der erste Kunde des neuen Programms der Firma StatsBomb? Natürlich der FC Liverpool.

⚽⚽⚽

Datenanalyse kann Klubs helfen, Entscheidungen zu treffen. Wer nun aber glaubt, Klopp betrete die Kabine mit einem Aktenordner voll Zahlen, irrt. Wenn man die Spieler von Liverpool fragen würde, was die Analytics-Abteilung macht, hätte nicht jeder sofort eine Antwort parat. Alex Oxlade-Chamberlain sagte der *New York Times*: «Wir wissen, dass jemand Stunden hinter verschlossenen Türen mit diesem Thema verbringt. Aber der Trainer bombardiert uns nicht mit Statistiken und Analysen. Er sagt uns nur, was wir tun sollen.» Genau das ist die Aufgabe des Trainerteams: Sie müssen die Informationen, die sie erhalten, interpretieren und entscheiden, welche sie wie weitergeben. Manchmal lassen die Daten Schlüsse zu, denen man folgen kann, manchmal nicht.

Das Filtern der Daten ist ein mindestens genauso wichtiger Prozess wie die Erhebung der Zahlen. Wenn Klopps Analysten ein Spiel vorbereiten, haben sie Zugriff auf sämtliche Daten der Analyseabteilung. Nicht alle fließen aber zwangsläufig in den Bericht über den kommenden Gegner ein. Es geht darum, Klopps Trainerteam die wichtigsten Informationen über die Spielweise des kommenden Gegners zu geben. Die Trainer müssen wiederum ermitteln, welche Informationen sie in welcher Form an die Spieler weitergeben. Sie müssen die theoretischen Erkenntnisse in praktische Ideen umsetzen. Am Ende kommen bei den Spielern womöglich keine Zahlen mehr an. Sie waren aber Teil des Prozesses, der zu einem bestimmten Matchplan gegen einen konkreten Gegner geführt hat.

Am Ende trägt die Arbeit der einzelnen Abteilungen nur Früchte, wenn alle zusammenarbeiten. Liverpool war weder der erste noch der einzige Verein, der Datenanalysten eingestellt hat. Auch deutsche Vereine stellten in den Zehnerjahren Datenanalysten ein. So manch ein Analyst saß dann in seinem Büro und bastelte an seinen Modellen. Doch weder die Manager noch die Trainer wollten etwas von den Zahlen hören. Auch im Fußball ist der Widerstand gegen Neuerungen groß. Wie in jedem Büro ist auch im Fußball die fehlende Absprache zwischen einzelnen Abteilungen meist das größte Hindernis.

Nicht so beim FC Liverpool. Die Klubchefs waren von Anfang an überzeugt, dass die Datenanalyse helfen kann, die eigene Mannschaft zu verbessern. Die Arbeit mit Zahlen war für Henry, Gordon und Edwards keine Innovation um der Innovation willen. Zahlen und Daten waren seit jeher Teil ihrer Arbeitswelt. Sie übertrugen ihre Erkenntnisse aus dem Börsenhandel und dem Baseball einfach nur auf den Fußball.

Ein wichtiger Schlüssel war zudem die Zusammenarbeit mit Klopp. Die Analytiker zeigten sich in Interviews beeindruckt vom deutschen Trainer. Vom ersten Tag an habe er sich aufgeschlossen gezeigt gegenüber den Erkenntnissen der Zahlenjongleure. Klopp habe sie nie belächelt, wie das so viele andere alteingesessene Koryphäen des Fußballs tun. «Dass er uns überhaupt zugehört hat, hievt ihn unter die besten 5 Prozent aller Manager», sagte Graham später. Mittlerweile gehören Datenanalysen zum festen Repertoire von Liverpools Trainerteam. Die Analytics-Abteilung gibt nicht nur bei Transfers ihre Meinung ab, sie hilft auch, die Leistung von Spielern und

Trainerteam zu messen. Dass Liverpool 2019 die Champions League und 2020 den ersten Meistertitel seit dreißig Jahren gewinnen konnte, war auch ihr Verdienst.

KAPITEL 5

Real Madrid: Die Galaktischen

«Ich erinnere mich an Familienurlaube in Spanien. Wir brachten gefälschte Real-Madrid-Trikots mit und taten so, als wären wir Real-Spieler, wenn wir zusammen im Park spielten. Seitdem habe ich den Verein verfolgt.»

Gareth Bale

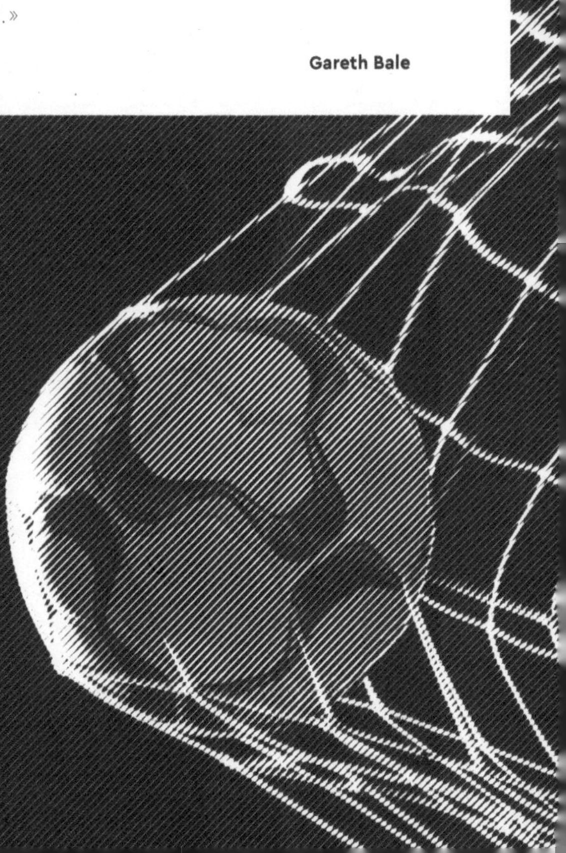

Es ist nicht überliefert, wie Liverpools Statistik-Nerds auf das Champions-League-Finale 2022 reagiert haben. Beim Studieren der Daten dürfte eine Mischung aus Trauer, Verwunderung und Entsetzen ihre Gesichter übermannt haben. Der FC Liverpool vergab gegen Real Madrid Chance um Chance. Immer wieder verzweifelten Jürgen Klopps Spieler an Reals Schlussmann Thibaut Courtois. Laut «Expected Goals» hätte Liverpool das Spiel deutlich gewinnen müssen. Die Statistik-Webseite FBref.com gibt einen Wert von 2,4 zu 0,9 an. Liverpools Datenanalysten dürften in ihren Modellen noch viele weitere Argumente gefunden haben, die für die Dominanz der Reds sprachen. Doch am Ende gewann Real Madrid mit 1:0. Die Königlichen feierten ihren vierzehnten Titel in der Königsklasse.

Das Kuriose an Madrids Triumph war nicht der Verlauf des Finals. Im Fußball passiert es häufiger, dass eine theoretisch unterlegene Mannschaft gewinnt. Allerdings war das Finale nicht das einzige Champions-League-Spiel in dieser Saison, das Real Madrid entgegen dem Spielverlauf für sich entschied. Im Achtelfinale wirkte Madrid gegen Paris Saint-Germain bereits geschlagen, ehe Karim Benzema einen Hattrick erzielte. Im Viertelfinale gewann Real das Hinspiel gegen Chelsea zwar 3:1. Im Rückspiel lag der Klub jedoch zwischenzeitlich 0:3 zurück, bevor man das Spiel in der Verlängerung drehte. Besonders in Erinnerung ist der Last-Minute-Sieg im Halbfinale gegen Manchester City, als Real nach 180 Minuten ausgeschieden schien, dann aber in Nachspielzeit und Verlängerung noch drei Tore schoss. In allen K.-o.-Runden schnitt Real Madrid bei den «Expected Goals» schlechter ab als der jeweilige Gegner. Doch in den entscheidenden Minuten war Real wacher.

Wie der Mannschaft diese Kunststücke gelangen? Das lässt sich schwer rational erklären. Real Madrid ist der Endgegner für jeden Fußballanalysten. Wenn man über City, Liverpool oder die Bayern der vergangenen Jahre schreibt, findet man viele kleine und große Faktoren für den Erfolg. Die Strategie. Das Spielsystem. Der Trainer. Man kann diese Mannschaften und ihre Erfolge bis aufs kleinste Detail herunterbrechen. Bei Real Madrid fällt das schwerer. Taktikanalyst Michael Cox fasste in einem Artikel für das Sportmagazin *The Athletic* zusammen: «Das Beachtliche an Reals Leistung ist, dass sie wirken, als würden sie sich gar nicht für die Konzepte interessieren, um die der moderne Fußball herum aufgebaut ist.»

Das ist korrekt – und dann auch wieder nicht. Der Begriff «moderner Fußball» ist in den vergangenen Jahren zu einer Phrase verkommen. Jeder nutzt ihn, wie er ihm passt. Cox bezieht sich auf fußballerische Faktoren, auf das Spiel an sich. Und in der Tat ist Madrid hier nicht übermäßig modern: Reals Spielsystem wirkt nicht aus einem Guss, Pressing und Positionsspiel sind in der Strategie zwar vorhanden, allerdings minder ausgeprägt im Vergleich zum Fußball von Pep Guardiola, Thomas Tuchel oder Jürgen Klopp.

In einem anderen Bereich ist Madrid jedoch näher dran am «modernen Fußball» als wohl jeder andere Klub: Kein Verein hat so früh und so gut verstanden, dass Fußball im 21. Jahrhundert nicht mehr nur ein Teamsport ist, sondern auch ein Kräftemessen verbündeter Einzelsportler. Real Madrid ist ein Klub der Superstars. Das erklärt seinen wirtschaftlichen Erfolg – und ein Stück weit auch den sportlichen.

⚽⚽⚽

Wer Real Madrids Erfolge im 21. Jahrhundert verstehen will, muss weit zurückgehen. Sehr weit. Im Jahr 1943 wählte der Verein Santiago Bernabéu zum Präsidenten. Bernabéu hatte zwischen 1912 und 1927 für den Klub gespielt und mit ihm 1917 die Copa del Rey gewonnen, den spanischen Pokalwettbewerb. Als Funktionär träumte er davon, seinen Heimatverein zum größten Klub Spaniens zu machen. Von diesem Ziel hätten die Madrilenen kaum weiter entfernt sein können. Auch der Verein war gebeutelt von den Nachwirkungen des spanischen Bürgerkrieges. Spieler, Funktionäre und Fans waren im Bürgerkrieg umgekommen, das Klubgelände wurde zerstört.

Bernabéu ging eine Wette ein. Er wusste: Um der größte Klub Spaniens zu werden, braucht Real Geld. Viel Geld. Einnahmen erzielte ein Verein in jenen Tagen praktisch nur durch Ticketverkäufe. Also ließ Real am Rande Madrids ein neues, pompöses Stadion errichten. Es bot zunächst Platz für bis zu 75 000 Zuschauer. Wie genau Bernabéu es geschafft hat, in einer Zeit des akuten Zement- und Arbeitskräftemangels ein derart großes Bauprojekt zu stemmen, darum ranken sich bis heute zahlreiche Mythen. 1947 wurde das Nuevo Estadio Chamartín eingeweiht. Nur wenige Jahre später erweiterte Real das Stadion, sodass nun bis zu 125 000 Menschen dort Platz fanden. Real Madrid verfügte damit über das größte Stadion des Landes, größer sogar als jenes von Stadtrivale Atlético, der zu jener Zeit mehr Meistertitel vorzuweisen hatte als die Königlichen.

Das riesige Stadion wollte gefüllt werden. Hier kam der zweite Teil von Bernabéus Wette ins Spiel: Er machte sich daran, einige der weltbesten Fußballer zu verpflichten. Lange bevor Begriffe wie Internationalisierung und Globalisierung in das allgemeine Vokabular einzogen, dachte Bernabéu global. Real suchte auf der ganzen Welt nach Spitzenspielern. Aus Kolumbien kam der geborene Argentinier Alfredo Di Stéfano; Raymond Kopa wechselte aus Frankreich nach Spanien; Stürmerstar Ferenc Puskás verließ nach Unruhen sein Heimatland Ungarn und ging zu Real. Hinzu kamen großartige spanische Spieler wie Francisco Gento oder José María Zárraga. Nur wenige Jahre nach Ende des Zweiten Weltkriegs stellte Real Madrid die erste Weltauswahl des Fußballs. Die Stars sollten Real Titel bringen und dem Verein Glanz verleihen, der Glanz sollte wiederum Zuschauer anlocken, die das Stadion füllen. Dann könnte man neue Stars kaufen, die wiederum noch mehr neue Zuschauer anlocken – und ewig so weiter. Ein fußballkapitalistisches Perpetuum mobile.

Gemeinsam entwickelten sich die Stars zu einer unbesiegbaren Mannschaft. Als in der Saison 1955/56 erstmals sechzehn Meister aus europäischen Ligen den Europapokal der Landesmeister ausspielten, ging Real als Favorit in das Turnier. Bernabéu selbst hatte an der Entstehung des Wettbewerbs mitgewirkt. Mehr Spiele bedeuteten mehr Zuschauereinnahmen. Real wurde seinem Favoritenstatus gerecht – und das nicht nur im ersten Jahr. Gleich fünfmal hintereinander gewannen Di Stefano und seine Kollegen den Pokal. Gento war sogar 1965 beim sechsten Triumph der Madrilenen dabei, wodurch er bis heute die Rekordmarke hält; kein Spieler gewann derart oft den Landesmeisterpokal bzw. die Champions League. Bernabéu gewann seine Wette. Reals Ruf strahlte in die gesamte Welt. «Das weiße Ballett» galt als beste Mannschaft der Welt. Zu Ehren des Präsidenten wurde das Stadion umbenannt in Estadio Santiago Bernabéu. Noch heute ist Real Madrids Spielort in der ganzen Welt nur als Bernabéu bekannt.

Der Rückgriff auf die Geschichte ist nötig, da die Geschichte sich wiederholte. Im Fall von Real Madrid heißt der Mann, der die Vergangenheit in die Gegenwart holte, Florentino Pérez. Der Baumogul ist einer der reichsten Männer Spaniens, laut *Forbes* beträgt sein Vermögen über 2 Milliarden Euro. Vor allem aber ist Pérez eins: ein lebenslanger Anhänger von Real Madrid. Er wollte es seinem Idol Bernabéu gleichtun und Präsident des Vereins werden. Sein Plan: die Strategie seines großen Vorbilds kopieren. Pérez wollte die größten Stars der Welt nach Madrid locken. Sie sollten das Stadion füllen und dem mittlerweile chronisch klammen Verein die nötigen Einnahmen bescheren. Reals Stern sollte um den ganzen Globus strahlen. So bewarb er sich 1995 um den Präsidentenposten – vergeblich.

2000 startete er einen erneuten Anlauf. Seine Kandidatur galt als wenig aussichtsreich. Zwar betonte Pérez im Wahlkampf, Amtsinhaber Lorenzo Sanz würde den Verein finanziell ruinieren. Sanz hatte jedoch auf der Habenseite zwei Champions-League-Siege zu verbuchen. 1998 und 2000 gewannen die Königlichen den Henkelpott, es waren die ersten Triumphe im international wichtigsten Wettbewerb seit dem Landesmeisterpokal 1966.

Pérez brauchte Argumente. Er legte seine Strategie offen,

die größten Stars nach Madrid locken zu wollen. Einer Umfrage zufolge wollten Reals stimmberechtigte Mitglieder vor allem einen Spieler in ihrem Trikot sehen: Luís Figo. Der Portugiese galt als technisch stärkster und einfallsreichster Spieler der Welt. Das Problem: Figo spielte bei Reals Erzfeind, dem FC Barcelona. Seine Ausstiegsklausel betrug 60 Millionen Euro, damals eine unvorstellbare Summe. Pérez traf sich heimlich mit Figos Berater. Er handelte einen Vertrag aus: Figo erhielt eine siebenstellige Summe, einfach nur dafür, dass er eine Absichtserklärung unterschrieb: Sollte Pérez die Wahl gewinnen, müsse Figo bei Real Madrid unterschreiben oder alternativ eine Strafe zahlen. Falls Pérez die Wahl verliert, dürfe Figo das Geld behalten. Eine siebenstellige Summe einfach nur für eine Absichtserklärung? Die ließ sich Figos Berater nicht entgehen. Er glaubte nicht an Pérez' Sieg und ging davon aus, seinen Teil der Abmachung nie einlösen zu müssen.

Es kam, wie es kommen musste: Das Abkommen sickerte durch, die Presse schlachtete Figos Wechselwillen von Erzrivale zu Erzrivale aus. Pérez bekam den nötigen Rückenwind und gewann die Wahl. Figo saß in der Patsche. Hätte er den Wechsel verweigert, hätte er eine Millionensumme im achtstelligen Bereich an Pérez zahlen müssen. Pérez, das Schlitzohr, hatte Figo und dessen Berater ausgetrickst. Er wechselte für die Rekordsumme von 60 Millionen Euro nach Madrid. Barcelonas Fans verziehen Figo nie. Drei Jahre später bewarfen sie ihn während eines Spiels mit dem Kopf eines toten Schweins.

Für Pérez war der Transfer ein Beleg, dass sich mit Geld alles kaufen ließ. Er ging dieselbe Wette ein, die Bernabéu fünfzig Jahre zuvor gewonnen hatte: Real Madrid kaufte die größten und besten Spieler der Welt. Im Umkehrschluss würden die Fans in Scharen ins Stadion pilgern und den Merchandise-Shop des Klubs belagern. 2001 pulverisierte Real den ein Jahr zuvor aufgestellten Transferrekord, als sie knapp 80 Millionen Euro für Zinédine Zidane ausgaben. 2002 folgte der brasilianische Weltmeister Ronaldo für 45 Millionen Euro. 2003 kreischten Madrids Teenager, als Popidol David Beckham vorgestellt wurde. Für ihn zahlte Real knapp 40 Millionen Euro.

Um die Transfers finanzieren zu können, verkaufte Real Rechte an den zukünftigen Einnahmen und nahm Kredite auf, für die der Präsident höchstpersönlich bürgte. Vor allem aber bediente sich Pérez seiner Kontakte in Politik und Wirtschaft. Er sorgte dafür, dass Teile des Vereinsgeländes als kommerzielles Bauland eingestuft wurden. So konnte Real das alte Trainingsgelände an Investoren verkaufen. Fast 500 Millionen Euro nahm der Verein so ein. An der Stelle des alten Trainingsgeländes wurden vier riesige Wolkenkratzer errichtet. Die Wolkenkratzer erhielten die Spitznamen Figo, Zidane, Ronaldo und Beckham – nach den Stars, die Real Madrid mit dem Geld kaufen sollte. Zusätzlich investierte Real die eingenommenen Millionen in ein neues, modernes Trainingsgelände am Rande der Stadt.

Das Gros des Gelds wandte der Klub jedoch für Spieler auf. Pérez taufte seine Transferstrategie «Zidanes & Pavones». Auf der einen Seite zahlte der Klub Rekordsummen für Zidane, Ronaldo und Beckham. Sie sollten Reals Namen heller strahlen lassen. Auf der anderen Seite setzte der Klub auf eigene Talente wie Francisco Pavón. Der Innenverteidiger wurde in Reals Akademie ausgebildet. Dass Real neben den größten Stars auf eigene Talente setzte, war in erster Linie ein ökonomischer Imperativ. Um sich die Ablösesummen und Gehälter von Zidane & Co. leisten zu können, mussten andere, meist junge, spanische

Spieler zurückstecken. Der Fokus der Öffentlichkeit lag sowieso auf den Stars. Daher setzte sich der Ausdruck «Zidanes & Pavones» nie durch. Der Welt bekannt wurden Reals Spieler jener Tage als «Die Galaktischen».

Sportlich gesehen waren Pérez' Galaktische ziemlich irdisch. Zidane etwa gewann in seinen fünf Jahren in Madrid einmal die Champions League und einmal die Liga – eine magere Ausbeute für einen Spieler, den manche heute zu den besten Spielern aller Zeiten zählen. Unter Pérez ordnete sich im Verein alles dem Marketing unter. Fußballerisch wertvolle Spieler wie der Kapitän Fernando Hierro oder Mittelfeld-Abräumer Claude Makélélé ließ der Klub ziehen. Spätestens mit dem Kauf von Beckham waren die Galaktischen keine Sportmannschaft mehr, sondern ein Promi-Ensemble, das die Klatschsparten der Zeitungen genauso füllte wie den Sportteil.

Pérez höchstpersönlich untersagte seinen Trainern, die Zugpferde auf die Bank zu setzen. Ob sie ins taktische Konzept passten oder ob sie gut trainiert hatten, war zweitrangig. Hielt sich ein Trainer nicht an die Vorgabe und hatte dazu noch keine Erfolge, flog er. Vicente del Bosque musste den Klub 2003 verlassen, obwohl er nur ein Jahr zuvor die Champions League gewonnen hatte. Pérez hatte keine Geduld, etwas Langfristiges aufzubauen. Keiner von del Bosques Nachfolgern hielt sich länger als ein Jahr. Titel ließen sich mit dieser fehlenden Kontinuität nicht gewinnen.

Im Nachgang hemmten die ausbleibenden Erfolge aber nicht Madrids Wachstum. Pérez war es gelungen, aus Real eine Marke zu machen. Auf Touren durch Amerika und Asien präsentierte sich der Klub der Welt. Reals Umsatz vervielfachte sich. Pérez nutzte das Geld, um neue VIP-Plätze im Stadion zu installieren und das Marketing des Klubs zu erweitern.

Real Madrid mutierte zum ersten globalen Fußballunternehmen mit Dependancen in Asien und Nordamerika.

Pérez gab das Amt des Präsidenten 2006 kurze Zeit ab; die fehlenden Erfolge konnte er trotz seiner Transfers nicht schönreden. 2009 kehrte er an die Spitze des Vereins zurück – und machte da weiter, wo er aufgehört hatte. Früh in seiner zweiten Amtszeit finalisierte er den Transfer von Cristiano Ronaldo. Der Verein hatte bereits Jahre am Portugiesen gebaggert. Dieser Ronaldo war Pérez fast 100 Millionen Euro wert. Real pulverisierte damit den Transferrekord, den sie Jahre zuvor für Zidane aufgestellt hatten. Zudem gab der Klub im Sommer 2009 fast 70 Millionen Euro für Kaká aus sowie jeweils 35 Millionen Euro für Karim Benzema und Xabi Alonso. 2010 verpflichtete der Verein mit Ángel Di María und Mesut Özil die zwei herausragenden Talente der Weltmeisterschaft in Südafrika. 2013 kam Gareth Bale, sein Transfer überbot Ronaldos Rekord um wenige Millionen Euro. 2014 investierte Real Madrid 75 Millionen Euro in James Rodríguez, den kolumbianischen Star der WM in Brasilien.

Pérez verstand früher als die meisten anderen im Geschäft, welch seismischen Wandel der Fußball um die Jahrtausendwende durchmachte. Das Medieninteresse an den Vereinen und ihren Spielern war sprunghaft gestiegen. Fußball fand im Privatfernsehen statt, das nach Stars und Geschichten dürstete. Das Internet verstärkte diese Entwicklung. Real konnte mit seinen hauseigenen Medienangeboten nicht mehr nur Menschen in Madrid und Spanien erreichen, sondern auch in Venezuela, Südafrika und Malaysia. Stars wurden zur weltweiten Marke, die teilweise sogar ihre Vereine überstrahlten.

Heute belegen Studien, dass junge Fans nicht mehr unbedingt Vereinen die Treue schwören, sondern ihren Lieblingsfußballern. Wechselt Cristiano Ronaldo den Verein, gehen sie mit. Möchte man die Aufmerksamkeit dieser jungen Leute, muss man ständig neue Stars kaufen. Real befriedigte lange Jahre den Trieb nach spektakulären Neuzugängen. Von den zwanzig Sportlern mit den meisten Instagram-Followern – nicht nur Fußballer, sondern alle Sportler – haben sieben in diesem Jahrtausend für Real gespielt. Ketzerisch könnte man formulieren: Nicht der Fußball stellt die beliebtesten Sportler der Welt, sondern Real Madrid.

Zwanzig Jahre nach Pérez' Amtsantritt lässt sich nicht mehr sagen, ob zuerst die Henne oder das Ei da war. Reagierte Pérez nur auf eine neue Generation Fußballfans? Oder schuf er mit seinen Galaktischen die neuen Sehgewohnheiten der jungen Anhänger? Real trug auf alle Fälle einen gewichtigen Teil dazu bei, dass Fans und Medien heute über mögliche Transfers ebenso ausgiebig diskutieren wie über das Spiel selbst. Pérez' Strategie ging auf. Real Madrid mag in den ersten zehn Jahren unter Pérez deutlich weniger Titel gesammelt haben als Konkurrent Barcelona. Dafür toppten sie jahrelang die Deloitte Football Money League als umsatzstärkster Klub.

⚽⚽⚽

Wäre das vorliegende Buch im Jahr 2013 erschienen, hätte man es bei diesen Ausführungen belassen können. In den ersten zehn Jahren unter Pérez mutierte Real zum reichsten, aber keineswegs zum erfolgreichsten Klub der Welt. Drei Meistertitel, ein Champions-League-Triumph, ein Pokalsieg: So lautete die Bilanz der vermeintlich Galaktischen. Erzrivale Barcelona gewann im selben Zeitraum fünf Meistertitel und dreimal die Champions League.

Im Jahr 2014 begann jedoch eine der außergewöhnlichsten Serien des modernen Fußballs. Nach zwölf Jahren des vergeblichen Wartens gewann Real Madrid endlich den ersehnten zehnten Titel in der Königsklasse. Fans auf der ganzen Welt feierten «La Decima». Es sollte jedoch nicht bei diesem einen Champions-League-Titel bleiben. Die Königlichen triumphierten auch 2016, 2017, 2018 und 2022. Real Madrid kommt damit auf doppelt so viele Europapokalsiege (vierzehn) wie der zweitplatzierte Klub AC Mailand (sieben). Reals Erfolg ist auch deshalb so außerordentlich, weil seit der Einführung der Champions League 1992 kein Klub den Wettbewerb zweimal hintereinander gewinnen konnte, geschweige denn viermal in fünf Jahren.

Besonders interessant ist die Tatsache, dass der Kern der Mannschaft über die Jahre zusammengeblieben ist. 2022 bildeten im Finale Toni Kroos, Casemiro und Luka Modrić das Mittelfeld. Die mittlerweile 32, 30 und 36 Jahre alten Mittelfeldspieler standen allesamt schon im Finale 2016 auf dem Rasen, Modrić war sogar beim Titelgewinn 2014 dabei. Auch Karim Benzema und Daniel Carvajal starteten in allen fünf Finals; sieben weitere Spieler standen in mindestens vier der fünf Finals auf dem Feld. Real zeichnet über die vergangenen Jahre eine große Konstanz aus. Auch deshalb stellte der Verein in der Saison 2021/22 mit einem Durchschnittsalter von 28,9 Jahren den viertältesten Kader aller Champions-League-Teilnehmer.

Real Madrid ist es gelungen, eine der harmonischsten Mannschaften der Welt zusammenzustellen. Kommerzielle Überlegungen waren zwar nach wie vor eine Leitplanke der Transferpolitik, siehe die Käufe von Bale und Hazard, die jeweils über 100 Millionen Euro kosteten. Doch Real investierte nebenbei auch in weniger glanzvolle Spieler, die wichtig für das Teamgefüge waren. Kai Psotta beschreibt in seinem Buch *Mythos Real Madrid*, wie Florentino Pérez bei einer Gala den Umstehenden Kroos vorstellte: «Das ist Toni. Real Madrid hat viele Spieler wegen ihres Ruhms gekauft oder wegen der Anzahl von Trikots, die wir verkaufen können. Aber diesen Spieler haben wir nur wegen des Fußballs gekauft, den er spielt.» Ähnlich dürfte Pérez auch dessen Mittelfeldkumpanen Casemiro und Modrić beschreiben.

Das Mittelfeld ist das Herzstück von Real. Das Team setzt weniger auf ein ausgefeiltes Positionsspiel, wie es etwa Guardiola pflegt. Vielmehr funktioniert das Aufbauspiel über die Stärken der drei zentralen Spieler. Kroos und Modrić lassen sich immer wieder auf die Seite fallen, um das Spiel aus der Tiefe zu gestalten. Sie sind für den Gegner kaum zu greifen. Einerseits aufgrund ihrer individuellen Stärke: Modrić den Ball abzunehmen, erweist sich als nahezu unmöglich. Andererseits aufgrund ihrer Position: Sie ziehen sich in die Peripherie zurück, wo sich nur schlecht Druck auf die beiden Spieler ausüben lässt. Möchte man Kroos oder Modrić unter Druck setzen, muss sich ein Team weit vorwagen. Dabei öffnen sich Räume in der eigenen Defensive – Räume, die das Mittelfeld-Duo dank ihrer Übersicht sofort entdeckt. Casemiro schwirrt als Abräumer zwischen den beiden Feingeistern. Er füllt die Lücken, die beide offen lassen.

Nicht nur in der Mitte, sondern auch vorne und hinten ist Real herausragend besetzt. Benzema etwa ging lange Zeit als der unterschätzteste Spieler des Planeten durch. Weil Ronaldo die Tore schoss und die Schlagzeilen auf sich zog, stand der Franzose in dessen Schatten. Erst seit Ronaldos Abgang aus Madrid 2018 sieht die Welt, was viele Real-Fans und Experten bereits zuvor sahen: Benzema spielt uneigennützig, intelligent, abschlussstark. Für die Abwehr gilt Ähnliches: Sergio Ramos fungierte lange Jahre als Fels in der Brandung, aber auch als Taktgeber. Thomas Tuchel sagte einst über ein Champions-League-Spiel seiner Dortmunder gegen Real, schon beim Aufwärmen sei zu erahnen gewesen, dass sein Team heute keine Chance habe. Ramos trieb seine Mitspieler derart an, dass Tuchel zu keiner Zeit am Willen des Gegners aus Madrid zweifelte. Mit David Alaba hat Real auf dieser Position einen fähigen Nachfolger gefunden.

Wille. Das ist bei Real ein gewichtiges Stichwort. In der Saison 2021/22 hat Real nicht nur in der Champions League Spiele durch kaum erklärbare Willensleistungen gedreht. Auch in Liga und Pokal drehten sie insgesamt acht Ergebnisse nach der 85. Minute bzw. in der Verlängerung, darunter zwei wichtige Spiele im Meisterschaftsrennen gegen den FC Sevilla. Real Madrid gibt sich bis zum Schluss nicht auf. Ein Faktor dafür dürfte Konditionstrainer Antonio Pintus sein. Er hat schon in den Neunzigern für Juventus Turin gearbeitet. Zwischen 2016 und 2019 betreute er die Spieler von Real. 2021 kehrte er zurück – und prompt gewannen die Madrilenen wieder die Meisterschaft und die Champions League. Auch weil sie kurz vor Schluss mehr Power ausstrahlten als der Gegner.

Real zeichnet zudem eine gewisse Leidensfähigkeit aus. 2018 traf der Verein im Halbfinale der Champions League auf Bayern München. Die Bayern waren in beiden Spielen besser, nach Expected Goals stand es 4,9 zu 2,8 für die Bayern. Doch Real setzte sich durch. Ex-Münchener und Nun-Madrilene Kroos erklärte nach dem Spiel den Sieg seines Teams: «Es braucht ja auch immer die Mannschaft, die es ausnutzt, wenn eine Mannschaft ihre Chancen nicht macht.» Er selbst habe «nie daran gezweifelt, dass wir ins Finale einziehen». Diese

Aussage unterstreicht die Einstellung der Mannschaft: Egal, wie das Spiel läuft, egal, wie wenig für Real spricht, die Spieler werden nicht nervös. Am Ende vertrauen sie ihren Stärken.

«Selbstwirksamkeitserwartung» nennt sich dieses Konzept in der Sportpsychologie. Wer glaubt, dass ein Ereignis eintritt, wird eher dafür sorgen, dass es tatsächlich passiert. Was leicht esoterisch klingt, ist im Endeffekt eine logische Formel: Wenn Spieler beim Stand von 0:1 die Köpfe hängen lassen, werden sie kaum den Ausgleich erzielen. Wenn sie zu sehr überdrehen, steigt die Gefahr, selbst das 0:2 zu kassieren. Real schafft es wie auf magische Weise, den goldenen Mittelweg zu finden – immer in dem Wissen, im Zweifel noch den Siegestreffer erzielen zu können.

Einen Beitrag dazu leistet das traditionell weiße Trikot. Viele Fußballer berichten, dass für Real Madrid zu spielen eine besondere Ehre darstellt. In ihrer Jugend bewunderten die heutigen Stars Spieler wie Zidane, Ronaldo und Beckham. Mesut Özil beschrieb in seiner Biografie, wie geblendet er von seinem ersten Treffen mit seinem Idol Zidane war. Nuri Şahin, ebenfalls einige Zeit für Real aktiv, verspürte eine besondere Verantwortung, sobald er das Trikot anzog.

Das bedeutet nicht, dass Reals Spieler hauptsächlich für Ehre und Liebe spielen. Fußballern geht es selten nur darum, mit einem Vereinswechsel einen Kindheitstraum zu erfüllen. Geld, Titel, Vermarktung: All diese Facetten spielen hinein, wenn die Spitzenklubs um die weltbesten Spieler buhlen. Und wer will es den Spielern auch verdenken? Die Vereine verdienen Millionen an den Fähigkeiten der Spieler. Diese ackern auf dem Trainingsplatz, schießen die Tore und füllen die Stadien. Die Leute kommen, um Cristiano Ronaldo gewinnen zu sehen, nicht für Florentino Pérez.

Nichtsdestotrotz stellt die große Geschichte von Real Madrid auch eine Verpflichtung dar. So wie die Bayern ihr «Mia san mia» pflegen, herrscht bei Real das Selbstverständnis vor, die Besten der Besten zu sein. «Hala Madrid!», lautet ihr Schlachtruf – Vorwärts, Madrid! Wer sich hängen lässt oder nicht alles für den Verein gibt, wird fallen gelassen. Pérez ist äußerst unsentimental, sobald Spieler keine Leistung mehr bringen oder weniger Vermarktungserlöse erzielen. Özil und Şahin spürten das am eigenen Leib. Sie verließen den Klub auf äußerst unromantische Weise. Trotzdem reden beide heute in höchsten Tönen über Real.

Real ist ein Klub der Spieler. Das hat Pérez mit seiner Strategie etabliert. Wer Leistung bringt und Tore schießt, wird in Madrid in den Status eines Halbgotts erhoben. Sportzeitungen und Fernsehsender berichten den ganzen Tag über den Klub, jede Kleinigkeit wird ausgeschlachtet. Zeigt sich ein Spieler in der Öffentlichkeit, wird er sofort von Fans umringt. Überzeugt ein Spieler zwei Spiele am Stück nicht, stellen ihn die Presseorgane *Marca* & Co. an den Pranger. Doch wer sich in Madrid durchsetzt, wird ein Leben lang angehimmelt. Di Stéfano fungierte bis zu seinem Tod 2014 als Ehrenpräsident des Vereins. 2016 übernahm mit Paco Gento eine weitere Real-Legende das Amt bis zu seinem Tod 2022. Der Ehrenpräsident ist bei der Vorstellung neuer Spieler stets zugegen. Er soll den Neuankömmlingen signalisieren: Schaut, was für eine Geschichte Real hat! Schaut, wo ihr in vielen Jahren sein könnt, wenn ihr die Geschichte fortschreibt!

Trainer haben es in diesem Umfeld schwer. Real gewann in den vergangenen Jahren zwar zahlreiche Titel, verschliss allerdings auch mehrere Trainer. Wagt sich ein Übungsleiter zu weit vor, zieht er den Zorn der Mannschaft auf sich. Rafael

Benítez soll bereits nach wenigen Tagen untendurch gewesen sein. Er hatte Cristiano Ronaldo erklären wollen, wie man Freistöße schießt. Der Portugiese und dessen Teamkollegen fassten das als Gotteslästerung auf. Julen Lopetegui scheiterte mit seinem Versuch, den Madrilenen sein Spielsystem beizubringen. Beide blieben kein halbes Jahr in Madrid.

Zwei Trainern gelang es, den Kader von Real Madrid zu bändigen. Carlo Ancelotti führte Real zu Champions-League-Titel eins und fünf, Zinédine Zidane gewann die Königsklasse dreimal in Folge. Sprechen die Spieler über ihre (Ex-)Trainer, werden vor allem deren zwischenmenschlichen Fähigkeiten gelobt. Die beiden hätten die Kabine im Griff gehabt, sie hätten für eine gute Atmosphäre gesorgt. Ex-Real-Kicker Sami Khedira berichtete, dass Ancelotti ihn nach einer Verletzung während der Reha jeden Tag angerufen habe – so oft, dass Khedira seinem Trainer irgendwann sagen musste, dass es jetzt aber mal gut sei.

Sprechen Spieler über Trainer wie Pep Guardiola oder Thomas Tuchel, heben sie vor allem deren inhaltliche Kompetenz hervor. Sie seien taktisch gut ausgebildet, können motivieren, hätten die Spieler individuell verbessert. Diese Facetten des Trainerjobs scheinen bei Real weniger wichtig zu sein. Das soll nicht bedeuten, dass Zidane und Ancelotti inhaltlich keine Ahnung hätten. Gerade Zidane hat sein taktisches System clever um die Einzelspieler herum gebaut. Doch der Fokus der Trainer liegt klar darauf, dass die Spieler sich entfalten dürfen. Kroos sagte in einem Interview, unter Ancelotti gäbe es zwar ein klares System. Doch die Laufwege der Spieler seien nicht einstudiert, sie dürfen improvisieren. Junge Bundesligatrainer geben stets Guardiola oder Atlético-Coach Diego Simeone, den Terrier mit dem ausgefeilten Defensivsystem, als ihre Vorbilder an. Sie wissen: Deren Ideen sind universell anwendbar. Reals System würde in Bremen, Bochum oder Mainz nicht funktionieren.

So ergibt auch Cox' eingangs zitierte Einschätzung Sinn, Real würde sich für viele Facetten des modernen Fußballs nicht interessieren. Pressing? Unter Zidane vorhanden, in den vergangenen Jahren jedoch komplett zurückgefahren. Aufbauspiel aus der eigenen Hälfte? Wird gelöst über die Stärken von Kroos und Modrić, nicht über systematische Abläufe. Real ist der einzige europäische Spitzenklub, der in den vergangenen Jahren komplett auf eine Dreierkette verzichtete, ein kurzes Experiment unter Zidane ausgenommen. Es gab wichtige Spiele, in denen Real sich am eigenen Strafraum verbarrikadierte: eine Taktik, die eigentlich eher Underdogs praktizieren. Während bei anderen Klubs Trainer, Sportdirektoren und Scouts mehr und mehr Macht bekamen, sind die mächtigen Männer bei Real der Präsident, dessen Mitarbeiter und die Spieler. Selbst die Erfolgstrainer Ancelotti und Zidane mussten gehen, als es nicht mehr so lief wie erhofft. Dass beide zurückkehrten, unterstreicht: Es gibt nur wenige Übungsleiter, die in diesem Umfeld funktionieren.

Das muss indes keine Schwäche sein. Man spürte dies während Reals Halbfinale 2022 gegen Manchester City. Die Königlichen gaben nicht auf. Sie wussten: Das Spiel ist nicht verloren, ehe der Schiedsrichter abpfeift. Am Spielfeldrand beriet sich Ancelotti mit seinen Führungsspielern Kroos und Modrić. Zusammen diskutierten sie, welche Spieler ein- und welche ausgewechselt werden sollen. Alle beteiligten sich. City-Coach Pep Guardiola erreichte seine Spieler nicht mehr, nachdem Madrid den ersten Treffer erzielte. Sie wirkten gebrochen. Reals Spieler organisierten sich hingegen selbst. Kein anderer Klub weiß die Kraft der Spieler so gut zu nutzen. Real Madrid ist um sie herum gebaut.

⚽⚽⚽

Fußballer gelten als faul. Nicht unbedingt in der öffentlichen Wahrnehmung: Wir bewundern die Stars für ihre übermenschlichen Leistungen. Athleten anderer Sportarten wundern sich aber manchmal, wie wenig Fußballspieler trainieren. Ein- bis zweimal am Tag bei bis zu zwei Tagen Ruhepausen die Woche? Da kämen Radfahrer und Leichtathleten nicht weit. Diese Einschätzung ist in Teilen unfair. Fußballer benötigen zwar Ausdauer, müssen aber auch ständig sprinten. Zu intensives Training führt zu Muskelverletzungen. Viele Einzelsportler aus anderen Sportarten müssen für ihre Grundausdauer härter trainieren als Fußballer, die dafür intensivere Einheiten absolvieren.

Trotzdem treffen diese Kritiker einen wunden Punkt. Wer die Social-Media-Kanäle der Profis verfolgt, fragt sich manches Mal, woher die Profis all die Zeit haben für ihre Freizeitaktivitäten. Marcelo posiert mit Sänger Ed Sheeran auf einer Gala, Gareth Bale lässt sich beim Golfspielen ablichten, Toni Kroos veröffentlicht einmal die Woche einen Podcast. Das alles wohlgemerkt nicht in der Sommer- oder Winterpause, sondern mitten in der Saison.

Christoph Biermann begleitete als Journalist ein Jahr lang den 1. FC Union Berlin. In seinem Buch *Wir werden ewig leben* zitiert er den Pressesprecher des Klubs, Christian Arbeit: «Fußballprofis sind die letzten Menschen, die sich noch langweilen.» Tatsächlich verfügen Fußballspieler im Vergleich zu Normalsterblichen über jede Menge Freizeit. Sie trainieren zweimal am Tag, haben aber dazwischen viel Leerlauf. Sie sind ständig auf Reisen unterwegs, müssen Zeit totschlagen in Bussen, Flugzeugen und Hotels.

Es gibt zahlreiche Beispiele für die ausufernden Hobbys der Fußballer. Bales Golfpassion ist weit über Madrid hinaus bekannt. «Wales. Golf. Madrid.», stand auf einem Banner, vor dem die walisische Nationalmannschaft 2019 posierte. Es spielte darauf an, dass Real Madrid bei Bale nur an dritter Stelle kam – nach der walisischen Nationalelf und seinem Hobby Golf. Mesut Özil hat Berichten des Videospiel-Magazins *GameStar* zufolge über 5000 Fortnite-Matches in einem Jahr bestritten. Dazu müsse er jeden Tag mindestens fünf Stunden gespielt haben, wollen Fans seines Vereins Arsenal ausgerechnet haben. (Mittlerweile hat Özil seine eigene E-Sport-Firma gegründet.) Ebenfalls 5000 Partien spielte Christian Pulisic binnen eines Jahres, glaubt man einem Bericht von *The Athletic*. Allerdings ist seine Passion kein Videospiel, sondern Schach. Dass er am Brett trotzdem keine Chance haben soll gegen seinen Chelsea-Teamkollegen N'Golo Kanté, spricht für die Spielintelligenz des Franzosen.

Wer nun glaubt, der Fußball sei eine Welt voll Müßiggänger und Videospielsüchtiger, irrt. Biermann beschrieb in seinem Buch, dass hinter all den vermeintlich langweiligen Hobbys der Wunsch nach Erholung stecke. Fußball sei heutzutage ein physisch wie psychisch derart anspruchsvoller Sport, dass die Spieler viel Zeit zum Regenerieren benötigen. Während Spielen und Trainings müssen die Spieler hellwach sein, ständig dem Ball folgen, körperliche Höchstleistungen vollführen. Das sei nur möglich, wenn sie in ihrer Freizeit ab- bzw. ihre Multimediageräte anschalten.

Und selbst das ist nur die halbe Wahrheit. Das Zeitalter

der Selbstoptimierung macht auch vor Fußballprofis nicht halt. Die besten Spieler der Welt nehmen zahllose Mühen auf sich, um das letzte bisschen Leistung aus ihrem Körper herauszupressen. Im Dunstkreis der Spieler bewegen sich immer mehr Berater. Sie kümmern sich nicht mehr nur um Finanzen und Karriereplanung, sondern auch um sportliche Belange. Per Mertesacker schreibt in seiner Autobiografie, er habe in den späten Phasen seiner Karriere 10 Prozent seines Gehalts für Dienstleister ausgegeben. Mertesacker war ein großer Anhänger von Yoga und Neuroathletik, einer Strömung, die Erkenntnisse aus der Neurologie und den Sportwissenschaften verknüpft. Der Weltmeister von 2014 trainierte diese Dinge selbstständig mit Coaches aus den jeweiligen Bereichen. Er schwört auf diese Methoden. Sie hätten dazu beigetragen, dass er bis ins hohe Fußballeralter weitestgehend verletzungsfrei blieb. In seinem 2018 erschienenen Buch kritisiert Mertesacker, dass zu wenige Spieler die Hilfe externer Experten in Anspruch nehmen.

Heute liest und hört man immer mehr Geschichten von Spitzenspielern, die neue Wege gehen, um ihr Potenzial voll auszuschöpfen. Sportler sind immer auf der Suche nach «small gains», kleinen Verbesserungen, die in der Summe einen großen Leistungssprung bewirken. Zunehmend lassen sich die Spieler dabei nicht ausschließlich von den Vereinen leiten, sondern ergreifen Eigeninitiative. Ein Bundesligatrainer erklärte mir, dass er im Bereich Ernährung seine Spieler nicht belehren müsse. Deren Berater böten ihnen Dienstleistungen an, beispielsweise Kochkurse, in denen sie sich zu gesunder Ernährung weiterbilden. Die Spieler selbst würden das Angebot dankend annehmen.

Wer es sich leisten kann, kocht aber ohnehin nicht selbst.

Reals Jungstar Vinícius Júnior bezahlt einen Privatkoch. Der französische Chef achtet darauf, dass Vinícius' Ernährung ausgewogen bleibt. Der Koch ist nicht die einzige Fachkraft, die für Vinícius' Wohlergehen sorgt. Die brasilianische Tageszeitung *O Globo* recherchierte, dass für Vinícius zwölf Mitarbeiter in Vollzeit arbeiten, 27 weitere bieten in Teilzeit Dienstleistungen und Expertenwissen an. Zu den Vollzeitmitarbeitern gehört mit Thiago Lobo ein privater Physiotherapeut, der sich einzig um die körperlichen Belange seines Schützlings kümmert. Lobo hatte in der Vergangenheit u.a. für Inter Mailand gearbeitet. Hinzu kam bis zur Corona-Pandemie ein eigener Fotograf, der Fotos für Vinícius' Social-Media-Kanäle knipste. Außerdem arbeitet ein halbes Dutzend Mitarbeiter für seine Stiftung, das Instituto Vini Jr. Die gemeinnützige Organisation setzt sich dafür ein, die Schulbildung in den brasilianischen Armenvierteln zu verbessern.

Berater, Experten und Coaches gibt es mittlerweile zuhauf im Dunstkreis professioneller Fußballer. Nicht nur in den Bereichen Ernährung und Fitness können die Spieler externe Dienste in Anspruch nehmen. Statistikfirmen bieten ihre Datenpakete mittlerweile auch für Spieler an. Es gibt Taktik-Coaches, die Spieler einzig in diesem Bereich weiterbilden. Sie sprechen Spiele im Nachgang mit ihren Schützlingen durch und geben Tipps, wie sie sich besser positionieren können. Techniktrainer waren in der Vergangenheit traditionell bei den Klubs angestellt. Mittlerweile machen sich immer mehr selbstständig und beraten besonders talentierte Jugendliche.

Kein Spieler dürfte bei der Leistungsoptimierung derart weite Wege gehen wie Cristiano Ronaldo. Der Portugiese ist bekannt für seinen gestählten Körper. Nach eigenen Angaben trainiere er seine Muskeln nur drei- bis viermal wöchentlich –

eine Aussage, die man angesichts seiner auf Instagram präsentierten Bilder kaum glauben mag. Nicht nur im Bereich Muskelaufbau arbeitet er sehr akribisch. Zu seinen Beratern gehört der Schlaf-Coach Nick Littlehales. Der Brite propagiert sein selbst entwickeltes R90-Schlafprogramm. Demnach dauere eine volle Schlafphase 90 Minuten. Statt an einem Stück zu schlafen, solle man lieber mehrere 90-minütige Schlafphasen über den Tag verteilen. Dadurch regeneriere der Körper besser.

Nicht alle Mitarbeiter im Dunstfeld der Spieler dürften einen direkten Effekt auf die Leistungsfähigkeit der Spitzensportler haben. Neymars Entourage soll über dreißig Menschen umfassen, die allesamt auf seiner Gehaltsliste stehen. Dazu gehören neben sportlichen Beratern auch alte Freunde, die ihm Gesellschaft leisten, sowie ein Stylist, der sich um Neymars Garderobe und sein Hairstyling kümmert. Wer Geld hat, gibt es auch aus.

Während man Neymar auf Partys und bei Formel-1-Rennen trifft, sind solche Bilder von Kroos, Modrić oder Casemiro schwerer zu finden. Sie führen allesamt einen sportlich-professionellen Lebensstil. Kroos' Frau Jessica erklärte in einer Dokumentation über ihren Mann sogar, ihre Familie sei in all den Jahren in Madrid nicht ein einziges Mal in die Innenstadt gefahren. Sie verbrächten ihre Zeit lieber zu Hause, anstatt in der Öffentlichkeit aufzutreten. Die meisten Spieler von Real pendeln ausschließlich zwischen dem Trainingsgelände des Vereins und ihren Luxushäusern im Viertel «La Finca».

Manche Kritiker legen diesen professionellen, fast asketischen Lebensstil vieler Profis als negativ aus. Profifußballer seien hochgezüchtete Roboter ohne Emotionen oder eigenes Leben. Es fehlen die «echten Typen», so eine häufig gehörte

Klage. Ein Vorwurf, den sich gerade der angeblich gefühlskalte Kroos oft anhören muss. Dabei dürfte seine Professionalität kein Makel, sondern seine größte Stärke sein. Kroos spielt zweimal die Woche, legt dabei über 10 Kilometer pro Spiel zurück, davon zahlreiche Meter sprintend. Der Fußballsport verlangt von seinen Spielern physische Leistungen, die ohne einen stringenten Lebenswandel kaum durchzuführen sind. Wenn Kroos darüber hinaus noch alle paar Tage feiern oder in Interviews ständig Sprüche raushauen würde, könnte er sich kaum auf das Wesentliche konzentrieren.

Ob Real Madrids Fußballer sich professioneller verhalten und besser trainieren als der Rest? Das lässt sich von außen kaum beurteilen. Es erscheint aber plausibel. Die finanzielle Schere geht nicht nur bei den Vereinen weiter auseinander, sondern auch bei den Spielern. Als *O Globo* Vinícius' Entourage vorstellte, schrieb die brasilianische Zeitung, Vinícius gehöre zu den Geringverdienern in Madrid. Kein Wunder: Mit siebzehn Jahren war er aus Rio de Janeiro gekommen, galt als Talent und noch nicht als Weltstar. Trotzdem konnte er Expertendienste in Anspruch nehmen, von denen Spieler von Mittelklasseklubs nur träumen. Karim Benzema etwa verdient laut unbestätigten Berichten bei Real Madrid 25 Millionen Euro. Würde Benzema Mertesackers 10-Prozent-Formel entsprechend in seine Karriere investieren, gäbe er 2,5 Millionen Euro pro Jahr aus – für Köche, private Fitnesstrainer, Yoga-Sitzungen, Taktikschulungen und, und, und. Der durchschnittliche Bundesligaprofi verdient laut *Spox.com* insgesamt 2 Millionen Euro im Jahr.

All die Ausgaben sind wertlos, wenn die Spieler nicht bereit sind, an ihr Äußerstes zu gehen. Die Spieler von Real Madrid wissen das. Dass sie derart häufig Spiele kurz vor Schluss drehen, spricht nicht nur für ihre Psyche, sondern auch für ihre Fitness. Dass Modrić im Alter von 36 bessere Leistungen bringt als manch 29-Jähriger, spricht für seinen Lebenswandel. Real Madrids Fußballer mögen nicht immer den besten Fußball zelebrieren, sie mögen nicht die modernsten Strategien und Taktiken anwenden, sie mögen nicht einmal das beste Team der vergangenen Jahre stellen. Aber sie verfügen über die Spieler, die den Unterschied machen. Zidane, Beckham und Ronaldo waren, gemessen an ihren Ergebnissen und ihren Leistungen, keineswegs galaktisch. CR7, Modrić, Kroos und ihre Kollegen sind es.

⚽⚽⚽

«Er hat schon als Kind in der Bettwäsche des Vereins geschlafen», lautet ein Running Gag, wenn ein Spieler den Verein wechselt. «Kylian Mbappé hat schon als Kind in Real-Madrid-Bettwäsche geschlafen» ist indes keine Übertreibung. Es gibt Bilder seines Zimmers aus Jugendtagen, die einen Hardcore-Real-Madrid-Fan zeigen. Die gesamte Wand ist überzogen mit Stickern der Königlichen und mit Postern seiner Idole Zinédine Zidane und Cristiano Ronaldo. Bereits als Teenager lud der Verein Mbappé in seine Akademie ein, führte ihn herum, ließ ihn mit Zidane speisen. Real umgarnte Mbappé, und Mbappé bewunderte Real. Auch wenn es im ultrarationalen, durchkalkulierten Fußball unglaubwürdig scheint, aber die Liebe zwischen Mbappé und Real schien echt.

Pérez machte sich große Hoffnungen, mit Mbappé einen neuen Galaktischen in Madrid begrüßen zu dürfen. Mehrere Jahre hatte Pérez' Strategie, die Besten der Besten zu kaufen, pausieren müssen. Bei Neymar musste man zunächst FC Barcelona und dann Paris Saint-Germain den Vortritt lassen. Und das, obwohl man den Brasilianer bereits im Alter von dreizehn Jahren erstmals nach Madrid eingeladen hatte. Der letzte große Transfer aus dem Jahr 2019, Eden Hazard, hatte sich als Flop erwiesen. Dann kam Corona. Madrid spielte vor leeren Rängen. An teure Stareinkäufe war nicht zu denken.

Mbappé sollte das ändern. Real legte Geld zurück, um sich den kommenden Weltstar leisten zu können. 2021 wagte der Verein einen großen Anlauf, bot dem Spieler dem Vernehmen nach ein Rekordgehalt und Paris Saint-Germain eine Ablöse im neunstelligen Bereich. Die Franzosen lehnten ab. Wozu sollte PSG den französischen Superstar verkaufen? Der von den katarischen Machthabern finanzierte Klub schwamm in Geld. 2022 lief Mbappés Vertrag aus. Pérez wirkte überzeugt, der Stürmer komme nun nach Madrid. Real wollte um den Superstar herum die kommende Generation der Galaktischen bauen.

Es kam anders. Wenige Tage vor dem Ende der Saison 2021/22 meldete sich Mbappé persönlich bei Pérez. Er habe sich entschieden, in Paris zu verlängern. Öffentlich führte er zahlreiche Gründe auf: Der Franzose wolle seinem Land treu bleiben. Er habe mit PSG noch Titel zu gewinnen. Auch wolle er in Paris leben, wenn 2024 in seiner Heimatstadt die Olympischen Spiele stattfinden. Die Hauptgründe für sein Bleiben dürften indes andere gewesen sein: Geld und Macht. Angeblich bot ihm Paris ein neunstelliges Handgeld, einfach nur für die Verlängerung. Katars Führer höchstpersönlich hätten den Vertrag abgesegnet. Sie wollten unbedingt, dass im Jahr ihrer Heim-WM der wichtigste Spieler des Turniers bei ihrem Verein unter Vertrag steht. Mbappé stieg nicht nur zum bestbezahlten, sondern auch zum mächtigsten Spieler des Star-Ensembles auf. Er soll angeblich ein Mitspracherecht bei Transfers und sogar bei der Wahl des Trainers erhalten haben.

Es ist nicht ausgeschlossen, dass Mbappé in Zukunft doch noch das Trikot der Madrilenen überstreift. Dennoch steht Mbappés Entscheidung für Paris und gegen Real für einen seismischen Wandel im Fußball, einen Wandel, der Reals Strategie und Erfolgsgeheimnis im Kern bedroht. Wenn die weltbesten Spieler nicht mehr nach Madrid wechseln, sondern nach Paris oder Manchester – wie soll das Modell Real weiter funktionieren? Stars kommen nach Madrid, begeistern die Zuschauer und füllen die Kassen, um neue Stars zu finanzieren. So lautet ihr Geschäftsmodell. Fehlen die Stars, bricht das gesamte Kartenhaus zusammen.

Das erklärt die harschen Reaktionen, die Mbappés Verlängerung in Spanien hervorrief. Javier Tebas, Chef der spanischen Liga, rief die UEFA auf, die Finanzen des Investorenklubs zu untersuchen. Pérez selbst wagte sich in die Öffentlichkeit; das macht der medienscheue Präsident nur in Ausnahmefällen. Er sagte ganz deutlich, dass Real Madrid das finanzielle Angebot der Pariser nicht mitgehen könne, weil es ökonomisch nicht vernünftig sei. Selbst Joan Laporta, Präsident von Barcelona, stellte sich auf die Seite seines eigentlichen Erzfeindes. Alle warnten vor dem «Untergang des Fußballs, wie wir ihn kennen». Das ist etwas viel Pathos für den Nichttransfer eines einzigen Spielers.

Tatsächlich droht nicht der Untergang des Fußballs, sondern eine Verschiebung der Machtverhältnisse. Bereits im Kapitel zu Manchester City habe ich aufgezeigt, wie neue Kräfte in die Sphären des Spitzenfußballs drängen. PSG kopiert indes nicht die Strategie Barças, so wie City es tat. Sie kopieren Real, indem sie die besten Spieler der Welt kaufen. Neymar,

Messi, Mbappé: Drei der bekanntesten und teuersten Stars der Welt tragen das PSG-Trikot. Finanziell kann Real da nicht mithalten.

Das hat Folgen für den Rest des Fußballs. Wenn selbst Real nicht mehr die großen Stars verpflichtet, müssen sie ihre Transferstrategie ändern. 2018 und 2019 gab Real Madrid insgesamt 120 Millionen Euro für drei brasilianische Talente aus. Zunächst kam der siebzehnjährige Vinícius, ein Jahr später folgten der achtzehnjährige Rodrygo und der siebzehnjährige Reinier. Real fischte in einem Teich, in dem sonst Vereine aus der zweiten Reihe angeln. Bisher wechselten die Talente erst zu einem Mittelklasseverein, von wo aus sie dann zu den großen Klubs kamen. Nicht nur Real, sondern auch die Bayern oder Juventus verpflichten immer jüngere Spieler, da sie mit PSG und City nicht mithalten können. Die alte Rangordnung löst sich auf.

Aus diesem Grund war Reals Sieg in der Champions League im Jahr 2022 für das Selbstverständnis des Klubs derart wichtig. Auf seinem Weg ins Finale hat er mit PSG, Chelsea und City gleich drei neureiche Klubs ausgeschaltet. City und PSG verfügen zwar über mehr Geld als jeder andere Klub der Welt. Die Champions League konnten sie Stand 2022 aber noch nicht gewinnen. Die Vereine haben nicht das Selbstverständnis eines Gewinners, das Real über Jahrzehnte aufbauen konnte. Doch die Funktionäre des alten Geldadels wissen genau: Ewig werden City und PSG nicht in Halb- oder Viertelfinals ausscheiden. Die kommende Generation an Spielern wächst nicht mehr nur mit Vorbildern aus Madrid oder Barcelona auf, sondern auch von Manchester City oder PSG.

Wie groß Pérez' Angst ist, in einer Welt der Scheichs und der US-amerikanischen Investmentfirmen nur noch die zweite Geige zu spielen, illustriert die Gründung der Super League. Real Madrid plante zusammen mit elf anderen europäischen Topklubs, eine eigene Liga zu etablieren. Die besten Teams der Welt sollten in einem geschlossenen System gegeneinander antreten. Angeblich bot die US-Bank JPMorgan Chase über 3 Milliarden Euro an, um die Liga zu finanzieren. Es waren zwar einige Klubs aus Europas neuem Geldadel vertreten, so etwa Manchester City und der von chinesischen Investoren geführte Klub Inter Mailand. Paris Saint-Germain spielte bei den Plänen interessanterweise keine Rolle. Der vielleicht größte Anhänger dieser Idee war Florentino Pérez. Als einer von wenigen Klubchefs wagte er sich in die Öffentlichkeit und verteidigte die Super League.

Das Hirngespinst überlebte allerdings nicht lange. Kurz nach der Veröffentlichung der Pläne entlud sich ein Shitstorm über die Gründungsmitglieder. Besonders die Fans der sechs englischen Vereine übten massiven Druck aus. Sie befürchteten das Ende des aktuellen Fußballsystems. Unterstützt wurden die protestierenden Fans von den TV-Rechteinhabern der Premier League. Sie hatten wenig Interesse an einem Konkurrenzprodukt. Nach nicht einmal 48 Stunden nahmen neun der zwölf Gründungsmitglieder Abstand von der Super League.

Pérez indes hält an der Idee fest. Für ihn stellt die Super League die logische Weiterentwicklung des Fußballs dar. Die Besten spielen nur noch gegen die Besten, Woche für Woche stehen sich die größten Stars des Sports gegenüber. Zugleich dürfte es Pérez' Kalkül gewesen sein, dass Real mit dem eingenommenen Geld wieder seinen Platz an der Spitze der Nahrungskette einnehmen könne. Dieser Weg ist fürs Erste verbaut.

Real Madrid muss sich neue Wege suchen, wenn sie die

kommenden Spielzeiten weiterhin erfolgreich gestalten wollen. An Pérez führt indes kein Weg vorbei. Unter ihm wurde die Satzung der Königlichen dahingehend verändert, dass ein möglicher Nachfolger mindestens zwanzig Jahre Mitglied des Klubs sein und einen achtstelligen Millionenbeitrag mitbringen muss; letzteres erklärt sich aus dem spanischen Gesetz, nach dem Würdenträger für Verluste bei Fußballvereinen teils selbst haften. Die *New York Times* spottete, als Nächstes führe Real die Regelung ein, Reals Präsident müsse auch Pérez' Schuhgröße tragen. Seine Zeit an der Spitze der Königlichen ist noch nicht am Ende.

Es wird spannend sein zu sehen, wie Pérez und seine Mitarbeiter die nächste Generation der Galaktischen nach Madrid locken. Auch wenn Real Madrid gegenüber den neureichen Klubs noch einen Vorsprung hat, was Prestige und Erfolge angeht: Es ist keineswegs ausgemacht, dass dieser Vorsprung die kommenden Jahre überdauert.

KAPITEL 6

SC Freiburg: Der Heimatverein

«Dieser Aus- und Weiterbildungsgedanke, der ist so unglaublich in uns drin. Klar, wir haben alle schon im Nachwuchs zusammengearbeitet. Aber schon grundsätzlich ist er in uns drin.»

Klemens Hartenbach

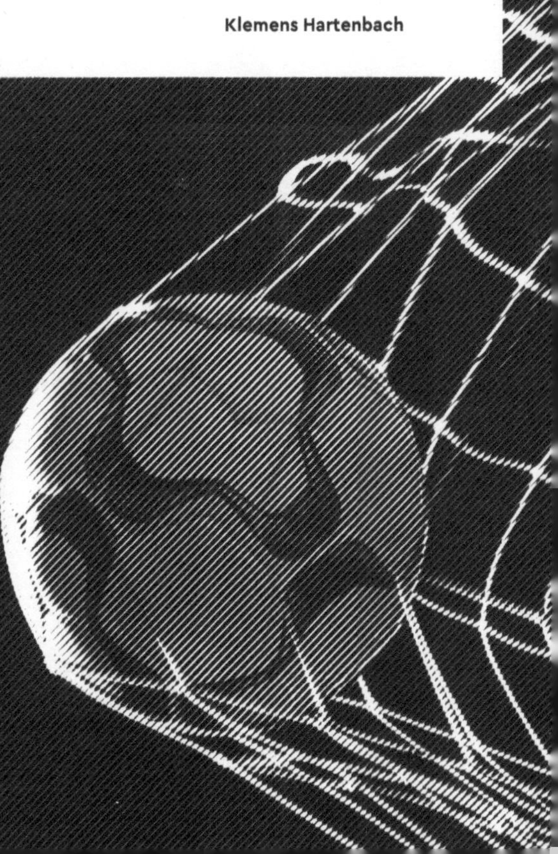

Wer im Fußball arbeiten möchte, muss Flexibilität mitbringen. Darauf zu vertrauen, an seinem Heimatort zu bleiben, wäre vermessen, gerade wenn man ins Trainergeschäft einsteigen will. Es gibt eine Zahl, die das unterstreicht: 6,8. So viele Trainer hatten die Bundesligisten der Saison 2021/22 in den zehn Jahren zuvor durchschnittlich verschlissen. Das bedeutet: Im Schnitt stand alle siebzehn Monate ein neuer Trainer an der Seitenlinie. Zusammen mit den Cheftrainern werden in regelmäßigen Abständen die Co-Trainer, Analysten und Torwarttrainer ausgetauscht. Dabei gibt es Vereine wie den VfB Stuttgart, die den Schnitt nach oben ziehen; der VfB stellte in den zehn Jahren dreizehn verschiedene Cheftrainer an. Am anderen Ende des Spektrums stehen Eintracht Frankfurt, der FC Augsburg und Borussia Mönchengladbach. Sie beschäftigten «nur» sechs verschiedene Übungsleiter. Interimstrainer, die weniger als vier Wochen bei ihrem Verein waren, zählen in diese Statistik nicht einmal hinein. Man sieht: Keine Position wird im modernen Fußball so häufig gewechselt wie der Trainer. Für Sportdirektoren oder Vorstandsvorsitzende habe ich diese Rechnung nicht gemacht. Da würde es im Zweifel aber genügen, einmal die Mitarbeiterhistorie des VfB Stuttgart oder Hamburger SV zu googlen. Die ganze Bundesliga ist ein einziges Personalkarussell. Wer dort arbeiten will, muss bereit sein, regelmäßig umzuziehen.

Die ganze Bundesliga? Nein! Ein von unbeugsamen Breisgauern geführter Verein hört nicht auf, sich der Hire-and-fire-Mentalität zu widersetzen. Während andere Vereine Trainer nach drei Niederlagen entlassen, musste Christian Streich nicht einmal nach dem Abstieg 2015 gehen. Seit 2012 fungiert er als Cheftrainer des Klubs, für den er bereits seit 1995 arbeitet. Streich hat sein ganzes Leben am Rande des Schwarzwaldes verbracht, wie man unschwer an seinem Dialekt erkennt. Er ist jedoch nicht der einzige Ur-Bade in Diensten des SC: Sportvorstand Jochen Saier ist seit 2001 beim SC Freiburg tätig, 2014 wurde er zum Sportvorstand berufen. Der gebürtige Freiburger Klemens Hartenbach komplettiert das Spitzentrio. Er arbeitet seit 2001 im Verein, stieg 2006 zum Chefscout und 2013 zum Sportdirektor auf. Gemeinsam lenken die drei Breisgauer die Geschicke ihres – im wahrsten Sinne des Wortes – Heimatvereins.

Wer nun allerdings glaubt, Freiburg verschenkt Posten auf Lebenszeit, sitzt einem Irrtum auf. So gerne sich der Klub als kuscheliger Wohlfahrtsverein präsentiert: Am Ende ist der SC Freiburg auch nur ein Fußballverein. Dass die Verantwortlichen derart lange zusammenarbeiten, liegt schlicht daran, dass ihre Arbeit Früchte trägt. Gemessen am eigenen Budget, wäre der SC Freiburg im unteren Drittel der Tabelle anzusiedeln. Neun der vergangenen zehn Spielzeiten haben die Freiburger in der ersten Liga verbracht. Viermal liefen sie am Saisonende in der ersten Tabellenhälfte ein. «Gäbe es eine Tabelle, bei der finanzielle Möglichkeiten und Ertrag in Relation gestellt würden – der SC Freiburg wäre im vergangenen Jahrzehnt an der Spitze», sagt mir Michael Reschke, früher leitender Angestellter bei Bayer Leverkusen und Bayern München.

Die Geschichte des Freiburger Erfolgs ist eine Geschichte der guten Zusammenarbeit. Ihr Beispiel zeigt, wie wichtig es ist, dass alle Verantwortlichen in einem Verein eine gemeinsame Sprache sprechen – und damit ist nicht der badische Dialekt gemeint.

Corona funkte auch bei der Recherche zu diesem Buch dazwischen. Viele der Gespräche, die ich geführt habe, mussten per Telefon oder Videokonferenz stattfinden. So auch das mit Klemens Hartenbach. Während mir Hartenbach die Transferstrategie und das Scouting des SC Freiburg erklärt, turnt mein fünf Jahre alter Sohn im Hintergrund herum und quengelt, wann ich denn endlich Zeit zum Basteln habe. Der studierte Grund- und Hauptschullehrer Hartenbach lacht. Corona-Zeit eben.

Während mir die Decke auf den Kopf fällt, weil ich seit zwei Jahren kaum mein Haus verlassen habe, ist Hartenbach gerade erst von einer Reise nach Argentinien zurückgekehrt. Es war keine Vergnügungsreise, sondern eine berufliche Verpflichtung – wobei das im Fußballgeschäft häufig ein fließender Übergang ist. Hartenbach wird schließlich dafür bezahlt, Fußballspiele zu sehen. In Argentinien war er auf der Suche nach Talenten für den SC Freiburg. Hartenbach fungiert nicht nur als Sportdirektor des SC Freiburg, sondern auch als dessen Chefscout. Seit 2006 hat er diesen Posten inne. «Wir hatten um die Jahrtausendwende keine Scouting-Abteilung», sagt Hartenbach. «Volker Finke hat also die ausländischen Spieler gefragt: Wer ist denn außer dir noch gut in deinem Land? Und dann wurden ihm zwei Spieler genannt. Die haben wir uns angeschaut, und dann haben wir die geholt. Und dann waren's wieder drei aus Burkina Faso. Oder aus Georgien.» So standen im Jahr 2001 gleich fünf georgische Spieler im Kader des SC Freiburg. Aufgrund ihrer Nachnamen war die Gruppe um Levan Kobiaschwili und Aleksandre Iaschwili auch bekannt als die «Wili-Connection».

Hartenbach hat mitgeholfen, das Scouting zu professionalisieren. Exemplarisch an seiner Argentinienreise gehen wir durch, wie das Scouting des SC funktioniert. Der Leiter der Scouting-Abteilung reist nicht unvorbereitet nach Argentinien. Seine Mitarbeiter durchleuchten die Liga, ehe er losfliegt. Sein Team fange mit den groben Daten an, erzählt Hartenbach. «Man schaut sich jeden Kader jedes Erstligisten in Argentinien an: Altersstruktur, positionstechnisch.» So werden Spieler im ersten Schritt nach Parametern wie Alter, Körpergröße oder Position aussortiert. Eine simple Form des Daten-Scoutings, wie wir es im Kapitel zu Liverpool kennengelernt haben.

Im zweiten Schritt folgt die Videoanalyse. Potenziell interessante Spieler werden in all ihren Facetten durchleuchtet. Was sind die Stärken, was die Schwächen eines Spielers? Wie verhält er sich im Ballbesitz, im Pressing, im eigenen und gegnerischen Strafraum? Anhand eigener Kriterien wird für jeden Spieler analysiert, ob er zum SC Freiburg passt. Am Ende verfügt der Scout über eine Liste an Spielern, die für den Klub interessant sein könnten. Mit dieser Liste stellt Hartenbach seinen Reiseplan zusammen, um möglichst viele der vorausgewählten Spieler live zu sehen. In Argentinien selbst hat er dann 22 Spiele in zehn Tagen besucht. Vor Ort erhält er die finalen Eindrücke über die für Freiburg infrage kommenden

Spieler. Am Ende des Prozesses hat der SC eine gesamte Liga abgedeckt. So geht Freiburg weltweit vor. Man ist immer auf dem Laufenden und reist dorthin, wo sich potenziell interessante Spieler hervortun.

Wenn Freiburgs Fans nun hoffen, dass der nächste Lionel Messi bald ein schwarz-rotes Trikot trägt, dürften sie enttäuscht werden. Hartenbachs Vorgehen ist, wie in den vorigen Kapiteln gesehen, ziemlich gängig. Wyscout und Scout 7 sind auch beim SC Freiburg die Tools der Wahl. Hartenbach ist nur einer von vielen Scouts, die um die Welt reisen: In Argentinien etwa saß «links von mir ein Scout aus Valencia, rechts der aus Neapel, und der Spieler, den du auf der Liste hast, hat eine gute Szene nach der anderen». Der SC Freiburg macht hier nichts, was andere nicht auch längst tun, darunter Klubs, die über viel mehr Geld verfügen. Im Zweifel zahlen diese einfach das Doppelte an Ablösesumme und Handgeld. Scouting mag Hartenbachs Domäne sein; es ist aber noch keine Erklärung, warum sich der SC Freiburg 2022 für die Europa League qualifizierte, obwohl sie vom reinen Personalbudget auf dem 13. Rang der Liga lagen.

Die interessante Frage, die man Hartenbach stellen kann, ist also nicht die, wie der SC Freiburg scoutet. Ben Manga, früher Chefscout und heute Direktor Profifußball bei Eintracht Frankfurt, sagt, es zähle im modernen Scouting vor allem Folgendes: «Gefällt dir der Spieler für deine Mannschaft, wo du gerade arbeitest? Ja oder nein? Ja? Okay! Dann musst du ganz schnell deinem Chef Bescheid sagen. Entweder der Chef reagiert und gibt das Vertrauen der Abteilung weiter – oder wir warten noch drei Wochen. Dann hat der Spieler zwei Tore geschossen und ist für uns nicht mehr machbar. Das ist heutzutage Scouting: schneller sein in Entscheidungen als die anderen.» Das funktioniert bei Freiburg besser als woanders, sagt Hartenbach. «Bei anderen Vereinen muss es dann vielleicht von einem Scout zum nächsten, und dann geht es zum Sportdirektor, und dann geht es nochmal in den Aufsichtsrat, und dann geht es nochmal in das Gremium» – diese «Mühle» gäbe es beim SC Freiburg nicht. Hartenbachs Scouts wissen genau, dass sie bei ihm Gehör finden. Hartenbach wiederum muss keinen Termin vereinbaren, um Streich und Saier mögliche Verpflichtungen vorzustellen.

Wenn Hartenbach spricht, dann meist in der ersten Person Plural. In einer Stunde Gespräch fällt knapp 150-mal das Wort «wir». Hartenbach fängt weitaus mehr Sätze mit «Wir» an als mit «Ich» – das ist ein Ausdruck davon, wie stark Teamwork in die Philosophie des Vereins eingebrannt ist. Neuverpflichtungen entdeckte nicht eine Person, sondern «unser Scouting-Team». Über Transfers entscheide nicht der Vorstand Sport, sondern das gesamte Führungsteam. Bei interessanten Spielern erwähnt Hartenbach nicht, was ihm an dem Spieler gefällt, sondern was Streich und Saier von dem Spieler halten könnten. Er denkt die Meinung seiner zwei Führungskollegen gleich mit. Das größte Erfolgsgeheimnis des SC Freiburg liegt in der Beständigkeit seiner Führungsfiguren – und in ihrem Zusammenspiel.

«Man kennt sich» wäre im Fall von Hartenbach, Saier und Streich eine Untertreibung. Hartenbach und Streich haben schon in den Neunzigern gemeinsam auf dem Platz gestanden: 1992 gewannen sie als Spieler mit dem Freiburger FC den Südbadischen Pokal. Hartenbach hütete das Tor, und Streich wirbelte im Mittelfeld. Seitdem sind die beiden befreundet. Später lebten sie sogar für kurze Zeit in einer Wohngemeinschaft. Nach dem Ende ihrer Spielerkarriere fingen beide an, in der Fußballschule des SC Freiburg zu arbeiten. Streich wurde Cheftrainer der A-Jugend. Hartenbach fungierte einige Zeit als sein Co-Trainer, ehe er zum sportlichen Leiter der Fußballschule aufstieg.

Saier begann seine Karriere ebenfalls beim SC Freiburg. Als BWL-Student konnte er dank eines Fußballstipendiums in den USA studieren, 2001 kehrte er in seine Heimat zurück und absolvierte ein Praktikum beim SC Freiburg. Er hinterließ wohl einen positiven Eindruck, denn bereits zwei Jahre später beförderte ihn der Verein zum Leiter der Fußballschule. Von da an musste er sich täglich mit Streich und Hartenbach herumschlagen. «Wir haben uns grundsätzliche Gedanken über die Ausrichtung des Vereins gemacht», sagte Saier später dem Online-Magazin *Spox*. «Wollen wir ein starres System? Wie bringen wir Spieler nach oben? Müssen wir Spieler nicht auf mehreren Positionen ausbilden? Da haben wir uns mit Christian Streich, Klemens Hartenbach und dem gesamten Trainerstab die Köpfe heiß diskutiert.»

Die Arbeit trug Früchte: Die von Streich trainierte A-Jugend avancierte zu einer der besten Jugendmannschaften Deutschlands. 2006, 2009 und 2011 gewann sie den DFB-Juniorenpokal, im Jahr 2009 die A-Juniorenmeisterschaft. Hartenbach wurde bereits 2006 aufgrund seiner guten Arbeit im Jugendbereich mit einer neuen Aufgabe betraut, und zwar mit der Leitung der neu gegründeten Scouting-Abteilung, in deren Rahmen er fortan mögliche Verpflichtungen auskundschaften sollte. Auch Streich wurde von der Profimannschaft umworben. Schon nach dem Abgang des ewigen Volker Finke, der von 1991 bis 2007 Cheftrainer war, gab es Gerüchte, Streich würde die Breisgauer Profimannschaft übernehmen. Zwei Trainer und viereinhalb Jahre später ließ Streich sich endlich überreden, den geliebten Posten bei den Junioren hinter sich zu lassen. Im Januar 2012 übernahm er die Geschicke der ersten Mannschaft. Diese fand sich nach der Hinrunde auf dem letzten Tabellenplatz wieder. Dank Streich hielt der Verein sensationell die Klasse. In der darauffolgenden Saison kam es noch besser: Streich führte den Klub auf Rang 5 und damit in die europäischen Wettbewerbe.

Trotz des sportlichen Erfolgs gab es Tumult hinter den Kulissen. Kurz vor Saisonende verließ Dirk Dufner den Verein gen Hannover. Der Klub stand plötzlich ohne Sportdirektor da. Saier und Hartenbach wurden kommissarisch berufen, die Lücke zu füllen. Sie hinterließen dabei nicht den schlechtesten Eindruck: Im Oktober 2014 bestätigte der Verein, dass beide dauerhaft die sportliche Führung übernehmen. Hartenbach blieb Leiter der Scouting-Abteilung und wurde darüber hinaus Sportdirektor. Saier bekleidete das neu geschaffene Amt des Vorstands Sports. Oliver Leki komplettierte die neue Führung als Mann der Zahlen. Er bekam das Amt des Vorstands für Finanzen, Organisation und Marketing. Leki wurde in Worms geboren, über 200 Kilometer von Freiburg entfernt; damit ist er quasi der «Auswärtige» in der badisch geprägten Klubführung.

Nachdem Streich, Saier und Hartenbach ein Jahrzehnt lang die Freiburger Fußballschule geprägt hatten, lag nun also die Profimannschaft in ihren Händen. Dabei konnten sie auf ihre langjährige Zusammenarbeit zurückgreifen. Schließlich planten, diskutierten und stritten sie seit mehr als einem Jahrzehnt darüber, wie der Fußball ihrer Mannschaften aussehen sollte. Heute wissen sie genau, welche Aufgabe jeder zu erfüllen hat: Hartenbach sucht und findet als Scout die passenden Spieler für den SC; Saier kümmert sich um die Verhandlungen mit den Spielern, die finanziellen Aspekte und die Organisation hinter den Kulissen; Streich integriert die neuen Spieler in seine Mannschaft und gibt zugleich Feedback, welche Art von Neuverpflichtungen er braucht. Auf allen Ebenen ist diese enge Verzahnung entscheidend.

Diese Beständigkeit und die Absprache zwischen den Beteiligten ist noch auf einer anderen Ebene wichtig. Das größte Hindernis für viele Scouting-Abteilungen sind selten die eigenen Fähigkeiten. Die Arbeit einer Scouting-Abteilung kann noch so gut sein: Wird sie nicht in eine größere Strategie eines Klubs eingebunden oder fehlt eine verlässliche Verbindung zu den Entscheidungsträgern, bleibt sie wirkungslos.

Das beste Beispiel ist der Hamburger SV. Wenn ich sage, der HSV habe im vergangenen Jahrzehnt eine der besten Scouting-Abteilungen des Landes besessen, ernte ich in der Regel Spott. Der Pleitenklub HSV? Der soll gut sein im Spielerfinden? Aber ja! Der HSV hatte einige Rohdiamanten auf dem Schirm, ehe sie bei anderen Klubs gehandelt wurden. Amadou Onana, Douglas Santos, Luca Waldschmidt, Kerem Demirbay, Jonathan Tah und Heung-min Son trugen im vergangenen Jahrzehnt allesamt das HSV-Trikot. Seitdem haben diese Spieler alle Champions League gespielt – allerdings erst, nachdem sie den HSV verlassen hatten. Eintracht Frankfurts Superstar Filip Kostić stand ebenfalls beim HSV unter Vertrag, performte dort aber drei Nummern schwächer als in Frankfurt. Was war das Problem? In der Zeit, in der die genannten Spieler beim HSV waren, konnte die sportliche Führung froh sein, wenn sie eine Saison überlebte. Planer, die eine langfristige Strategie umsetzen konnten? Fehlanzeige. Da kam es schon einmal vor, dass man einen Spieler auf Wunsch des Trainers verpflichtete – der Trainer aber einen Monat später entlassen wurde. Die eigene Scouting-Abteilung hat das Potenzial der genannten Spieler schlicht besser erkannt als die sportliche Führung.

Wer zum SC Freiburg geht, weiß, mit wem er es zu tun bekommt. Streich wird als Trainer bereits im Scouting-Prozess eingebunden, um zu prüfen, ob ein Spieler in die gewünschte Teamtaktik passt. Die Spieler wissen, dass sie nicht in wenigen Monaten einen anderen Trainer vor sich haben. Diese Beständigkeit ist das große Plus der Freiburger: Sie wissen, was sie wollen, und die Spieler wissen, was sie bekommen. Der Spielstil, den Freiburg im Jahr 2022 verfolgt, wurde wesentlich von Streich, Hartenbach und Saier geprägt.

⚽⚽⚽

Obwohl ich mit Hartenbach nur über eine verpixelte Webcam sprechen konnte, sah ich hinter ihm eine DIN A3 große Liste mit zahllosen Namen. Welche Namen darauf standen, konnte ich nicht genau erkennen. Hartenbach machte jedoch kein Geheimnis daraus: «Auf meiner Tafel habe ich die aktuellen Kader der U17, U19 über die zweite Mannschaft bis zu den Profis, mit allen Positionen.» Hartenbach kennt jeden Spieler, der für den SC Freiburg spielt, egal, in welcher Altersklasse oder Liga. Das ist keine Selbstverständlichkeit im Profifußball. Gerade im Bereich der Jugendarbeit scheitert es vielerorts am Übergang zwischen Jugend- und Profimannschaft. Es gibt noch immer Sportvorstände, die sich einzig auf die Geschicke ihrer Profimannschaften fokussieren und nur einmal im Halbjahr zum Jugendcampus fahren, um dort dann zu bestimmen, wo es langgeht. Der SC Freiburg versucht dies zu vermeiden. «Müssen wir jetzt den neuen Spieler holen? Oder können wir vielleicht mal ein Jahr überbrücken, bis das Talent aus der A-Jugend nachrückt?», fragt Hartenbach. Die Jugendperspektive wird immer mitgedacht.

Die Freiburger Fußballschule hat eine lange Tradition. 2001 gründete der Verein das Internat auf dem Gelände des früheren Lokalrivalen Freiburger FC. Seitdem erzielte die Freiburger Nachwuchsakademie mehrmals die Bestnote bei der jährlichen Evaluation des Deutschen Fußball-Bundes. Sie gilt in vielerlei Hinsicht als Vorbild im Bereich der Nachwuchsförderung: bei der pädagogischen Arbeit, bei der Ausbildung der Spieler, aber auch bei der Kooperation mit den Klubs in der Freiburger Region. Der SC bietet nur wenige Plätze im Internat an. Die Spieler sollen möglichst lange zu Hause wohnen. Der heutige Kapitän Christian Günter etwa pendelte in seiner Jugendzeit jeden Tag 50 Kilometer aus seinem Heimatort Tennenbronn nach Freiburg. Die persönliche Entwicklung der Spieler steht im Vordergrund. Sie sollen nicht zu früh der All-inclusive-Glitzerwelt des Fußballs verfallen.

Der SC Freiburg betreibt die Spielerausbildung aber nicht aus höheren, rein idealistischen Motiven. Am Ende geht es darum, Talente für die eigene Profimannschaft zu entwickeln. Es ist ein günstiger Weg, an neue Spieler zu gelangen; immerhin kosten Jugendspieler wenig bis gar nichts. Gleichzeitig ist die Ausbildung längst ein finanzieller Faktor: Wie andere Vereine ist auch der SC Freiburg auf Transfererlöse angewiesen.

Die große Hürde für viele Spieler stellt die Schwelle vom Jugend- in den Profibereich dar. Nicht jeder Spieler, der in der Jugend überzeugt, performt im gleichen Maße im körperlich anspruchsvolleren Erwachsenenfußball. Hinzu kommen die mentalen Anforderungen: volle Stadien, Konkurrenzdruck im Verein, das plötzliche Interesse von Medien und Öffentlichkeit.

Um den Spielern den Übergang zu den Profis zu erleichtern, ging der Verein vor einigen Jahren einen neuen Weg. Nachdem Kapitän Julian Schuster seine Karriere beendet hatte, stellte der Klub ihn als Übergangstrainer ein. Seine Aufgabe: Er soll die Jugendspieler an der Schwelle zur Profikarriere auf ihre neue Aufgabe vorbereiten. Schuster arbeitet an der Nahtstelle zwischen Nachwuchsleistungszentrum und Profimannschaft, begleitet die Juniorenspieler zu Trainings und führt mit ihnen Videoanalysen durch. Das soll den jungen Spielern helfen, schneller in der Profimannschaft anzukommen. Kaum jemand kennt die Anforderungen im Freiburger Profibereich besser als Schuster: Er kickte von 2008 an zehn Jahre für den SC Freiburg.

Beim Übergang vom Jugendbereich zu den Profis verfügt der SC Freiburg über einen weiteren Vorteil: die zweite Mannschaft. So manch ein Bundesligist hat in den vergangenen Jahren die eigene U23-Mannschaft vom Spielbetrieb abgemeldet. Zu hohe Kosten, zu wenig Ertrag: So begründeten Bayer Leverkusen und Eintracht Frankfurt die Abschaffung ihrer zweiten Mannschaft. Freiburg ging einen umgekehrten Weg: Sie stärkten die U23 mit erfahrenen Spielern. Der Lohn: Freiburg ist im Jahr 2022 neben Borussia Dortmund der einzige Bundesligist, dessen U23 in der Dritten Bundesliga spielt. Hier können die jungen Spieler am Übergang zwischen Jugend- und Profibereich in einer körperlich wie mental anstrengenden Liga Erfahrung sammeln. Das gilt nicht nur für die eigenen Jugendspieler: Der neunzehn Jahre alte Rechtsverteidiger Hugo Siquet, den Freiburg 2022 für knapp 5 Millionen Euro verpflichtete, kam in der Dritten Bundesliga zu seinen ersten Einsätzen. Wie richtig Freiburg mit diesem Weg liegt, zeigt sich am Beispiel Eintracht Frankfurt: 2014 schaffte man dort die zweite Mannschaft ab, korrigierte diesen Fehler aber und stellte 2022 wieder eine U23 auf. Sie muss in der fünftklassigen Hessenliga beginnen.

So etwas würde dem SC Freiburg nicht passieren. Die Jugendarbeit ist fest in der DNA des Vereins verankert – und fest in der Philosophie der Führungskräfte. Hartenbach, Saier und Streich stammen aus dem Jugendbereich. Sie haben nie aufgehört, sich für den Nachwuchs zu begeistern. «Das ist so ein Punkt mit Jochen, mit Christian und mit mir: Dieser Aus- und Weiterbildungsgedanke, der ist so unglaublich in uns drin», sagt Hartenbach. «Klar, wir haben alle schon im Nachwuchs zusammengearbeitet. Aber schon grundsätzlich ist es in uns drin.» Bei keinem anderen Thema wirkt der studierte Grund- und Hauptschullehrer so überzeugt von der eigenen Arbeit.

Die Freiburger Führungspersönlichkeiten wissen um die Relevanz dieser Arbeit, aber auch um ihre Fallstricke: Die Fußballschule soll eng in die Arbeit des Gesamtvereins eingebunden werden, aber keinesfalls eine Geisel der Profiabteilung sein. «Die enge Verzahnung, das wöchentliche Kaffeetrinken, das hilft natürlich total. Aber das geht auch nur, wenn das auf Augenhöhe passiert und du nicht das Gefühl gibst: ‹Jetzt kommen wir mal wieder ins Leistungszentrum, wir bestimmen, wo's langgeht!›», sagt Hartenbach. Auch bei diesen Diskussionen hilft es, dass sich die Verantwortlichen seit vielen Jahren kennen. Andreas Steiert übernahm 2013 die Nachfolge von Saier als Leiter der Fußballschule und bekleidet das Amt noch immer. Der sportliche Leiter Martin Schweizer ist seit 2011 Trainer im Jugendbereich und leitet seit 2015 zusammen mit Steiert die Schule. Auch an dieser Stelle ist personelle Kontinuität gegeben. Die Wege beim SC Freiburg bleiben kurz, nicht nur innerhalb der Führungsebene, sondern auch zwischen Fußballschule und sportlicher Leitung.

⚽⚽⚽

Aus diesem Kapitel lässt sich bisher folgender Schluss ableiten: Der SC Freiburg hat Erfolg, weil die Angestellten länger zusammenarbeiten als bei anderen Vereinen. Andernorts haben sich Trainer und Sportdirektor kaum kennengelernt, da wird einer der beiden schon wieder entlassen. In Freiburg treffen sich Saier, Hartenbach und Streich seit zwanzig Jahren fast täglich. Sie wissen genau, wie ihre Kollegen ticken. Nicht nur auf den Führungspositionen zeichnet Freiburg Kontinuität aus. Streichs Co-Trainer, Hartenbachs Scouts, die Leiter der Fußballschule, die Mitarbeiter auf der Geschäftsstelle: Viele von ihnen arbeiten seit mehr als einem Jahrzehnt beim SC.

Man könnte es bei diesen Erklärungen für Freiburgs Erfolge in den vergangenen Jahren belassen. Eine selbsterfüllende Prophezeiung: Ein Verein, der seinen Mitarbeitern Zeit gibt, wird Erfolg haben. Im Extremfall bedeutet dies, dass es egal ist, was man tut – Hauptsache, dieselben Leute tun es über einen langen Zeitraum. So ist es natürlich nicht. Das würde die Arbeit, die Streich, Saier, Hartenbach und all ihre Kollegen jeden Tag tätigen, abwerten. Der SC Freiburg hat nicht nur Erfolg, weil sich alle Beteiligten kennen – sondern auch, weil die Beteiligten in den vergangenen Jahren viele richtige Entscheidungen getroffen haben.

Der SC Freiburg hat sich in einer Außenseiterrolle eingenistet. Hinter allem, was der SC Freiburg fußballerisch tut, steckt der Grundgedanke: Wir sind die Kleinen! Freiburg ist keine Großstadt wie Hamburg, Frankfurt oder Köln; der Ort liegt nicht in einem Ballungszentrum wie Leverkusen, Gelsenkirchen oder Hoffenheim. Freiburg befindet sich im wahrsten Sinne des Wortes am Rande der Republik. Dass an diesem Ort Bundesliga gespielt wird, nimmt man auch knapp dreißig Jahre nach dem erstmaligen Aufstieg nicht als selbstverständlich hin. Der Verein pendelte viele Jahre zwischen Erster und Zweiter Bundesliga. Man verortete sich selbst stets unter den «Top 25» des deutschen Fußballs. Das bedeutet, dass Abstiege nicht als Weltuntergang gesehen werden, sondern als natürlicher Teil der Entwicklung.

Damit es dazu nicht kommt, fordern die Freiburger von ihren Spielern vor allem eins: Einsatz. Das Fundament des Freiburger Fußballs unter Christian Streich ist die Leidenschaft und die Intensität im Spiel gegen den Ball. Hartenbach verwendet das Wort «Intensität» im gemeinsamen Gespräch fünfzehnmal, ohne dass ich ihn einmal darauf angesprochen hätte.

Unumwunden gibt er zu, dass die erste Frage im Scouting-Prozess immer lautet: «Welche Intensität kann der Spieler gehen, wie lange kann er sie gehen?» Dass Hartenbach diese Frage stellt, klingt zunächst trivial. Jede Mannschaft möchte im Zweifel Spieler verpflichten, die über neunzig Minuten Leistung bringen. Entscheidend ist darüber hinaus, welche Prioritäten ein Verein setzt. «Prioritäten lenken Leben», rappten die Stieber Twins einst, und genau das trifft auch auf einen Fußballverein zu. Dadurch, dass der SC Freiburg Intensität priorisiert, schließt er bereits im ersten Schritt zahllose Spieler aus, die für ihn nicht infrage kommen – weil sie dieses Hauptkriterium nicht erfüllen. Ein Spieler, der Pausen benötigt, wenn das gegnerische Team den Ball hat? Der seinen Mitspielern nicht hilft, wenn diese sich im Zweikampf befinden? Wird beim SC Freiburg bereits im ersten Schritt aussortiert. Spieler mit konditionellen Problemen? Nichts für den SC, sagt Hartenbach: «Man entwickelt ein Gefühl für diesen Typ Spieler: Der Stürmer, der den Ball verliert, aber hinterherrennt, grätscht und den Ball zurückerobert. Und das Publikum steht und sagt: Boah!»

Hartenbach achtet dabei nicht nur auf die konditionellen Fähigkeiten eines Spielers. Entscheidend ist für ihn auch die Persönlichkeit. Darum scoutet Hartenbach nicht ausschließlich per Video, sondern unternimmt Reisen wie jene nach Argentinien: Er möchte sich vor Ort überzeugen, wie ein Spieler tickt. Wie sehr freut er sich, wenn seine Mannschaft ein Tor schießt? Wie reagiert er auf Schiedsrichter-Entscheidungen? Geht er nach dem Spiel zu den Fans in die Kurve und schreibt Autogramme? Früher ließ Hartenbach sogar die Schuhe eines Spielers in die Analyse einfließen, gab er in einem Interview mit dem YouTube-Kanal des SC Freiburg zu. Zu ausgefallene, bunte Schuhe, so seine Annahme, ließen darauf schließen, dass dem Spieler Äußerlichkeiten wichtiger seien als das Spiel. So weit gehe er heute nicht mehr, sagt Hartenbach. Wenn er nur Spieler empfehle, die schwarze Fußballstiefel tragen, wäre der Kader des SC Freiburg mittlerweile ziemlich leer.

Streichs Aufgabe lautet, diese Intensität zu kanalisieren – auf emotionaler, aber auch auf taktischer Ebene. Als Trainer steht er vor allem für ein starkes Pressing und organisiert seine Mannschaft so, dass sie den Gegner früh stört. Die Stürmer bilden dabei bereits die erste Linie der Verteidigung. Sie müssen die gegnerischen Verteidiger anlaufen oder zumindest verhindern, dass diese den Pass ins zentrale Mittelfeld spielen. Kaum eine Mannschaft betreibt im Spiel gegen den Ball mehr Aufwand als der SC. Ständig müssen die Spieler verschieben, die Stürmer den Gegner attackieren und die Mittelfeldspieler hinter ihnen absichern. Streich legt großen Wert auf eine gute Organisation – und viel Laufarbeit. Das spiegelt sich auch in den Daten wider: Zwischen 2013 und 2019 landete der SC in jeder Saison unter den drei laufstärksten Bundesligamannschaften. In der Saison 2013/14 und 2016/17 führten sie diese Statistik sogar an.

Freiburgs Fußball auf Intensität und Pressing herunterzubrechen, täte Streichs Spielstil aber unrecht. Der SC will nicht nur das Spiel des Gegners zerstören. Bei der Passquote befinden sich die Freiburger stets im oberen Mittelfeld der Liga, ebenso bei den Ballbesitzwerten. Intensität ist der eine Teil der Freiburger Spielphilosophie, der andere ist technische Klasse. Hartenbach stellt die rhetorische Frage: «Kopieren wir die anderen, indem wir sagen: Sind wir halt wie Leipzig mit ihrem Power-Fußball? Dann sind wir auf jeder Position zwar 20 oder 10 Prozent schlechter besetzt, aber immer noch gut. Oder aber: Setzen wir dem Ganzen einen Kontrapunkt? Indem wir diesen Stil von einigen anderen Mannschaften versuchen zu brechen, indem wir vielleicht versuchen, technisch und taktisch bessere Spieler herzuholen, indem wir versuchen, den anderen die Stärke zu nehmen, indem wir vielleicht ein bisschen mehr Ballbesitz haben und geduldiger sind.»

Diese anvisierte technische wie taktische Klasse zeigt sich in Freiburg vor allem im Angriff. Hier verpflichtet Freiburg Spielertypen, die nicht der klassischen Norm entsprechen, also groß sind, torhungrig, physisch präsent. Es begann mit Max Kruse, den Freiburg 2012 vom FC St. Pauli loseiste. Kruse galt damals als Rohdiamant, der aber in der Bundesliga seine Position noch nicht gefunden hatte. Christian Streich setzte ihn als Stürmer ein. Zugleich sprach er ihm jede Menge Freiheiten zu. Kruse sagte zu jener Zeit über sich selbst, er sehe sich als «schwimmende Neuneinhalb». Also nicht als klassischen Stürmer («Neuner»), sondern als flexibel auftretenden Tausendsassa, der mal das Spiel einleitet, mal Tore selbst erzielt. Das tat er auch in Freiburg: Mit seinen Pässen und seinen Bewegungen auf die Flügel half er, dass Freiburg sich 2013 für die Europa League qualifizierte. Kruse, für 500 000 Euro verpflichtet, verließ Freiburg nach einer Saison für eine Ablöse von 2,5 Millionen Euro.

Kruse sollte nicht der letzte «schwimmende Neuneinhalber» in Freiburgs Geschichte sein. Mit vielen dieser Spielertypen machte Freiburg ein gutes Geschäft. Admir Mehmedi (verpflichtet für 6 Millionen Euro, verkauft für 8 Millionen Euro), Luca Waldschmidt (verpflichtet für 5 Millionen Euro, verkauft für 15 Millionen Euro), Maximilian Philipp (gekommen aus der Cottbusser Jugend, verkauft für 20 Millionen Euro): Der Spielertyp «mitspielender Stürmer» hilft den Freiburgern nicht nur auf sportlicher, sondern auch auf finanzieller Ebene. Er ist auch ein Lieblingsspielertyp von Streich und Hartenbach: «Diese Kruses und Waldschmidts und Mehmedis, diese Form von Fußballern, die lieben wir einfach. Die körperlich Nachholbedarf haben, die jetzt nicht über das Tempo kommen, sondern eher über Feingefühl, Spielintelligenz und über ihr gutes Raumgefühl.» Da ist es wieder, das Freiburger Wir.

Tatsächlich lässt sich bei den Freiburgern eine Entwicklung beobachten: Das technische und taktische Niveau stieg in den vergangenen Jahren weiter und weiter. Während Freiburg in den ersten Jahren unter Streich mit einem klassischen 4–4–2-Angriffspressing überzeugte, agiert das Team im Jahr 2022 variabler. Streich macht sich intensiv Gedanken darüber, wie seine Mannschaft den eigenen Ballbesitz besser ausspielen kann. Häufig setzt er nun auf eine Dreierkette und passt sein Spielsystem an den Gegner an. Der SC Freiburg des Jahres 2022 spielt anders Fußball als vor zehn Jahren. Das spiegelt sich auch in den Daten wider: In der Saison 2021/22 befand sich Freiburg plötzlich nur noch auf Rang 7 der laufstärksten Teams – und trotzdem war es erfolgreich wie noch nie. Oder vielleicht auch nicht trotzdem, sondern deshalb: weil Freiburg schlauer agiert, den Ball länger laufen lässt, den Gegner müde spielt.

Die Geschichte des SC Freiburg ist auch eine der ständigen Weiterentwicklung. Streich analysiert zusammen mit Saier, Hartenbach und seinem Trainerteam den nationalen wie internationalen Fußball. Sie wollen Trends frühzeitig erkennen und in die eigene Arbeit einbinden. Hartenbach betont, wie wichtig es ist, sich ständig zu hinterfragen – besonders wenn man so lange zusammenarbeitet.

Erfolgreich, stabil, bescheiden: Der SC Freiburg gilt als einer der sympathischsten Vereine Deutschlands. Es gibt aber durchaus Fans, die sich am Image der Freiburger stoßen. Die ständige Betonung des Familiären, die offen zur Schau gestellte Andersartigkeit, Streichs Abschweifungen auf Pressekonferenzen zu politischen Themen: Manchen gilt der SC als zu schön, um wahr zu sein. Kann es im Profigeschäft wirklich einen Verein geben, der nach dem Motto Friede, Freude, Eierkuchen geführt wird? Immerhin hantiert auch der SC mit Millionensummen. Die Kicker fahren dieselben Sportwagen wie die Stars anderer Vereine, und auch Streich, Saier und Hartenbach dürften sich im reichsten Zehntel eines der reichsten Länder der Welt wiederfinden.

In einer Hinsicht ist das Image der Freiburger auf keinen

Fall gespielt: Wer beim SC Freiburg arbeitet, gehört zum Verein. Das gilt für Trainer, Co-Trainer, Jugendtrainer, Funktionäre, Angestellte in der Geschäftsstelle, aber auch die Spieler. In der Saison 2021/22 lag der SC Freiburg, was die Vereinstreue der eigenen Spieler angeht, in der Bundesliga auf Rang 4. Nur die Spieler von Borussia Mönchengladbach, RB Leipzig und Bayern München waren im Schnitt länger bei ihrem Verein. Das überrascht umso mehr, als der SC nicht ansatzweise die Gehälter der genannten Klubs zahlt. Dafür bietet der SC eine Kontinuität, von der andere Vereine nur träumen. Genau diese Kontinuität gab Nationalspieler Matthias Ginter an, als er 2022 zurück in seine Geburtsstadt wechselte. Er wollte in seine Heimat zurückkehren und mit jenem Trainer zusammenarbeiten, der ihn bereits in Jugendzeiten begleitet hatte. Das ist durchaus ein romantischer Wechsel im nicht allzu romantischen modernen Fußball.

Die Langlebigkeit auf allen Positionen bleibt das große Plus der Freiburger. Worte wie Vereinsphilosophie und Strategie klingen immer sehr groß. Jeder Verein hätte gerne eine Philosophie, die größer ist als die beteiligten Akteure. Am Ende machen aber nicht Leitlinien oder Strategiepapiere eine Organisation aus, sondern die Menschen. Die Freiburger kennen sich, sie sind miteinander gewachsen, sie haben eine ähnliche Vorstellung eines schönen Fußballs entwickelt. So agiert man miteinander, nicht gegeneinander. Das Beispiel Spielerkäufe unterstreicht das: Der SC weiß, welche Spieler er sucht, was er den Spielern zu bieten hat und wie er die Spieler ansprechen muss.

Dennoch muss das Modell Freiburg in den kommenden Jahren einige Prüfungen überstehen. Jeder Mitarbeiter betont: Der Verein steht über den handelnden Personen. Doch sind die handelnden Personen nirgendwo so eng mit dem Verein verwoben wie in Freiburg. Hartenbach erreicht noch in diesem Jahrzehnt das Rentenalter. Auch Streich wird nicht jünger. Wer den Irrwisch Streich nach Fußballspielen in der Mixed Zone erlebt – durchgeschwitzt, außer Atem, völlig erschöpft –, macht sich Sorgen, ob er nicht bald einen Herzinfarkt erleidet. Streich dürfte das von sich weisen. Er kokettiert aber auch immer wieder damit, dass er durchaus ein Leben nach dem Trainersein plant. Wie sieht die Freiburger Führung der Zukunft aus?

Die zweite große Baustelle ist die Größe des Vereins. Der eigene Erfolg und das allgemeine Wachstum der Fußballbranche gehen auch am SC nicht spurlos vorbei. Der Klub wächst – und zwar ungemein. Gerade erst zog der SC in ein brandneues Stadion um. Die Zahl der Mitarbeiter steigt, immer neue Gesichter tauchen in der Geschäftsstelle auf. Hartenbach sieht das selbst als eine der größten Herausforderungen. Zum einen im täglichen Umgang: Früher habe er jeden Mitarbeiter persönlich gekannt und sich regelmäßig bei Kaffee oder Wein mit ihnen ausgetauscht; in einer größeren Organisation sei das hingegen nicht mehr so leicht. Zum anderen wächst mit dem Verein auch die Erwartungshaltung. «Es verändert sich ein bisschen. Man muss aufpassen, dass es einen selber nicht verändert. Man muss aufpassen, dass man bei sich bleibt und sich nicht auf Augenhöhe mit Leipzig sieht, auch wenn es tabellarisch so aussieht.»

Für den SC Freiburg spricht, dass er diese Stolpersteine erkannt hat. Bei Angestellten achtet der Klub darauf, diverser aufgestellt zu sein. Egal, wer neu hinzukommt: Eine enge Verzahnung aller Abteilungen soll weiterhin die große Stärke der Freiburger bleiben – ob nun der Cheftrainer Streich heißt oder anders. Und am Ende sieht sich die Führungsriege der Freiburger noch nicht, wie die 2022 erfolgte Vertragsverlängerung unterstreicht. Der SC Freiburg wird auch weiter der SC Freiburg bleiben – und versuchen, mit seiner ureigenen Strategie die Großen zu ärgern.

KAPITEL 7

Eintracht Frankfurt: Der Erfolgsfaktor Fans

«Der eine liebt sein Mädchen,
und der andre liebt den Sport.
Wir schwören auf die Eintracht
auch mit unserem Ehrenwort.»

Songtext der Eintracht-Hymne *Im Herzen von Europa*

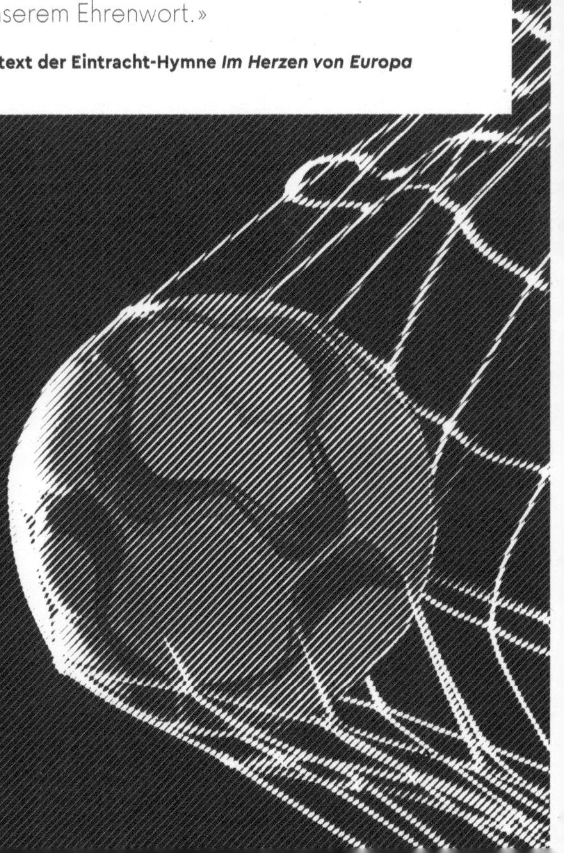

Wenn die besten Teams des Kontinents aufeinandertreffen, wird nichts dem Zufall überlassen. Welche Fans ins Stadion dürfen und welche nicht, wird vor den Spielen im Detail erörtert. Die UEFA fordert vom Heimteam ein festes Kartenkontingent für Sponsoren, Funktionäre und VIPs. Die übrigen Karten landen nur selten im offenen Verkauf. Bei den meisten Vereinen haben Mitglieder und Dauerkartenbesitzer ein Vorrecht auf Europapokaltickets. Auch die Zahl der Gästefans wird vor dem Spiel festgeschrieben. Jeder Heimverein muss eine bestimmte Anzahl an Plätzen für die Zuschauer des anreisenden Vereins reservieren. So sollen auch Fans des Gastvereins eine Chance erhalten, ihr Team zu sehen. Meist beschränkt sich dieses Kontingent auf 5 Prozent der gesamten Karten.

In Barcelona erhalten rund 5000 Gästefans Zutritt zum knapp 100 000 Plätze fassenden Camp Nou. Als der FC Barcelona 2022 im Europa-League-Achtelfinale auf Eintracht Frankfurt traf, weilten jedoch weit mehr Gästefans auf den Zuschauerrängen. Nicht das Blau-Rot der Barça-Fans dominierte das Stadion. Weite Teile des Stadions hüllten sich in Eintracht-Weiß.

Schon vor dem Anpfiff säumten Zehntausende Eintracht-Fans die Straßen der Hauptstadt Kataloniens. Sie sangen, feierten und tranken, ehe sie gemeinsam zum Stadion pilgerten. Mithilfe allerlei Tricks waren sie an Tickets gelangt, die eigentlich für den heimischen Markt bestimmt waren. Sie fälschten beim Online-Kauf ihre IP-Adressen, sodass Barcelonas Ticketsystem dachte, die Bestellenden säßen in Spanien und nicht in Deutschland. Sie baten befreundete spanische Fans, Tickets von nichts ahnenden Dauerkartenbesitzern zu erwerben. Zwischen 25 000 und 40 000 Fans der Frankfurter, so die Schätzungen, besorgten sich Tickets für das Spiel – und hebelten damit die Regelungen der UEFA aus. Die Frankfurter verwandelten den Gastaufritt in ein Heimspiel.

Die Frankfurter Spieler sorgten dafür, dass die zahllosen Fans auch nach dem Abpfiff etwas zu feiern hatten. Schon früh gingen die Gäste in Führung, am Ende gewannen sie die Partie 3:2. David Frankfurt schaltete den Goliath Barcelona aus. Die Fans hatten ihren Beitrag geleistet, wie auch Barças Trainer Xavi nach dem Spiel zugab: «Die Spieler haben sich nicht wohlgefühlt, was nicht heißt, dass wir nicht gut waren. Aber es hat uns negativ beeinflusst.» Spätestens mit dieser Auswärtsreise zementierten die Frankfurter ihren Ruf als Fanbastion.

Es sollte nicht die letzte Eintracht-Party in dieser Europa-League-Saison bleiben. Auch zum Halbfinale in London begleiteten Zehntausende Fans die Mannschaft. Gegner West Ham United traf zwar Vorkehrungen, sodass Eintracht-Fans kein Schlupfloch fanden beim Ticketkauf. Doch auch ohne Stadionbesuch belagerten die Frankfurter Fans die englische Hauptstadt. Vor dem Finale in Sevilla marschierten 20 000 Frankfurter Anhänger von der Stadt ins Stadion. Die größte Stufe des Wahnsinns zündete Frankfurt nach dem Finalsieg über die

Glasgow Rangers. Als Eintracht-Spieler nach ihrer Rückkehr aus Sevilla die gewonnene Europa-League-Trophäe präsentierten, säumten 100 000 Menschen die Straßen der Stadt. Eine derartige Fußballbegeisterung hatte Deutschland zuletzt nach dem WM-Triumph 2014 erlebt.

Wenn ich nun schreibe, dass die Eintracht in der Saison 2021/22 die lautesten, markantesten sowie leidenschaftlichsten Anhänger besaß, mögen Dortmunder, Schalker oder Bremer Fans protestieren. Fakt ist aber: Der Eintracht ist beim Europa-League-Sieg eine Symbiose gelungen zwischen Mannschaft und Fans. Die leidenschaftlichen Zuschauer peitschten ihr Team nach vorne – und die nicht minder leidenschaftlichen Spieler warfen sich in jeden Zweikampf. Die Spielweise des Teams passte perfekt zur Kultur der Fans. Ganz Frankfurt entwickelte in diesen Tagen eine Einheit.

Die Eintracht hat in der Beziehung zwischen Fans und Verein vieles richtig gemacht in den vergangenen Jahren. Die früher als «Randale-Meister» gefürchteten Fans feiern eine Mannschaft, welche aus Spielertypen besteht, die das Frankfurter Fanherz höherschlagen lassen. Im Erfolg schlummert zugleich eine Gefahr: Mit der Art und Weise, wie Frankfurt bisher Erfolge feierte, dürfte der nächste Schritt schwierig werden.

⚽⚽⚽

Der 16. Mai 1992 ist ein Tag, den kein Eintracht-Fan je vergessen wird. Vor dem finalen Spieltag der Bundesligasaison 1991/92 führten die Hessen die Tabelle an. Ein Sieg bei Hansa Rostock hätte genügt, um den ersten Bundesligatitel der Vereinsgeschichte zu feiern. Der Legende nach stapelten sich im Frankfurter Flieger auf der Hinreise die Champagnerflaschen für die Meisterfeier, die Titelprämie für die Spieler bewahrten die Funktionäre bar in einer Plastiktüte auf. Die Eintracht verlor 1:2, der VfB Stuttgart bekam die Schale überreicht. Ganz Frankfurt trug Trauer.

Der Versuch, in den folgenden Jahren erneut der Meistertrophäe nahezukommen, scheiterte. Der Verein übernahm sich, gab Geld auf Pump aus. 1996 folgte der Super-GAU: Erstmals in der Vereinsgeschichte stieg die Eintracht in die Zweite Liga ab. Es folgten Jahre der finanziellen Unsicherheit und ein Dasein als Fahrstuhlmannschaft. Die Eintracht pendelte zwischen Erster und Zweiter Liga, schrammte am sportlichen wie finanziellen Abgrund entlang. 2001 stand der Verein kurz vor der Insolvenz, ehe ein Konsortium aus regionalen Banken den Klub rettete.

Während der Klub am seidenen Faden hing, passierte hinter den Kulissen eine gegenteilige Entwicklung: Die Fanszene der Eintracht veränderte sich massiv. Die alten Strukturen, die seit vielen Jahren Bestand hatten, brachen auf. In das Vakuum, das die enttäuschten Anhänger der Eintracht hinterließen, stießen neue Gruppen.

In den Fankurven hinter den Toren versammeln sich seit jeher die lautesten, leidenschaftlichsten, aber auch umstrittensten Teile der Fanszene. Hier wird gegrölt, gepöbelt, gesungen – und sich auch manches Mal danebenbenommen, zumindest aus Sicht der Zuschauenden auf der Haupttribüne. Die alte Fangarde, leicht zu erkennen an ihren mit Stickern übersäten Kuttenjacken, trat um die Jahrtausendwende in den Hintergrund. Das galt in besonderem Maße für Frankfurt, wo mehrere Abstiege und die Fastpleite diese Entwicklungen beschleunigten. Das Frankfurter Waldstadion war zu dieser Zeit praktisch nie ausverkauft, im Gegenteil: Bei vielen Spielen standen ganze Blöcke leer. Der Zuschauerschnitt in Dortmund, Hamburg oder Kaiserslautern lag ungleich höher. Entsprechend mau war die Stimmung auf den Rängen.

Die jugendlichen Fans suchten eine Veränderung. Sehnsuchtsvoll blickten sie nach Italien. Hier gaben sogenannte Ultra-Gruppierungen den Ton an: streng organisierte Fans, die nach ihren eigenen Regeln lebten. Der Ultra-Kodex, ein Leittext der Szene, fand den Weg über die Alpen. In Deutschland bildeten sich unter den leidenschaftlichsten Fans verstärkt Ultra-Gruppierungen. Für die Mitglieder stiften die Ultras Identität und ein Zusammengehörigkeitsgefühl. Die Ultras Frankfurt gründeten sich im Jahr 1997, knapp ein Jahr nach dem ersten Abstieg. Das war kein Zufall: Sie füllten das Vakuum, das die wegbleibenden Fans hinterließen. Lautstark sangen sie die Lieder nach, die ihr Vorsänger, genannt Capo, vorgab. Mit Schwenkfahnen und Pyrotechnik feierten sie ihre Mannschaft. Mit den Jahren wuchs die Gruppe beständig. Die Ultras veränderten das Bild der Kurve.

Das Konzept Ultra etablierte sich in den kommenden Jahren in nahezu allen Stadien der Republik. Die Szene ist dabei so vielfältig wie widersprüchlich, wie Christoph Ruf in seinem lesenswerten Buch *Kurven-Rebellen* analysiert. Ultra-Gruppen sind streng hierarchisch organisiert und verlangen von ihren Mitgliedern Unterordnung. Viele Gruppen verharren in archaischen Bildern von Männlichkeit und Gruppenstolz. So sind die Ultra-Gruppierungen unterschiedlicher Vereine häufig untereinander verfeindet. Beleidigungen und Schlägereien gehören zum Mythos Ultra. Zugleich kritisieren sie klug die Exzesse des modernen Fußballs und veranstalten Podiumsdiskussionen zu gesellschaftlichen Themen wie Rassismus oder Antisemitismus. Sie engagieren sich intensiv für soziale Zwecke, etwa während der Corona-Krise, als sie in Not geratene Menschen und Betriebe unterstützten.

Die Werte und Gedankenwelt der Ultras sind für viele neutrale Anhänger nur schwer zu begreifen. Ein Beispiel: Die Fahne einer jeden Gruppierung markiert ihr Heiligtum. Es gilt, diese Fahne unter allen Umständen zu beschützen. So manche Ultra-Gruppierung verzettelt sich in wilde Schlägereien, um eine feindliche Fahne zu erobern. Die eigene Fahne zu verlieren, gilt als Schande für die ganze Gruppe. Die Kölner Fangruppe «Boyz Köln» löste sich auf, nachdem Fans des Erzrivalen Borussia Mönchengladbach ihre Fahne gestohlen hatten. So sieht es der Ultra-Kodex vor. Landauf, landab haben sich schon mehrere Gruppen aus diesem Grund aufgelöst, u.a. in Augsburg, Mönchengladbach und Chemnitz.

Die Ultras werden häufig als Erstes genannt, wenn es um unliebsame Entwicklungen im Fußball geht. Brennt in einem Bundesliga-Stadion eine Pyrofackel, lässt der kritische Kommentar in der Presse nicht lange auf sich warten. Platzstürme werden ihnen ebenso angehängt wie gewalttätige Aktionen abseits des Rasens. Auf den Spruchbändern, die die Ultras ins Stadion schmuggeln, finden sich immer wieder gewaltverherrlichende oder homophobe Sprüche. Aber nicht immer treffen diese Vorwürfe zu. Manches Mal werden unterschiedliche Gruppierungen in einen Topf geworfen oder Darstellungen der Polizei unkritisch übernommen. Die Ultras als Unschuldslämmer hinzustellen, griffe indes ebenfalls zu kurz. Schlägereien zwischen verfeindeten Gruppierungen gehören für viele Ultras zum Alltag. Ruf zitiert in seinem Buch einen Ultra, der die Taten seiner Gruppe auf schräge Weise rechtfertigt: Für ihn stehe der Ultra-Kodex über dem Grundgesetz. Die Ultras eignen sich auch deshalb als Feindbild, weil sie mit der Außenwelt kaum kommunizieren. Keine Gruppierung käme auf die Idee, sich von einem Journalisten wie mir interviewen zu lassen. Der Staat und die Presse sind das Feindbild.

Sind die Ultras nun ein Haufen unkontrollierbarer Chaoten, die nichts außer Chaos und Gewalt im Sinn haben? Wäre die Geschichte so einfach, hätten die meisten Klubs die Ultra-Gruppierungen längst aus den Stadien geworfen. Beispiele für solche Restriktionen gibt es im Ausland zur Genüge. Real Madrid belegte seine größte Ultra-Gruppierung unter einem Vorwand mit einem Stadionverbot. Sie wollten ihre Blöcke mit leichter zu kontrollierenden Fangruppen füllen. In den Niederlanden oder Italien sehen sich viele Ultra-Gruppierungen Restriktionen ausgesetzt, beispielsweise bei Auswärtsreisen oder beim Ticketkauf. England hat gleich gar keine nennenswerte Ultra-Szene. Das rührt aus der Abschaffung der Stehplätze nach der Hillsborough-Katastrophe 1989, aber auch aus der totalen Kommerzialisierung des englischen Sports. Die junge, männliche Zielgruppe, die sich von der Ultra-Kultur angezogen fühlt, kann sich den wöchentlichen Premier-League-Stadionbesuch oft nicht leisten.

Wer Fußballspiele im Ausland besucht, spürt schnell den Unterschied zwischen Ländern mit starker Ultra-Tradition und solchen ohne. In Manchester oder Madrid versammeln sich Fans aus aller Welt, um die großen Stars zu bestaunen. In vielen Premier-League-Stadien gleicht die Stimmung eher einem Theaterstück als einem Fußballspiel. Gesänge? Ausgefallene Choreografien? Jubel abseits von Toren? Zumeist Fehlanzeige. Die Stimmung ist weit entfernt von der akustischen Untermalung in deutschen Stadien.

Dass es hierzulande lauter zugeht, liegt in erster Linie an den Ultra-Gruppierungen. Sie stehen in vorderster Speerspitze bereit, ihren Klub mit voller Inbrunst zu unterstützen. Sie überlegen sich schon im Vorfeld der Spiele, mit welchen Gesängen sie ihre Mannschaft anfeuern werden. Vor wichtigen Begegnungen opfern sie tagelang ihre Freizeit, um ausgefallene Choreografien zu entwerfen. Die Unterstützung, die Ultras ihrer Mannschaft zukommen lassen, ist für die meisten Klubs unbezahlbar. Sie speist sich aus einer tiefen Verbundenheit mit dem Verein, die sich rational kaum erklären lässt. Nicht alle Fans leben diese Verbundenheit als Teil einer Ultra-Gruppierung aus, es gibt auch viele andere organisierte Fangruppen, die sich hinter den Toren versammeln. Den Ton geben an den meisten Standorten aber die Ultras an. So auch in Frankfurt.

Für die Bundesligisten ist diese Unterstützung immens wichtig. Dahinter verbirgt sich nicht nur die Hoffnung, die Fans würden ihre Mannschaft zum Sieg peitschen. Tatsächlich sagen die meisten Profis in Interviews, sie seien während eines Spiels so fokussiert, sie würden die Gesänge der Fans kaum wahrnehmen. Die Funktionäre nehmen die Fans umso stärker wahr: Sie sorgen für jene eindrucksvolle Kulisse, die Bundesligamanagern bei der Vermarktung ihrer Liga hilft. Kein Trailer der Bundesliga kommt ohne Szenen voller Fankurven aus. Selbst den Zuschauern auf der Haupttribüne würde etwas fehlen, wenn die Blocks hinter den Toren plötzlich verstummten. Nicht jeder gibt es gerne zu, aber ohne die Ultras wäre die Stimmung in deutschen Stadien leiser. Ein Blick nach England genügt.

In der Tat ist die Fankultur einer der Standortvorteile der Bundesliga. In keiner Liga der Welt sind die Stadien so voll, nirgendwo gibt es derart viele ausgefeilte Choreografien und Fanaktionen zu bestaunen. Während wohlhabende internationale

Fans nach England pilgern, zieht es junge Fans nach Deutschland. Ich habe schon ein Dutzend junger Briten kennengelernt, die ihre Wochenenden am liebsten in deutschen Stadien verbringen. Sie fliegen per Billig-Airline nach Frankfurt, Hamburg oder Berlin, um einmal im Fanblock des Waldstadions, des Volksparks oder der Alten Försterei zu stehen. Die Stimmung, die sie hier vorfinden, gibt es in ihrer Heimat nicht.

Frankfurt verfügt über eine besonders lebendige Ultra-Szene. Sie besitzt nicht nur eine vergleichsweise lange Tradition, sondern ist auch gut vernetzt in der Stadt. Jugendliche, besonders jene aus Frankfurts Vierteln mit hohem Migrantenanteil, fühlen sich von der rauen Welt der Ultras angezogen. Dazu tragen auch zahlreiche Rapper bei. Die Ultras pflegen vielfältige Beziehungen zur Hip-Hop-Szene Frankfurts. So trifft man die auch überregional bekannten Künstler Vega sowie Celo & Abdi immer wieder im Fanblock.

Die Frankfurter Ultras gelten als besonders leidenschaftlich – und als außerordentlich wild. Nicht umsonst betitelten sich Frankfurts Anhänger nach dem Abstieg 2011 als «Randalemeister». Pyrotechnik, Platzstürme, beleidigende Fanbanner: Für all diese Vergehen bekam die Eintracht zahlreiche Geldstrafen sowie so manchen Fanausschluss aufgebrummt. Selbst unter den in Gewaltfragen nicht zimperlichen Ultra-Gruppierungen sticht Frankfurt noch einmal heraus. Es soll sowohl Kontakte zur Hooligan- als auch zur Kampfsportszene geben.

Für die Verantwortlichen der Eintracht ist der Umgang mit der eigenen Fanszene ein Drahtseilakt. Der Verein kann den Anhängern nicht alles durchgehen lassen, auch aus Angst, Sponsoren zu vergraulen. Zugleich muss er Grenzüberschreitungen der Ultras bis zu einem gewissen Punkt tolerieren. Ihre Leidenschaft für den Verein ist nicht zu ersetzen. Das spürte die Eintracht schmerzlich während der Corona-Krise. Selbst als Zuschauer teilweise wieder zugelassen waren, füllte sich das Stadion nicht einmal zur Hälfte. Ein Grund: Die organisierten Fangruppen boykottierten die 2G-Regel. Ohne die bekannte Stimmung war der Stadionbesuch für viele nur halb so reizvoll.

Die meisten Klubs geben sich zwar in der Kommunikation nach außen hart. Da werden Vergehen der Ultras «verurteilt» und eine «härtere Gangart» prophezeit. Intern sucht die Mehrheit der Klubs aber den Dialog mit den Fans – besonders die Eintracht. Sie setzt darauf, dass die Fanszene Probleme untereinander löst. Nicht immer gehen Verstöße auf die ganze Gruppe zurück, manchmal schlagen nur einzelne Fans über die Stränge. Zugleich lässt jeder Verein seinen Fans einen gewissen Spielraum. So kalkulieren die allermeisten Klubs Strafen für das Abbrennen von Pyrotechnik ein. Sie wissen: Sie können ihre Fans nicht komplett vom Zündeln abhalten. Irgendwer wird schon Feuerwerkskörper ins Stadion schmuggeln. Die Klubs sehen ihre Aufgabe darin, die Anzahl der Verstöße zu beschränken und Auseinandersetzungen zwischen Fangruppen zu verhindern.

Ein Beispiel für die enge Kommunikation zwischen der Eintracht und ihren Fans beschrieb Peter Hess in der FAZ. Nach dem Europa-League-Halbfinale 2022 drängten die Frankfurter Fans auf den Platz. Als Außenstehender schien es, als würde sich der Jubel über das historische Erreichen eines Finals impulsiv entladen. Der Platzsturm erfolgte aber keineswegs spontan. Dem Verein war schon vor Anpfiff des Spiels bekannt, dass es im Fall eines Siegs zu solch einem Platzsturm kommen sollte. Der Verein konnte die Fans von ihrem Vorhaben nicht abbringen. Er ging einen Kompromiss ein: Die

Fans würden nicht an ihrem Platzsturm gehindert, dürfen aber nicht die Mittellinie überqueren. Dann hätte ein Aufeinandertreffen mit den Anhängern des Gegners West Ham gedroht. Tatsächlich sieht man auf den Aufnahmen, dass einzelne Fans zwar versuchten, über die Mittellinie zu gelangen. Allerdings wurden sie von der Polizei, aber auch von anderen Fans zurückgehalten.

Das oberste Ziel der Eintracht sei es, die eigenen Fans stolz zu machen, betont Vorstandssprecher Axel Hellmann bei jeder Gelegenheit. Lange Jahre stand er selbst im G-Block, dem früheren Fanblock, ehe er sich in den ruhigeren Gefilden auf der Haupttribüne niederließ. Selbst wenn die Fans mit Maßnahmen, die er getroffen hat, nicht einverstanden waren: Niemand in Frankfurt bezweifelt seine bedingungslose Liebe zur Eintracht. Dass den Frankfurtern das Thema Fans derart am Herzen liegt, hat viel mit seiner Person zu tun – und mit Präsident Peter Fischer. Auch er stammt aus der Kurve und pflegt bis heute intensiven Kontakt zur Fanszene. Bei Auswärtsfahrten spendiert der Nachtklubbesitzer schon einmal der gesamten Runde ein Getränk; bei der hohen Zahl an Auswärtsfahrern, die sämtliche Pubs der Stadt belagern, kein billiges Unterfangen. Entsprechend singen die Fans, sobald sie Fischer sehen: «Peter, gib einen aus!» Dass mit Hellmann und Fischer zwei führende Funktionäre einst selbst in der Kurve standen, bedingt sicher auch den recht liberalen Kurs der Frankfurter gegenüber den Ultras.

Über die Beziehung zwischen Frankfurter Ultras und dem Verein ließen sich noch viele Kapitel schreiben. Es werden sicher wieder Zeiten folgen, in denen sich beide Seiten kritischer begegnen. Während der Europa-League-Saison 2022 war die Unterstützung der Fans jedoch ein Faustpfand der Eintracht.

Angeführt von den Ultras, reisten Tausende Anhänger durch ganz Europa. Die organisierten Gruppierungen waren federführend an den bunten Choreografien beteiligt, die den ganzen Kontinent beeindruckten. Sie sorgten maßgeblich dafür, dass sämtliche Eintracht-Anhänger sich beim Finale in Sevilla in Weiß präsentierten. Zwar schlugen die Fans bei den Auswärtsreisen auch über die Stränge. Auf Twitter lassen sich zahlreiche Videos von Schlägereien und Verwüstungen finden. Das war angesichts der bombastischen Unterstützung in den Stadien aber zweitrangig. In der Europa-League-Saison 2022 war die bunte, lebendige Fanszene ein Erfolgsfaktor. Ganz Fußballdeutschland beneidete die Eintracht um ihre leidenschaftlichen Anhänger.

Die Ultras mögen die lautesten Fangruppen stellen. Sie sind indes nicht die einzigen Anhänger der Frankfurter Eintracht. Der Verein ist fest verwurzelt in der «kleinsten Metropole der Welt», wie die Stadt sich selbst bezeichnet. Über 100 000 Menschen sind mittlerweile Mitglied des Vereins. Sie verfolgen unterschiedlichste Motive. Während die Ultras eine bedingungslose Liebe zum Verein postulieren, stellt der zahlende Kunde auf der Haupttribüne durchaus Bedingungen. VIP-Logen lassen sich für Spiele gegen Bayern München oder Barcelona wesentlich leichter verkaufen als für Zweitligapartien gegen Sandhausen oder Heidenheim. Insofern steht auch für die Eintracht ein Faktor im Vordergrund, wenn es darum geht, die eigenen Fans stolz zu machen: der sportliche Erfolg.

Um den war es lange Zeit nicht gut bestellt. Seit der Gründung der Bundesliga 1963 gehörte die Eintracht viele Jahre zu den erweiterten Spitzenteams der Liga, zumindest aber in die obere Tabellenhälfte. Das änderte sich nach dem ersten Abstieg 1996 schlagartig. Nach mehreren Abstiegen und einer knapp umschifften Insolvenz galt unter dem neuen Klub-Boss Heribert Bruchhagen das Leitmotto: Stabilität. Der 2003 verpflichtete Manager stellte das solide Wirtschaften an oberste Stelle. Allzu kühnen Träumen der Eintracht-Fans erteilte er eine Absage. Die Eintracht könne eben nicht mit den Großen der Liga mithalten, so sein Mantra. Damit trug Bruchhagen einen wesentlichen Anteil dazu bei, dass sich der Verein im neuen Jahrtausend nicht wie in den Neunzigern erneut überhob.

Als Fredi Bobic 2016 den ewigen Bruchhagen beerbte, sah sich der Verein solide aufgestellt. Von den deutschen und europäischen Spitzenteams war er aber weit entfernt. Sportlich kämpfte die Eintracht gegen den Abstieg. In der Saison zuvor hatte Trainer Niko Kovač das Team erst in der Relegation vor dem Gang in die Zweitklassigkeit bewahrt. Auch finanziell gehörte die Eintracht nicht in die obere Tabellenhälfte. Bobic musste in seiner ersten Transferphase mit einem Etat von gerade einmal 2,6 Millionen Euro hantieren.

Ben Manga wechselte damals zusammen mit Bobic nach Frankfurt. Er bekleidete zunächst den Posten des Chefscouts, 2021 ist er zum Direktor Profisport aufgestiegen. Er rekapituliert im Gespräch mit mir den Lernprozess der Eintracht. Aufgrund des fehlenden Budgets setzte die Eintracht zunächst auf Leihgeschäfte «mit jungen, hungrigen Spielern, die sich entwickelt haben». Jesús Vallejo war ein solches Beispiel. Der Innenverteidiger wurde 2016 von Real Madrid ausgeliehen. Er half der Mannschaft, sich aus dem Abstiegskampf zu befreien. Zugleich legte der Transfer das Fundament für die neue Strategie der Eintracht.

Chefscout Manga fokussierte sich auf Südwesteuropa und Südamerika, um Talente für die Eintracht auszugraben. Er hatte dabei vor allem kleinere Ligen im Fokus. «Wenn ich nur AC Mailand gegen Inter Mailand gucke, werde ich als Eintracht Frankfurt nicht den richtigen Spieler finden. Ich muss dort hinreisen, wo ich mit meinem Geld, mit meinem Budget hinkann! Das heißt, ich muss zweite Liga gucken: zweite Liga Italien, zweite Liga Belgien, zweite Liga Holland, zweite Liga Spanien, zweite Liga Frankreich.» Zugleich betont er, dass die Eintracht auch an diesen Orten nicht allein war. Der Spielermarkt – so zitierte ich ihn bereits in den Kapiteln zu Dortmund und Freiburg – sei so gut durchleuchtet wie nie zuvor. Die Eintracht handelte jedoch in vielen Fällen schneller als die Konkurrenz, da Bobic und Manga sich gegenseitig vertrauten.

Ein Irrglaube hält sich bei manchen Fans immer noch: Dass die Verpflichtung eines Spielers ähnlich verläuft wie im Computerspiel «Football Manager». Da gibt man gemächlich ein Angebot ab, spricht dann mit dem Spieler und einigt sich über die finanziellen Details. Im echten Fußball mag es einige Last-Minute-Deals dieser Art geben. Viele Transfers werden jedoch über Monate, vielleicht sogar Jahre verfolgt. Der 2021 von der Eintracht verpflichtete Rafael Borré etwa stand schon auf dem Zettel von Manga, als er 2016 zu Atlético Madrid wechselte. «Man schreibt, man redet, man telefoniert, lernt die Familie schon mal kennen.» All das sei Teil des Prozesses, einen Spieler vom eigenen Verein zu überzeugen. Frankfurts Vorteil waren die Sprachkenntnisse der Beteiligten: Mangas Muttersprache ist Spanisch, der in Slowenien geborene Bobic beherrscht die Sprachen des Balkans. Auch das erklärt, warum die Eintracht Spieler aus bestimmten Ländern von sich überzeugen konnte.

Vor allem aber war es das Zusammenspiel zwischen Bobic und Manga, das den Verein nach vorne brachte. Sie wussten genau, welche Art von Spielern sie suchten. «Wir haben bei der Eintracht viel Wert auf Mentalität gelegt», sagt Manga. «Fredi Bobic, der diese Mentalität auch vorgelebt hat, und meine Wenigkeit, die auch lieber diesen Mentalitätsspieler haben will als den Schönspieler.» Als seinen persönlichen Lieblingsspieler nennt Manga den Chilenen Arturo Vidal. Bei Bayer Leverkusen, Bayern München und Juventus Turin stach er mit seinem unbedingten Einsatzwillen heraus. «Es gibt Klubs, die wollen lieber den Schönspieler als den Vidal. Ich nehme lieber einen Vidal als einen Schönspieler.»

Eintrachts Wunschspieler mussten nicht nur Mentalität mitbringen, sondern sollten auch jung sein und in das geringe Transferbudget der Eintracht passen. Luka Jović etwa entdeckte Manga in Benfica Lissabons zweiter Mannschaft. Sébastien Haller kam aus der niederländischen Liga. «Haller ging immer dahin, wo es wehtut», sagt Manga. Ante Rebić war bei RB Leipzig durchs Raster gefallen und bekam in Frankfurt eine zweite Chance. Manga sah, dass Rebić vielleicht ein schwieriger Charakter war, zugleich aber «nie verlieren konnte». Seinen Chef Bobic musste er von diesen Spielern nicht lange überzeugen. Auch er war ein Anhänger von leidenschaftlichen wie kampfstarken Spielertypen.

Bei vielen Einkäufen lagen Bobic und Manga goldrichtig. Haller kostete 7 Millionen Euro und verließ den Klub für 50 Millionen Euro. Jović wurde zunächst ausgeliehen und später für rund 20 Millionen Euro verpflichtet. Real Madrid zahlte 2020 für seine Dienste 60 Millionen Euro. André Silva kam für 3 Millionen Euro vom AC Mailand und ging für 23 Millionen Euro nach Leipzig. Die Spieler, die Manga scoutete und Bobic verpflichtete, ließen die Eintracht finanziell in neue Sphären vorstoßen.

Vor allem aber verpassten sie der Mannschaft mit der eigenen Transferstrategie eine neue Spielphilosophie. Die Eintracht wagte die Verpflichtung von Spielern, vor denen andere Teams zurückschreckten; weil sie unbequem sind, weil sie ihre Meinung sagen, weil sie sich im Training auch einmal streiten. Als Kevin-Prince Boateng in Deutschland noch der Ruf des Bad Boy anhaftete, holte die Eintracht ihn als Führungsspieler. Auch Martin Hinteregger und Filip Kostić hatten Schwierigkeiten bei ihren Ex-Vereinen, ehe sie nach Frankfurt kamen. Dort setzten sie sich durch und blühten auf.

Trainer Kovač mischte seinen wilden Haufen zu einem explosiven Cocktail. Die Eintracht setzte fortan auf hohes Pressing und pfeilschnelles Umschaltspiel. Kovač wollte vor allem die Mentalität seiner Spieler einsetzen, um dem Gegner ein kampfbetontes Spiel aufzuzwingen. Die Eintracht spielte häufig eine Art moderne Manndeckung. Überall auf dem Feld stellten sie Eins-gegen-eins-Situationen her. So kamen ihre Spieler häufiger in Zweikämpfe. Schon 2016, im ersten vollen Jahr unter Kovač, erreichten sie mit dieser Strategie das Pokalfinale, verloren jedoch gegen Thomas Tuchels Dortmunder. Ein Jahr später gelang ihnen die Sensation: Die Eintracht besiegte im Finale den FC Bayern München. Zum ersten Mal seit dreißig Jahren konnten die Frankfurter einen Titel bejubeln. Legendär wurde jener Satz, den Rebić vor dem Spiel zu Boateng gesagt haben soll: «Bruder, schlag den Ball lang!»

Die Erfolgsgeschichte der Eintracht endete damit nicht. Kovač verließ den Verein zwar nach dem Titelgewinn, um sein Glück bei den Bayern zu suchen. Sein Nachfolger Adi Hütter führte den Weg jedoch konsequent fort. Unter ihm etablierte sich die «Büffelherde» aus Rebić, Jović und Haller. Mit offenem Visier spielten seine Frankfurter nach vorne, erzielten Tor um Tor. Auch unter Hütter zeigte die Mannschaft im ersten Jahr schwankende Leistungen in der Liga, qualifizierte sich aber für das Halbfinale der Europa League. Gegen den großen FC Chelsea konnten sie sich bis zum Elfmeterschießen behaupten. Frankfurt schied gegen den späteren Europa-League-Sieger aus. Doch bereits in diesem Jahr zeigten die Eintracht-Fans, was in ihnen steckte. Tausende Anhänger folgten ihrem Team nach Mailand, Lissabon und London. Im Jahr darauf spielten die Frankfurter zwar nicht europäisch, kamen in der Liga jedoch auf Rang 5.

Die Saison 2021/22 begann mit einem Umbruch. Nicht nur Trainer Hütter verließ den Verein. Auch Manager Bobic nahm ein Angebot aus seiner Heimatstadt Berlin an. Unter dem neuen Manager Markus Krösche sowie dem aus Wolfsburg verpflichteten Trainer Oliver Glasner machte der Verein genau dort weiter, wo er aufgehört hatte. In der Liga mag die Leistung nicht immer gestimmt haben, dafür aber in der Europa League. Fenerbahçe Istanbul, Royal Antwerpen, Olympiakos Piräus, Betis Sevilla, Barça, West Ham, Glasgow Rangers: So lauteten die Gegner auf dem Weg zum historischen Europa-League-Triumph. Die Eintracht ließ alle hinter sich. Die Mentalitätsspieler machten den Unterschied.

⚽⚽⚽

Angesichts der Pokalerfolge ließe sich argumentieren, dass die Frankfurter das zweiterfolgreichste deutsche Team der vergangenen Jahre stellen. Seit Bobic 2016 zur Eintracht stieß, gewann der Verein zwei große Titel. Nur die Bayern haben im selben Zeitraum mehr Trophäen in ihren Schrank gestellt. Selbst Borussia Dortmund kommt seit 2016 nur auf zwei DFB-Pokalsiege. Die Titel in Frankfurt wurden indes wesentlich frenetischer gefeiert. Kein Wunder: Sie hatten jahrzehntelang nichts zu bejubeln.

Paradoxerweise spiegelt sich Frankfurts Erfolg in den Pokalwettbewerben nicht wider in der Leistung in der Liga. In diesem Jahrtausend schaffte die Eintracht erst zweimal den Sprung in das obere Tabellendrittel: 2013 als Sechster und 2021 als Fünfter, als der Klub unter Hütter knapp die Champions League verpasste. Fünfmal qualifizierte sich die Eintracht in diesem Jahrtausend für den Europapokal, zweimal jedoch nicht über die Liga, sondern über einen Pokalsieg. Frankfurts Team scheint in Pokalwettbewerben wesentlich besser zu funktionieren als in der Bundesliga.

Das ist kein Zufall. Die Frankfurter haben in den vergangenen Jahren die perfekte Symbiose hergestellt zwischen leidenschaftlicher Mannschaft und noch leidenschaftlicheren Fans. Wenn es in K.-o.-Spielen um alles oder nichts geht, blühen beide Seiten auf. Die Fans entwerfen Choreografien, begleiten ihre Mannschaft durch ganz Europa, grölen im Camp Nou oder im Berliner Olympiastadion besonders laut. Die Frankfurter Spieler, so betonen sie in Interviews immer wieder, brauchen diese Atmosphäre, um ihre volle Leistungsfähigkeit abzurufen. Da unterscheiden sie sich von manchen Berufsgenossen, die das Geschehen auf den Rängen kaltlässt. Stimmt die Anfeuerung, werfen sich die Frankfurter Spieler in die Zweikämpfe, laufen bis zum Umfallen, geben bis zur letzten Sekunde Vollgas. Ihr aggressiver Manndeckungsstil kanalisiert diese Willensleistung der Spieler. Es entsteht ein sich gegenseitig verstärkendes Konstrukt: Je mehr sich die Mannschaft in die Zweikämpfe wirft, je schneller und actiongeladener ihr Fußball ist, umso lauter werden die Fans. Je lauter die Fans, desto kompromissloser der Fußball.

Es leuchtet ein, warum dieser Ansatz in K.-o.-Spielen funktioniert, nicht aber Woche für Woche in der Liga. Beim Europa-League-Triumph 2022 sammelte die Eintracht nur in einem ihrer sieben K.-o.-Spiele mehr Ballbesitz als ihr Gegner. Das geschah im Halbfinalrückspiel gegen West Ham, als die Eintracht über siebzig Minuten in Überzahl agierte. Das schnelle Umschaltspiel ist wie gemacht für die große Bühne. In der Liga sind die Europapokalhelden jedoch häufiger gezwungen, selbst das Spiel zu gestalten. Hier sind sie der Favorit. Wenn der Gegner Greuther Fürth oder SC Freiburg heißt, rufen weder Spieler noch Fans ihre volle Leistung ab.

Frankfurts Probleme in der Liga rühren zum Teil auch aus ihrer Spielphilosophie. Das Ballbesitzspiel liegt der Mannschaft nicht so wie das Spiel Mann gegen Mann und das schnelle Umschalten. In derselben Saison, in der die Eintracht die Europa League gewann und die Bayern bezwang, verloren sie gegen Aufsteiger Bochum, Absteiger Bielefeld sowie Relegationsteilnehmer Hertha BSC. Die Frankfurter wirkten überfordert, sobald die Spieler nicht mit Leidenschaft punkten konnten, sondern kühl und strategisch das Spiel gestalten sollten. Auch im DFB-Pokal bot die Eintracht nicht nur Sternstunden, sondern auch so manche Peinlichkeit. 2018 scheiterte Frankfurt in der ersten Pokalrunde an Viertligist Ulm, 2021 flogen sie gegen Drittligist Waldhof Mannheim raus.

Der nächste Entwicklungsschritt der Frankfurter müsste lauten, in der Bundesliga beständiger zu agieren. Das ist das Kerngeschäft, über das sich das Team für die Champions oder Europa League qualifizieren kann. Leicht wird dieser Schritt nicht, wie der Blick nach Dortmund zeigt. Dort trauern immer noch viele Fans dem Umschaltfußball aus den Jahren unter Jürgen Klopp nach. Sie verdrängen, dass dieser Fußball angesichts des Dortmunder Vorsprungs gegenüber der Ligakonkurrenz nicht mehr funktionieren würde. Selbst Klopp hat seinen Stil in Liverpool in den vergangenen Jahren weiterentwickelt. Die Eintracht wird diesen Spagat meistern müssen, möchte sie weiterhin europäische Nächte bejubeln.

Zugleich steht die Eintracht angesichts des Wachstums vor einer zweiten Aufgabe: Sie muss Fan-Interessen und finanzielle Zwänge ausbalancieren. Soll das Rendezvous mit dem europäischen Spitzenfußball keine einmalige Angelegenheit bleiben, muss sich der Umsatz der Eintracht erhöhen. Nur so lassen sich Spieler vom Spitzenkaliber eines Mario Götze nach Frankfurt locken. Die kritischen Ultras mosern, wenn die Frankfurter mal wieder eine Partnerschaft mit einem Unternehmen aus dem örtlichen Bankenviertel verkünden. Ganz ohne wird es aber nicht funktionieren. So firmiert das ehrwürdige Waldstadion heute unter dem Namen «Deutsche Bank Park». Manchem Fan graust es bei der Aussprache des Namens.

Bei anderen finanziellen Maßnahmen der Eintracht stimmt die Balance aus Fan-Nähe und finanziellen Zwängen. Über Anteilsverkäufe sammelte der Verein in den vergangenen Jahren frisches Kapital ein. Die Eintracht setzt dafür aber nicht auf Unternehmen oder Investmentfirmen, sondern auf seine reichsten Fans. 2010 kaufte Wolfgang Steubing mit seiner Wertpapierhandelsbank einige Anteile. Er hatte sich schon vorher als Gönner des Vereins hervorgetan. 2018 flossen 15 Millionen Euro in den Klub, als die «Freunde des Adlers GmbH» ein Aktienpaket erwarben. Hinter der GmbH stecken mit Philip Holzer und Stephen Orenstein zwei vermögende Geschäftsleute. 2021 wurden weitere Anteile an die «Herzschlag Eintracht GmbH» verkauft, deren Geschäftsführer Digitalberater Sven Janssen ist. Das lässt sich gegenüber den Fans besser vermarkten als ein Aktienverkauf an eine Großbank oder einen US-Investor. Zugleich verhindert der Verein durch die breite Streuung der Anteilseigner, dass ein reicher Gönner zu viel Gewicht erhält.

Bei aller Rücksicht auf die Interessen der Fans: Die Frankfurter Verantwortlichen betonen, dass die Erfolge der vergangenen Jahre keine Eintagsfliegen bleiben sollen. Die Eintracht will auch finanziell in Sphären stoßen, die sie sportlich bereits erreicht haben. Die Champions League soll keine Ausnahme bleiben, sondern die Regel werden. Das gehört schließlich zum Anspruch eines Klubs, der von sich selbst behauptet, «im Herzen Europas» zu liegen. Die allermeisten Fans beten ebenfalls, dass die Frankfurter Nacht in Sevilla kein einmaliges Erlebnis bleibt.

Auf dem Weg dahin muss sich der Verein weiterentwickeln. Zugleich sollte er nie vergessen, was ihn an Europas Spitze geführt hat: dass Fans, Funktionäre und Mannschaft nicht gegeneinander arbeiteten, sondern eine große Einheit bildeten. Nur wenigen Vereinen gelingt es, in ihrer Strategie sämtliche Interessen zu berücksichtigen. In Frankfurt passte vom Spielstil über die Kaderplanung bis hin zum Aktienverkauf in den vergangenen Jahren alles zum Grundvorhaben von Hellmann und seinen Vorstandskollegen: die Fans stolz zu machen. Und stolzer als die 100 000 Anhänger, die in Frankfurt den Europa-League-Titel feierten, kann ein Verein eine Stadt kaum machen. Und wer weiß: Vielleicht war dies nicht der letzte große Titel der Eintracht. Träumen ist in Frankfurt ausdrücklich erlaubt.

KAPITEL 8

Was Deutschland von Frankreich lernen kann

«Clairefontaine war heilig für mich. Wenn du ankommst, spürst du die Magie sofort. Du versinkst in Fußball, bist umgeben von Plätzen und siehst all die französischen Nationalteams trainieren. Für einen kleinen Jungen ist das unglaublich!»

Clairefontaine-Absolvent Ricardo Faty

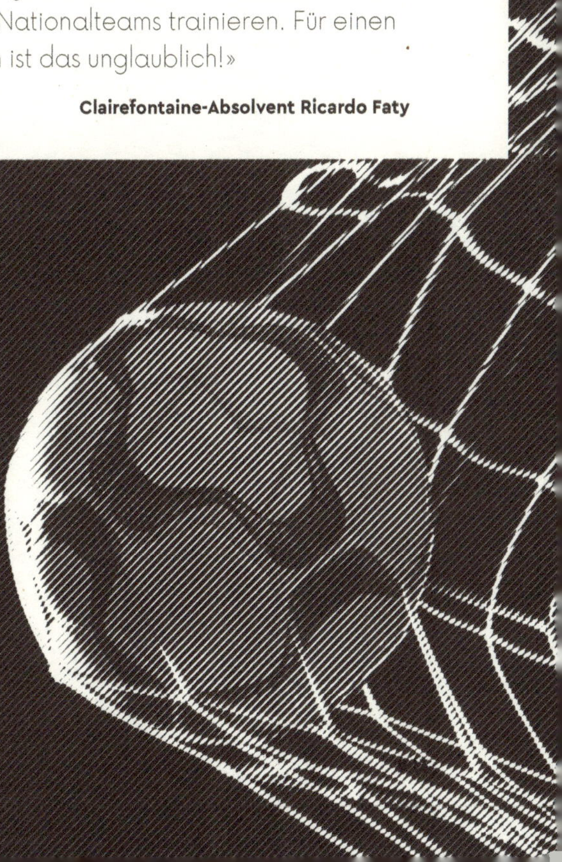

Am 16. Juli 2018 befindet sich Frankreich in Feierlaune. Am Abend zuvor hatte die französische Nationalmannschaft zum zweiten Mal in ihrer Geschichte die Weltmeisterschaft gewonnen. Hunderttausende versammeln sich in Paris, um ihre Helden nach der Ankunft aus Russland zu bejubeln. Schon bei der Landung präsentiert Kingsley Coman der tosenden Menge den Weltmeisterpokal. Als die Mannschaft im offenen Bus über die Champs-Élysées fährt, tanzen Karim Benzema und Anthony Martial für die Massen. Die französische Luftwaffe besprüht den Himmel in den Farben Blau, Weiß und Rot. Zum Schluss trifft die Mannschaft im Élysée-Palast ein, wo Aymeric Laporte mit Präsident Emmanuel Macron feixt.

Findigen Leserinnen und Lesern dürfte aufgefallen sein, dass sich im vergangenen Abschnitt einige Fehler versteckt haben. Tatsächlich feierte die französische Mannschaft den WM-Titel 2018 in ausufernder Form. Doch keiner der genannten Spieler war dabei. Bayerns Dribbelkünstler Coman, Torjäger Benzema, der pfeilschnelle Martial und Citys Abwehrchef Laporte standen allesamt nicht im Kader des französischen Weltmeisterteams. Bei Benzema lagen disziplinäre Gründe vor; er führt mit der Nationalmannschaft seit einem Erpressungsskandal im Jahr 2015 eine On-off-Beziehung. Die anderen Spieler benötigte Trainer Didier Deschamps schlicht nicht. Sein Kader war auch so reichlich bestückt mit Spitzenspielern.

Frankreich, das Land der Fußballer. Keine Nation hat in den vergangenen Jahren derart viele Spieler von internationalem Format hervorgebracht. Selbst die Elf der Spieler, die Deschamps 2018 zu Hause ließ, wäre als Mitfavorit in das Turnier gegangen. Doch nicht nur die französische Nationalmannschaft profitiert von den zahlreichen Talenten, die das Land hervorbringt. An der WM 2018 nahmen insgesamt 52 Spieler teil, die in Frankreich geboren wurden. Die Mehrzahl dieser Spieler lief für ein anderes Land auf, sei es Senegal, Tunesien, Marokko oder Portugal. Auf Rang 2 folgt mit großem Abstand Brasilien, wo 28 WM-Teilnehmer geboren wurden.

Diese Statistik spiegelt zwei Aspekte wider. Zum einen unterstreicht sie Frankreichs Geschichte als Einwanderungsland. Nicht erst seit dem Zweiten Weltkrieg kamen viele Millionen Menschen nach Frankreich und suchten ein besseres Leben. Ihre Kinder und Enkelkinder könnten heute für die französische Nationalmannschaft auflaufen. Sie entscheiden sich aber häufig dafür, für das Heimatland ihrer Eltern oder Großeltern zu spielen. Bei einigen steckt dahinter die Liebe zur alten Heimat. Viele Spieler ahnen aber auch, dass dies ihre einzige Chance ist, an einer Weltmeisterschaft teilzunehmen. Hier kommt der zweite Aspekt zum Tragen: Frankreichs Pool an Talenten ist derart groß, dass die eigene Nationalmannschaft gar nicht alle aufnehmen kann. Ivorer, Marokkaner, Tunesier und sogar Spanier und Portugiesen scouten in französischen Jugendteams nach Spielern mit Migrationshintergrund, um Nachwuchs für ihre Nationalteams zu rekrutieren.

Für Frankreich ist das in erster Linie ein Luxusproblem. Es freut sich über den nicht enden wollenden Nachschub an Talenten. Jedes Jahr produziert die heimische Ligue 1 junge Stars, die für teures Geld in die europäischen Spitzenligen wechseln. In der Saison 2021/22 kickten 121 Franzosen in den Top-vier-Ligen Europas, also in England, Spanien, Italien und Deutschland. Sie stellen das mit Abstand größte Kontingent an Ausländern vor Brasilien (77) und Argentinien (75). Andere Fußballnationen freuen sich, wenn sie eine goldene Generation hervorbringen. In Frankreich wachsen seit fast zwei Jahrzehnten Jahr für Jahr Talente nach. Erst 2022 gewannen die Franzosen die U17-Europameisterschaft. Deschamps hat in jedem Turnier die Qual der Wahl, wen er nominieren und wen er zu Hause lassen soll.

Wie kann es sein, dass ausgerechnet Frankreich derart viele Talente hervorbringt? Wer sich mit der französischen Spielerausbildung beschäftigt, landet schnell in einem kleinen Waldstück im Süden von Paris. Dort werden die Talente von morgen geformt. Auch der DFB war schon oft zu Besuch, um sich die Methoden der Franzosen anzuschauen. Doch während Frankreich in der Jugend- und auch der Trainerausbildung längst neue Wege geht, mahlen die Mühlen im föderalistischen deutschen System nur langsam.

⚽⚽⚽

Clairefontaine-en-Yvelines ist eigentlich kein Ort, der überregionale Aufmerksamkeit auf sich zieht. Das Dorf gehört zwar formell zur Region Île-de-France, dem Ballungsraum um die Hauptstadt Paris. In dem 800-Seelen-Ort scheint jedoch nichts weiter entfernt als die hektische Betriebsamkeit der Großstadt.

Er liegt mitten in einem Naturpark, Bäume umgeben die wenigen Häuser. Das Dorf wäre eines von vielen in Frankreich – wäre da nicht das Centre technique national Fernand-Sastre.

Clairefontaine ist so etwas wie die heimliche Hauptstadt des französischen Fußballs. Schon in den Siebzigerjahren wollte Fernand Sastre, von 1972 bis 1984 Präsident des französischen Fußballverbands FFF, ein nationales Leistungszentrum errichten. 1984 legte der Verband in Zusammenarbeit mit dem französischen Staat den Grundstein für das Trainingszentrum in Clairefontaine, 1988 wurde das Areal fertiggestellt. Seitdem bündelt die FFF ihre Aktivitäten in Clairefontaine. Auf vierzehn Spielfeldern bereitet sich die Nationalmannschaft auf Länderspiele und Turniere vor. Der FFF richtet hier zudem Trainer- und Schiedsrichterkurse aus. Wer in der französischen Ligue 1 an der Seitenlinie stehen oder ein Spiel pfeifen will, muss in Clairefontaine zur Schule gehen. Die Teilnehmer der Kurse schlafen in sieben Wohnheimen, die insgesamt 200 Zimmer und 300 Betten beherbergen. Von außen sehen die Häuser aus wie Landgüter. Innen sind sie modern gestaltet. Ein Restaurant bekocht die Sportler. Bei Verletzungen steht das Medical Centre bereit.

Die meiste Zeit wird das Gelände aber nicht von Nationalspielern, Trainern oder Offiziellen frequentiert. Clairefontaine dient als Ausbildungsstätte für die Talente von morgen. Jedes Jahr lädt der Verband die talentiertesten Dreizehnjährigen der Region Île-de-France zu Probetrainings ein. Drei Tage prüfen die Trainer und Direktoren die Nachwuchskicker, ehe sie entscheiden, welche Spieler die Akademie besuchen dürfen. Maximal 22 Spieler werden pro Jahrgang angenommen. Sie leben die kommenden drei Jahre lang fünf Tage die Woche in Clairefontaine und trainieren, essen und schlafen in der örtlichen

Fußballschule. Man könnte Clairefontaine auch als das Elite-Internat des französischen Fußballs bezeichnen. Hier tummeln sich die talentiertesten dreizehn- bis fünfzehnjährigen Fußballspieler der Metropolregion Paris.

In der Akademie gelten strenge Regeln: Handys werden morgens eingesammelt und erst nach dem Abendessen wieder ausgeteilt. Für die Schüler gelten feste Bettzeiten. Nur an Champions-League-Abenden dürfen die Spieler länger aufbleiben. Die Dreizehnjährigen müssen nach der ersten Halbzeit ins Bett, die Fünfzehnjährigen dürfen die Spiele bis zum Schluss verfolgen. Natürlich trainieren die Jungs jeden Tag, aber auch die Schule soll nicht zu kurz kommen. Wer dort nachlässt, bekommt Nachhilfestunden.

Der französische Fußballverband hat sich bewusst entschieden, die Ausbildung für die Dreizehn- bis Fünfzehnjährigen selbst in die Hand zu nehmen. Gérard Houllier, in den Neunzigerjahren kurze Zeit Nationaltrainer und danach technischer Direktor des französischen Verbands, sah dieses Alter als das «goldene Lernalter», in dem Spieler die größten Sprünge machen können, was Technik und Koordination angeht. Der DFB definiert – im Einklang mit wissenschaftlichen Erkenntnissen – heute zwei goldene Lernalter: Das erste erstreckt sich von elf bis dreizehn, das zweite von fünfzehn bis siebzehn; beide befinden sich also außerhalb der Definition der Franzosen. Trotzdem hat es Vorteile, die Auswahl mit dreizehn vorzunehmen. Die Jugendlichen befinden sich in einem Alter, in dem die Abnabelung von den Eltern beginnt. Aus entwicklungstechnischer Sicht ergibt es Sinn, sie nicht vorher aus ihrer gewohnten Umgebung zu nehmen. Außerdem lassen sich Leistungen besser vergleichen, nachdem zu Beginn der Pubertät die ersten großen Entwicklungssprünge bereits erfolgt sind.

Bei Auswahlprozessen wie diesen ergibt sich stets folgendes Problem: Jugendliche befinden sich im Alter von dreizehn an ganz unterschiedlichen Punkten ihrer Entwicklung. Manch ein Dreizehnjähriger hat bereits einen großen Wachstumsschub verzeichnet, andere machen ihre Entwicklungssprünge erst später. Dies erschwert die Rekrutierung von Jugendspielern. Denn auch wenn eigentlich die Technik im Vordergrund steht, werden körperlich reifere Spieler häufig bevorzugt.

Hier kommt der «relative age effect» zum Tragen, der relative Alterseffekt: Kinder, die im ersten Quartal eines Jahrs geboren werden, haben eine wesentlich größere Chance, in Nachwuchsleistungszentren aufgenommen zu werden. Januar- oder Februarkinder sind körperlich reifer als November- oder Dezemberkinder desselben Jahrgangs. Sie gewinnen in Probetrainings eher Zweikämpfe, sind schneller und häufig auch geistig fitter als ihre jüngeren Altersgenossen. Über ihr tatsächliches Talent sagt das indes wenig aus, später geborene Jugendspieler könnten den Nachteil mit der Zeit schließlich aufholen. Der körperliche Vorteil, den ein Januarkind haben mag, geht spätestens an der Schwelle zum Erwachsenenfußball verloren.

Jedes Elternteil weiß, wie unterschiedlich Kinder sich entwickeln. Ich denke an mein eigenes Wachstum: Bis zur Pubertät gehörte ich zu den größten Kindern, endete jedoch recht früh bei 1,78 Meter. Die meisten meiner Freunde aus der damaligen Zeit blicken körperlich mittlerweile auf mich herab. Ich war ein physischer Frühentwickler. Hätte ich das Talent für Clairefontaine gehabt, wäre die Chance groß gewesen, aufgenommen zu werden – nur um zwei Jahre später von anderen Jugendspielern eingeholt zu werden.

Um dem vorzubeugen, werden in Clairefontaine vor der Aufnahme die Knochen der Kandidaten vermessen, um die

Entwicklungsphase eines Kindes zu bestimmen. Hat die Pubertät bereits eingesetzt? Wie groß wird der Junge? Diese Faktoren spielen in die Auswahl hinein. Der französische Verband stellt eigens Experten an, die sich auf das Vermessen von Knochen spezialisiert haben. Anhand kleinster Merkmale können sie das Wachstum eines Spielers zwar nicht exakt, aber zumeist doch recht präzise vorhersagen.

In erster Linie zählen aber die fußballerischen Fähigkeiten des jungen Spielers. Clairefontaine möchte die Stars von morgen ausbilden. In den Neunzigerjahren habe die Akademie vor allem auf körperliche Merkmale geachtet, schreibt Matthew Spiro, Autor des lesenswerten Buchs *Sacré Bleu: From Zidane to Mbappé*. Schnelle und körperlich robuste Spieler wurden bevorzugt, wohingegen im technischen Bereich Abstriche gemacht wurden. Das änderte sich mit der Zeit komplett: Mittlerweile steht vor allem die Technik der Spieler im Fokus. Nur die technisch Besten einer Altersklasse haben Chancen, aufgenommen zu werden.

Der Ausbildungsplan folgt einem festen Rhythmus. Im ersten Ausbildungsjahr sollen die Spieler ihre Fertigkeiten im Dribbling perfektionieren. Übungen im Eins-gegen-eins stehen im Fokus. Ausgerechnet Passfetischist Pep Guardiola erklärte einst die Logik dahinter, das Dribbling in der Jugendausbildung zu priorisieren. Wenn er einen Spieler bewertet, stelle er sich als Erstes die Frage: «Kann der Typ dribbeln? Ich will nur Spieler, die dribbeln können. Kontrolle und gutes Passspiel kann ich ihnen beibringen. Aber das Dribbling ist der Schlüssel dafür.» Im Dribbling lernen die Spieler die technischen wie athletischen Schlüsselelemente des Fußballs: Ballkontrolle, Antizipation der Bewegung des Gegners, richtige Stellung der Füße, Beschleunigung, Einsatz von Körper. Zugleich gibt es in jedem Eins-gegen-eins-Training einen Spieler, der den Ball nicht hat, sondern erobern will. So werden automatisch auch Fähigkeiten im Defensivzweikampf mitgeschult.

Erst im zweiten Jahr steht in Clairefontaine das Passspiel im Vordergrund. Zunächst gilt es, die Spieler in Kleingruppenspielen zu schulen: Zwei-gegen-zwei, Drei-gegen-drei, Passformen im Kreis. Auch hier steht die Passtechnik im Vordergrund und keine taktischen Fähigkeiten. Beim Ballannehmen und -weiterspielen gilt es, die Technik zu perfektionieren. Wieder und wieder wird die Fußstellung der Spieler korrigiert. Erst im finalen Jahr werden die Spieler herangeführt an Themen wie Taktik und das Mannschaftsspiel im Elf-gegen-elf. Sie sollen technisch so weit geschult sein, dass sie auch komplexe Übungen problemlos umsetzen können.

Bemerkenswert ist auch, dass Clairefontaine erst im U16-Bereich eine eigene Mannschaft aufstellt. Die jüngeren Spieler der U14 und U15 kehren am Wochenende in ihren Heimatort zurück, um für ihren örtlichen Verein aufzulaufen. So bleiben sie nicht nur mit ihren gewohnten Gefährten verbunden, sie lernen auch, strategisch Verantwortung zu übernehmen: Da sie in der Regel die besten Spieler ihrer Teams sind, lernen sie, in zentralen Positionen das Spiel ihrer Mitspieler anzuleiten. Den Ausbildern in Clairefontaine ist in diesem Alter wichtiger, dass die Jugendspieler in ihren Heimatteams als Führungsspieler herausragen, als dass sie sich schon jetzt ausschließlich mit Spielern auf ihrem Niveau messen. Eine Clairefontaine-Mannschaft gibt es erst im dritten und finalen Jahr. Hier werden die Spieler nicht nur an das Zusammenspiel auf dem höchsten Niveau herangeführt, sondern auch an den Wettkampfgedanken innerhalb einer Mannschaft. Nicht alle der maximal 22 Jugendlichen können am Wochenende auf dem Platz stehen.

Die Vorteile einer solchen Akademie liegen auf der Hand: Die besten Spieler eines Jahrgangs trainieren miteinander. Sie messen sich, führen Zweikämpfe, entwickeln sich, leben nur für den Fußball. Gleichzeitig garantiert die Regelung, junge Spieler am Wochenende nach Hause zu schicken, allen Spielern Spielzeit. Dem Verband geht es nicht darum, Siegerteams für eine etwaige Jugendliga aufzustellen. Die technische wie mentale Entwicklung der Spieler steht im Vordergrund. Die Spieler erhalten die optimale Begleitung auf ihrem Weg zum Profi. Das beginnt bei Themen wie Ernährung und geht über die Physiotherapie bis hin zum Einsatz von Sportpsychologen.

Clairefontaines Absolventenliste liest sich wie das Who's who des französischen Fußballs: Nicolas Anelka, Thierry Henry, William Gallas, Hatem Ben Arfa, Olivier Giroud, Blaise Matuidi. Hinzu kommen mit Medhi Benatia oder Raphaël Guerreiro Spieler von internationalem Format, die heute für das marokkanische bzw. das portugiesische Nationalteam kicken.

Der größte Star, den Clairefontaine hervorgebracht hat, ist Kylian Mbappé. Mbappé wuchs als Sohn von Immigranten in einem der berüchtigten Banlieues auf, jenen Großstadtvororten, die häufig mit Verbrechen und Parallelgesellschaften in Verbindung gebracht werden. Mbappé selbst stammt aber, anders als manchmal in den Medien dargestellt, aus einer Mittelstandsfamilie. Bevor er nach Clairefontaine ging, besuchte er eine katholische Privatschule. Er wuchs im Pariser Vorort Bondy auf und wurde hauptsächlich von seinem Vater trainiert. Früh entdeckten ihn die Scouts des französischen Verbands bei seinem Heimatklub AS Bondy. Sein Talent drängte sich der Akademie geradezu auf. Von 2011 bis 2013 absolvierte er seine Ausbildung in den heiligen Hallen des französischen Fußballs, in Clairefontaine. Der im Dezember geborene Mbappé hatte im ersten Jahr Schwierigkeiten, mit den Gleichaltrigen mitzuhalten. Aber spätestens ab dem zweiten Jahr stach er heraus. Clairefontaine gebührt ein Anteil daran, dass sich Mbappé zum explosiven wie torhungrigen Stürmer entwickelte, der wenige Jahre später die Weltmeisterschaft gewinnen sollte.

Aus den Randbezirken, aus denen auch Mbappé stammt, rekrutierte Clairefontaine einige seiner besten Kicker. Als Kinder lernten sie das Fußballspielen in den sogenannten «Käfigen», mit Gittern eingezäunte Fußballfelder. Das Spiel dient als Flucht vor dem Alltag, als zweite Heimat vieler Jugendlicher in wirtschaftlich benachteiligten Gebieten. Schon Zinédine Zidane kickte in den Käfigen eines Vorortes von Marseille. Die Scouts des Verbandes sind besonders dort unterwegs, um die Talente von morgen zu finden.

Clairefontaine mag das Aushängeschild des französischen Verbands sein. Es ist aber nur eins von insgesamt sechzehn Ausbildungszentren, die allesamt Clairefontaine nachgebildet sind. Die Ausbildungszentren konzentrieren sich vor allem auf die großen Ballungsräume. Kein Kind, das sich in den Banlieues fußballerisch hervortut, soll unentdeckt bleiben. Tatsächlich rekrutiert sich ein Großteil der französischen Nationalmannschaft aus den Großstadtvororten des Landes, und fast jeder von ihnen hat einen Migrationshintergrund. Darüber hinaus gibt es Ausbildungszentren in den französischen Überseegebieten La Réunion und Guadeloupe. Drei Spieler der Weltmeistermannschaft 2018 absolvierten die Schule in Clairefontaine, vier weitere kickten in anderen Ausbildungszentren. Auch Bayern Münchens Benjamin Pavard besuchte eins der Internate.

Die anderen Nationalspieler lernten ihr Handwerk in den Nachwuchsleistungszentren der französischen Profivereine.

Jeder Profiklub in Frankreich ist verpflichtet, ein Nachwuchsleistungszentrum zu betreiben. Die Kriterien sind rigide; so ist etwa eine bestimmte Anzahl an professionell ausgebildeten Jugendtrainern obligatorisch. Ein Konflikt zwischen Verband und Vereinen besteht indes nicht. Die Vereine waren lange Jahre froh, dass der Verband die größten Talente zusammen ausbildet – und nahmen sie nach Beendigung der Ausbildung dankend bei sich auf. Es gibt kein Spiel in Clairefontaine, das nicht von zig Talentscouts verfolgt wird. In den vergangenen Jahren haben viele Klubs ihre eigene Jugendausbildung massiv vorangetrieben. Sie übernahmen viele Ideen aus Clairefontaine, um ihre eigenen Akademien für Talente attraktiver zu gestalten. So steht vielerorts die Technik der Spieler mittlerweile im Vordergrund. Französische Jugendspieler haben die Qual der Wahl. Verbringen sie ihr «goldenes Lernalter» beim Verband? Oder wagen sie direkt den Schritt in die Nachwuchsleistungszentren der Klubs?

Dass die französischen Klubs in den vergangenen Jahren Millionen in ihre Nachwuchsakademien investierten, folgt auch einer ökonomischen Logik. Bis auf wenige Ausnahmen sind die französischen Vereine auf Spielerverkäufe angewiesen. Paris Saint-Germain zwar mag Milliarden aus Katar erhalten, die anderen Klubs aber operieren häufig am Existenzminimum. So beliebt Fußball in Frankreich ist, er konkurriert mit Sportarten wie Rugby. In der Saison 2018/19, der letzten volle Saison vor der Corona-Krise, besuchten durchschnittlich 22 000 Menschen die Fußballstadien der Ligue 1. Das ist der niedrigste Wert aller europäischen Top-5-Ligen. In der deutschen Bundesliga saßen im Schnitt doppelt so viele Zuschauer auf den Tribünen. Mangels Umsätzen im Ticketing- und Merchandising-Bereich beziehen manche Teams bis zu 75 Prozent ihres Etats aus TV-Geldern. Aber auch hier sanken die Summen in den vergangenen Jahren im Zuge der Corona-Krise.

Um diese Lücke zu füllen, müssen die Klubs also Spieler verkaufen. Kaum ein französischer Verein schafft es, die eigenen Talente länger zu halten. Spätestens mit 20 oder 21 Jahren zieht es die Topspieler nach England, Spanien oder Deutschland. Besonders die Bundesliga kauft junge französische Spieler: 34 Franzosen kickten in der Saison 2021/22 in der Bundesliga. Sie stellten das mit Abstand größte Kontingent, noch vor den Österreichern (23), Niederländern (19) und Dänen (17). Dass Frankreich derart viel Geld in die Talentausbildung steckt, zahlt sich aus: Man holt die Investitionen in die Nachwuchsleistungszentren durch den Verkauf der Spieler doppelt und dreifach rein.

Der französische Verband freut sich, dass sich die eigenen Nachwuchskicker Woche für Woche mit den Weltbesten messen. Sechs Spieler der Weltmeister-Elf 2018 kickten in Spanien, fünf in England, zwei weitere in Deutschland und einer in Italien. Von den elf französischen Kickern aus der Ligue 1 gehörte nur ein Spieler zur französischen Stammmannschaft: Wunderkind Kylian Mbappé von Paris Saint-Germain. Die Ligue 1 beschreibt sich selbst seit dem EM-Sieg 2018 offiziell als Talentfabrik: «La Ligue des Talents». Warum auch nicht? Frankreich bringt mehr spannende Fußballer hervor als jedes andere Land.

Davon profitiert die französische Nationalmannschaft. Didier Deschamps hat bei der Nominierung seiner Mannschaft die Qual der Wahl. Da Frankreich auf jeder Position über mehrere Spieler von Weltformat verfügt, kann er es sich leisten, Stars auch mal zu Hause zu lassen. Laporte etwa wurde für die WM 2018 nicht nominiert, da Deschamps an seinem Charakter zweifelte. Er wäre bei der WM sowieso nur als Ersatz-Innenverteidiger eingeplant gewesen. Deschamps ließ ihn dann lieber ganz zu Hause, weil er fürchtete, ein schlecht gelaunter Laporte könnte die Stimmung herunterziehen. Wohl dem Nationaltrainer, der sich solch eine Maßnahme leisten kann.

Es wäre übertrieben zu behaupten, Frankreich wäre angesichts des eigenen Talent-Pools «auf Jahre hin unschlagbar». Solch eine gewagte Prognose stellte Franz Beckenbauer nach dem WM-Sieg 1990 für Deutschland auf, woraufhin der DFB 24 Jahre auf den nächsten WM-Sieg warten musste. Zumindest aber wird kein französischer Nationaltrainer im kommenden Jahrzehnt Probleme bekommen, eine schlagkräftige Truppe zusammenzustellen. Gerade erst verpflichtete Real Madrid Aurélien Tchouaméni für 80 Millionen Euro. Der Sechser gilt als eines der größten Talente auf seiner Position. Und auch Weltmeister Mbappé befindet sich noch am Beginn seiner Karriere. Andere Nationen blicken neidisch auf diesen Überfluss an Talenten. Auch wir Deutschen.

Noch vor wenigen Jahren befand sich Deutschland auf dem Gipfel des Weltfußballs. Es war nicht nur Jogi Löws Nationalmannschaft, die 2014 mit dem Weltmeistertitel für Furore sorgte. Vor zehn, fünfzehn Jahren gehörten die deutschen Jugendteams zu den stärksten der Welt. 2009 gewann die deutsche U17 um Torhüter Marc-André ter Stegen und Wunderkind Mario Götze die Europameisterschaft. 2014 holte die deutsche U19 um Joshua Kimmich und Julian Brandt den EM-Titel. Aber seitdem feierte weder die U17 noch die U19 bedeutende Erfolge. Zu den vergangenen drei Europameisterschaften verpasste die U19 sogar die Qualifikation. Nur in der U21 gewinnt der deutsche Nachwuchs noch Titel, einer Altersklasse, der außerhalb Mitteleuropas niemand groß Beachtung schenkt.

Die fehlenden Jugendtitel sind ein Indikator dafür, warum Deutschlands Nationalmannschaft auf vielen Positionen der Nachwuchs fehlt. Seit nunmehr einem halben Jahrzehnt sucht Deutschland verzweifelt nach Nachfolgern für Außenverteidiger Philipp Lahm und Stürmer Miroslav Klose. Auch auf der Torhüterposition rücken nur wenige Hoffnungsträger nach. Während im vergangenen Jahrzehnt zahlreiche Talente den Profifußball bereicherten, versiegt derzeit der Zufluss an Nachwuchsspielern.

Sucht man nach den Gründen, landet man schnell bei großen Schlagwörtern: Föderalismus, Interessenskonflikte, Reformstau. Es sind Begriffe, die man eher aus der Welt der Politik kennt. Viele Fans wollen von Politik nichts wissen, wenn sie Fußball schauen. Der Sport soll als Ablenkung dienen, als Eskapismus vor der harten, realen Welt. Doch bei der Beschäftigung mit Fußball fällt immer wieder auf, wie stark Gesellschaft, Politik und Sport verflochten sind.

Das Nachwuchsmodell des französischen Fußballverbands FFF beispielsweise erinnert auf seine Art und Weise an das politische und gesellschaftliche System der Franzosen. Der nationale Verband vereint die Macht auf sich, so wie in der französischen Politik alle Wege nach Paris führen. Es ist sicher kein Zufall, dass Frankreichs bekanntestes Nachwuchsleistungszentrum vor den Toren der Hauptstadt steht. Elitismus, Expertokratie, Zentralismus: Das sind Eigenschaften, die sich nicht nur im französischen Fußball finden, sie sind auch in Frankreichs politischem wie gesellschaftlichem System weit verbreitet.

Der deutsche Fußball ist gänzlich anders organisiert als der französische: Er ist weniger zentralistisch geprägt, sondern funktioniert föderal. Der DFB setzt sich aus 21 Landesverbänden zusammen. Sie setzen auf der Amateur-Ebene den Spielbetrieb um. Diese Landesverbände verfügen über viel Macht: Sie haben die klare Mehrheit auf dem DFB-Bundestag, auf dem Richtungsentscheidungen getroffen sowie der Vorstand und der Präsident des DFB gewählt werden. Die Landesverbände vertreten die Interessen des Amateurfußballs. Für den Profifußball, also für die Klubs der Ersten und Zweiten Bundesliga, ist wiederum die DFL zuständig. Die Bundesligisten haben sich Ende der Neunziger vom DFB abgespalten, um die Vermarktung ihrer Liga voranzutreiben. Auf dem DFB-Bundestag haben sie nur ein Minderheiten-Stimmrecht. Zugleich verdienen sie aber das Geld, das über den Grundlagenvertrag zwischen DFB und DFL auch an die Amateure fließt. Konflikte zwischen Profis auf der einen und Landesverbänden auf der anderen Seite sind in dieser Gemengelage vorprogrammiert.

Angesichts dieser anderen Voraussetzungen überrascht es nicht, dass die deutsche Nachwuchsförderung anders funktioniert als in Frankreich. Das deutsche System beinhaltet für talentierte Kinder zwei Stufen: Die Landesverbände unterhalten Stützpunkte, um möglichst viele Talente zu fördern. Einmal die Woche kommen die talentiertesten Spieler der jeweiligen Altersklassen an den Stützpunkten zusammen, um bei einem zertifizierten Stützpunkttrainer ein Extratraining zu erhalten. Es ist ein Zusatzangebot. Es geht also eher darum, möglichst viele Spieler zu sichten, anstatt sie zusammenzuziehen. Die 366 Stützpunkte der Landesverbände sind auf ganz Deutschland verteilt. Ziel der Landesverbände ist, dass kein Kind länger als eine halbe Stunde zu einem Stützpunkttraining fahren soll – und dass kein Talent unentdeckt bleibt, egal, wie weit es von Berlin, Hamburg oder München entfernt lebt.

Für die Ausbildung der größten Talente sind die Vereine zuständig. Sie stellen die zweite Stufe der Spielerausbildung: In den Nachwuchsleistungszentren der Profivereine treffen die talentiertesten Spieler aufeinander. Hier trainieren sie und werden zu besseren Fußballern ausgebildet. Die meisten Profiklubs unterhalten Internate, sodass die Jugendlichen auch vor Ort leben können. Die Vereine suchen also die talentiertesten Nachwuchskicker an den Stützpunkten, um sie dann bei sich auszubilden. Die Hoffnung der Vereine ist dieselbe wie in Frankreich: dass sie eines Tages Kicker in der eigenen Profimannschaft werden – und dass sie sich für teures Geld verkaufen lassen.

DFL und DFB haben zusammen feste Regeln für die Nachwuchsleistungszentren aufgestellt. Wer diese Regeln nicht befolgt, erhält keine Lizenz für die Erste und Zweite Bundesliga, darf also de facto nicht im Profifußball mitspielen. Diese Vorschriften erstrecken sich über sechzehn Seiten, beginnen bei der fußballerischen Ausbildung, führen über die Anzahl der Rasenplätze und Flutlichtanlagen für die Jugend und schließen sogar die Betreuung durch Psychologen ein. Ein Expertengremium überarbeitet die Vorschriften regelmäßig. Zugleich überprüfen sie, ob sich die Klubs auch an die Regeln halten. DFB und DFL schaffen über ein Sternesystem Anreize, damit die Klubs besonders viel in die Nachwuchsleistungszentren investieren. Nur wer alle Kriterien erfüllt, erhält die begehrte Drei-Sterne-Auszeichnung. Dieses Gütesiegel hilft, junge Spieler zu überzeugen, zum eigenen Klub zu kommen und nicht in das Nachwuchsleistungszentrum eines Rivalen zu gehen.

Der größte Unterschied zu Frankreich erschließt sich auf

den ersten Blick: Der DFB selbst hat kaum direkten Einfluss auf die Spieler. Er kann die talentiertesten Spieler in die Jugend-Nationalteams beordern. Aber die tägliche Arbeit mit den Spielern obliegt den Landesverbänden und den Vereinen. Der DFB greift auf der regulatorischen Ebene ein: Er schafft die Rahmenbedingungen, schießt Geld für die Stützpunkte der Landesverbände zu und schreibt mit der DFL die Regeln für die Nachwuchsleistungszentren. Umsetzen müssen es am Ende aber andere.

Diese Aufteilung führt in der Praxis nicht immer zum besten Ergebnis. Beweisstück 1: die Verteilung der Stützpunkte. Der DFB und die Landesverbände verteilen Ressourcen geografisch gleichmäßig an Orte, die bevölkerungstechnisch ganz unterschiedliche Voraussetzungen haben. So unterhält etwa der Berliner Fußballverband sechs Stützpunkte, das von den Einwohnerzahlen ähnlich bevölkerte Sachsen kommt auf zwanzig. Ein Kind im sächsischen Görlitz hat somit eine größere Chance auf eine Förderung als ein Kind in Berlin-Marzahn. Es ist die Umkehr des französischen Prinzips, bei dem vielleicht Spieler in der Provinz verloren gehen, dafür alle Talente in den Banlieues entdeckt werden.

Dieses Problem zu beheben, erweist sich keineswegs als einfach. Kein Regionalverband stimmt freiwillig der Schließung eigener Stützpunkte zu, geschweige denn der Kürzung seiner Mittel. So erhöhte sich die Zahl der Stützpunkte in den vergangenen Jahren sogar noch. Mehr Stützpunkte bedeutet mehr Trainer. Um die Arbeit vor Ort zu verbessern und die Trainer weiterzubilden, stellt der DFB 29 hauptamtliche Stützpunktkoordinatoren an. Damit ist angesichts 366 Stützpunkten jeder Koordinator für im Schnitt zehn Stützpunkte zuständig. Man muss niemanden erklären, warum die Qualitätskontrolle im französischen System wesentlich leichter fällt. Sechzehn Eliteschulen sind leichter zu führen als 366 Stützpunkte, selbst wenn die Spieler hier nur einmal die Woche trainieren und nicht täglich.

Beweisstück 2: die Junioren-Bundesligen. Ab der U17 spielen die besten Jugendmannschaften Deutschlands in drei Staffeln. Die Sieger der Staffeln West, Nord/Nordost und Süd/Südwest machen unter sich den deutschen Juniorenmeister aus. Die Junioren-Bundesligen werden vom DFB organisiert. Alle Vereine dürfen daran teilnehmen. So spielen nicht nur Bayern München oder der VfB Stuttgart dort, sondern auch die Jugendmannschaften des SV Lippstadt 08 oder des FC-Astoria Walldorf. In England etwa sind die Junioren-Ligen anders organisiert. Hier kicken nur die Nachwuchsleitungszentren gegeneinander.

Auch in Deutschland fordern viele Profivereine eine eigene Liga, an der nur Klubs mit Nachwuchsleistungszentren teilnehmen dürfen. Ihr gewichtigstes Argument: In diesen Ligen gäbe es keinen Auf- oder Abstieg. Momentan kann jede Mannschaft aus der regionalen Bundesligastaffel absteigen. Doch sobald ein Nachwuchsleistungszentrum die Junioren-Bundesliga verlassen muss, verliert es die größten Talente der kommenden Jahrgänge. Die wollen sich in der U17-Bundesliga messen und nicht in der Bezirksliga. Würde beispielsweise der FC Bayern aus der Junioren-Bundesliga absteigen, gingen die Münchener Nachwuchsspieler zur Konkurrenz.

Die Profiklubs haben durchaus Argumente auf ihrer Seite: Gerade bei den Fünfzehn- und Sechzehnjährigen sollte die Entwicklung im Vordergrund stehen, nicht der kurzfristige Erfolg. Spieler sollen optimal gefördert werden. Es darf nicht vorrangig darum gehen, Spiele zu gewinnen. Denn so provoziert man am Ende den «relative age effect»: Aus Angst vor dem Abstieg setzen Vereine auf früh entwickelte Jugendliche, die ihren Altersgenossen körperlich voraus sind. Das unterstreicht eine Auswertung auf *KeineMathematik.de*, ein Blog für datenbasierte Fußballanalytik, zu den Geburtsmonaten der Spieler in deutschen Nachwuchsleistungszentren. Der Autor schreibt: «Im Durchschnitt sind die in einem Jahrgang ältesten Spieler 5-mal häufiger vertreten als Spieler, die in der letzten Woche des Jahres geboren sind.» Dabei seien die Chancen, Profifußballer zu werden, am Ende nahezu gleich.

Ein konkretes Beispiel untermauert dieses Argument. Ein U17-Trainer, mit dem ich vor einiger Zeit sprach, stand vor einem Problem: Im zentralen Mittelfeld seiner Mannschaft spielte ein herausragendes Talent mit hervorragender Passtechnik. Er versuchte jedoch häufig, dem Druck der Gegenspieler zu entgehen, indem er sich weit fallen ließ. Und zwar, weil er sich nicht in schwierige Zweikämpfe im Mittelfeld wagte. Ein optimaler Weg, ihn zu fördern, hätte bedeutet, ihn weiter vorne aufzustellen, etwa im offensiven Mittelfeld. Hier hätte er an seiner Fähigkeit arbeiten müssen, den Ball auch unter Druck zu verteilen. Das hätte aber zur Folge gehabt, dass die eigene Mannschaft mehr Bälle verliert und vielleicht sogar Gegentore einfängt. Diese Rückschläge konnte der Trainer nicht in Kauf nehmen: Sein Team befand sich nahe den Abstiegsrängen, Niederlagen wären bestraft worden. Er stellte seinen Spieler also weiterhin im defensiven Mittelfeld auf. So blieb dem talentiertesten Spieler seines Teams die Förderung versagt, die er gebraucht hätte.

Befürworter der aktuellen Regelung halten entgegen, dass Ergebnisse zum Fußball dazugehören. Druck formt Spieler. Zudem würden in diesem Fall Vereine aus der Junioren-Bundesliga ausgeschlossen, die seit Jahren schlicht bessere Arbeit leisten als die Nachwuchsleistungszentren. Wenn ein Amateurverein besser arbeitet als ein Profiklub: Hat er es dann nicht verdient, in der Junioren-Bundesliga zu spielen? Zugleich ist die Junioren-Bundesliga häufig eine Belastung für kleine Vereine. Die Mannschaften müssen weite Reisen auf sich nehmen, ohne dass ihre Fahrtkosten ausreichend kompensiert werden. Auch in diesem Punkt gäbe es also Reformbedarf.

Ich möchte keine Partei ergreifen, sondern lediglich feststellen: Es gäbe in beide Richtungen Möglichkeiten, die deutschen Junioren-Bundesligen zu reformieren. Hier folgt das Kernproblem der deutschen Nachwuchsarbeit: Reformen sind im derzeitigen System kaum möglich. So hat der DFB eine Kommission eingesetzt, um sich über Themen wie die Reform der Junioren-Bundesligen auszutauschen. Am Ende stand der Vorschlag, die Nachwuchsleistungszentren-Teams in eine eigene Liga auszugliedern, zugleich aber den Junioren-DFB-Pokal zu fördern. Die Kommission machte seine Rechnung aber ohne die Landesverbände. Veränderungen in diesem Bereich wurden während Corona auf die lange Bank geschoben. Statt Reformen in die eine oder andere Richtung passierte lange Jahre: gar nichts. So verhält es sich bei vielen Themen im deutschen Fußball. Der DFB versucht, Projekte anzustoßen, scheitert aber an den unterschiedlichen Interessen von Profiklubs auf der einen und den Landesverbänden auf der anderen Seite.

Reformen wären aber dringend geboten. Der Fußball hat sich weiterentwickelt. Das technische und athletische Niveau im Spitzenfußball ist in den vergangenen Jahren explodiert. Französische Kicker sind auch deshalb in ganz Europa begehrt, da sie die Eigenschaften moderner Fußballspieler verkörpern: körperlich robust, aber wendig im Dribbling, pfeilschnell und zugleich ausdauernd, technisch nahezu makellos. Die absolute Spitze lässt sich in einem elitären System leichter fördern als in einem breit angelegten. Das dämmert so langsam auch dem deutschen Fußball.

Es wäre indes falsch, die gesamte Kritik beim DFB abzuladen. Dasselbe System, das ich hier kritisiere, hat nach der Jahrtausendwende zu einem beispiellosen Aufschwung geführt. Die Weltmeister von 2014, aber auch die Nationalspieler von heute haben Stützpunkte und Nachwuchsleistungszentren durchlaufen. Komplett falsch kann es also nicht sein.

Der Unterschied zwischen der Vergangenheit und der Gegenwart: Die Jugendarbeit verlor bei manchem Verein an Bedeutung. Nicht jeder Bundesligist investiert mit vollem Elan in die eigene Jugend. Zahlreiche deutsche Klubs haben es sich zum Geschäftsmodell gemacht, Spieler jung zu verpflichten und später teuer zu verkaufen. Ousmane Dembélé kam für 35 Millionen von Stade Rennes nach Dortmund, ehe er ein Jahr später für 140 Millionen Euro nach Barcelona wechselte. Er ist kein Einzelfall. Auf der Liste der zehn teuersten Bundesliga-Abgänge stehen mit Jadon Sancho, Christian Pulisic, Luka Jović und Erling Haaland vier weitere Spieler, die erst im späten Teenageralter nach Deutschland kamen. Nur zwei Spieler von dieser Liste wurden komplett in deutschen Nachwuchsleistungszentren ausgebildet: Kai Havertz und Timo Werner. Selbst das größte Talent der Nationalmannschaft, Jamal Musiala, verbrachte das «goldenen Lernalter» beim FC Chelsea in England. Ganz anders sieht es in Frankreich aus: Acht von zehn Spielern auf der Rekord-Abgangsliste wurden auch in Frankreich ausgebildet.

Der ehemalige Rasenballsport-Chef Ralf Rangnick gab vor einigen Jahren unumwunden zu, dass sein Klub am liebsten in französischen Gewässern fischt. Ähnlich geht auch der FSV Mainz 05 vor. Man könnte fast sagen, der deutsche Nachwuchs ist ein Opfer der starken Talentarbeit der Franzosen: Es ist einfacher, eine Scouting-Abteilung für Sechzehnjährige aufzubauen, als in Zehn- oder Elfjährige zu investieren, deren Zukunft man kaum vorhersehen kann. Die deutschen Nachwuchsleistungszentren konkurrieren mit den hiesigen Scouting-Abteilungen.

Doch das ist nicht das einzige Problem. Die Vereine haben schlicht viele Entwicklungen verschlafen: Noch immer bezahlen viele ausschließlich den U17- und U19-Trainern ein ausreichendes Gehalt, während die Trainer der jüngeren Jahrgänge in Halbtagsverträgen festhängen. Dabei haben die U13-, U14- oder U15-Trainer einen mindestens genauso großen, wenn nicht sogar größeren Einfluss auf die Entwicklung der Jugendspieler. Geld erhalten aber eher die U19- oder U23-Trainer. In dieser Altersklasse geht es jedoch kaum mehr um die Ausbildung der Spieler. Möchte man die Jugendarbeit verbessern, müsste man Talente im goldenen Lernalter fördern – und ihre Trainer besser bezahlen.

Fähige Trainer lassen sich indes nicht schnitzen. Auf den ersten Blick haben die deutschen Nachwuchsabteilungen bei der Ausbildung von Trainern ganze Arbeit geleistet. Julian Nagelsmann, Thomas Tuchel, Domenico Tedesco, Florian Kohfeldt, Daniel Farke: Das ist nur eine unvollständige Liste deutscher Trainer, die in den Nachwuchsleistungszentren ihr Handwerk gelernt haben. Das Problem: Sie alle arbeiten nicht mehr im Jugendfußball, sondern im Profibereich. Know-how geht damit verloren. Zugleich dienen sie als Vorbild für junge Trainer: Auch die neue Trainergeneration will den Sprung von den Jugendplätzen auf die Trainerbänke der Bundesliga schaffen. Das tut dem Nachwuchs nicht gut: Die Trainer priorisieren Erfolg, um sich selbst zu profilieren. Die Entwicklung der Spieler bleibt manches Mal auf der Strecke. Trainer wie Schalkes Norbert Elgert sind eine Seltenheit geworden. Er arbeitet seit 1996 in der Schalker Knappenschmiede – und hat seitdem zahllose Schalker Talente verbessert. Deutschland braucht wieder mehr Trainer, die Jugendfußball als Berufung und nicht als Durchgangsstation begreifen.

Auch um die Frage, welche Inhalte die Nachwuchsleistungszentren vermitteln sollen, gibt es viele Debatten. Kritiker wie Mehmet Scholl werfen dem deutschen Fußball vor, zu viel Wert auf Taktik zu legen. «Wir verlieren die Basis. Die Kinder müssen abspielen, sie dürfen sich nicht mehr im Dribbeln ausprobieren. Sie bekommen auch nicht mehr die richtigen Hinweise, warum ein Pass oder ein Dribbling nicht gelingt. Stattdessen können sie achtzehn Systeme rückwärtslaufen und furzen.» Scholl übertreibt. Die taktische Ausbildung darf im modernen Fußball nicht unterschätzt werden. Nur so können die Spieler die komplexen Anforderungen von Profitrainern umsetzen. Zugleich trifft er einen wunden Punkt: Die technische Ausbildung der Spieler sollte immer Vorrang haben. Frankreich hat dies mit seinem Stufenmodell verstanden. In Deutschland wird die technische Ausbildung zuweilen vernachlässigt. Auch aus diesem Grund produziert der deutsche Fußball aktuell nicht so viele Talente wie der französische.

⚽⚽⚽

Wie soll der deutsche Fußball wieder mehr Talente hervorbringen? Für die Beantwortung dieser Frage gibt es keinen besseren Gesprächspartner als Tobias Haupt. Als Leiter der neu gegründeten DFB-Akademie gehört es zu seinen Aufgaben, den DFB für die Zukunft fit zu machen. Wer mit ihm spricht, erlebt einen engagierten Mann, der einen genauen Überblick hat über die zahlreichen Projekte, die seine Akademie in den vergangenen Jahren angestoßen hat. Projekt 24/7, Bio-Banding, Neuroathletik, Belastungsprävention, Kabinentalks: Haupt liefert zahlreiche Schlagwörter. Es sind aber nicht nur Buzzwords für eine Fußballvariante des Bullshit-Bingos. Haupt füllt sie im Verlauf des Gesprächs mit Leben.

Schon lange plante der DFB, eine eigene Akademie zu gründen. 2022 wurde die Akademie in Frankfurt nach einer coronabedingten Verzögerung final eröffnet. 150 Millionen Euro ließ sich der DFB den Neubau kosten. Ein Park und vier Trainingsplätze flankieren die moderne Anlage im Herzen Frankfurts. An diesem Ort sollen nicht nur die Jugend-Nationalmannschaften zusammenkommen. Über das ganze Jahr hinweg sollen hier Expertinnen und Experten zusammenarbeiten, um den deutschen Fußball nach neuesten wissenschaftlichen Erkenntnissen zu formen. Diese Erkenntnisse soll die Akademie an die Nationalteams, vor allem aber an die Trainer und die Manager im deutschen Fußball weitergeben.

Die Akademie wird betrieben vom DFB. Wie bereits dargelegt, bildet der DFB selbst keine Spieler aus. Die Akademie verfolgt einen anderen Zweck: Sie sieht ihre vorrangige Aufgabe in der Aus- und Weiterbildung. Trainer, aber auch Manager, Nachwuchsleiter und Sportdirektoren sollen hier die Schulbank drücken und zugleich stetig mit den neuesten Trends aus den Bereichen Taktik, Technik und Trainingslehre versorgt werden. Die Trainerausbildung zu verbessern, stellt für Tobias Haupt ein gewichtiges Anliegen dar. Er ist in den vergangenen Jahren viel gereist, besuchte Clairefontaine ebenso wie die Akademien von Manchester United und Manchester City. Sobald er die französischen und englischen Verantwortlichen fragte, warum sie so viele Talente hervorbringen, erhielt er drei Antworten: Glück, geburtenstarke Jahrgänge – und eine optimale Trainerausbildung.

Um Letzteres zu bewerkstelligen, hat der DFB die Traineausbildung umgekrempelt und die Ausbildung von Jugend- und Erwachsenentrainern stärker getrennt. Haupt sagt: «Wir haben uns angesehen, wie viele von den 24 Absolventen unserer Pro-Lizenz [die höchste Stufe in der Trainerausbildung, Anm. d. Autors] gehen denn überhaupt in den Profibereich? Und wie viele landen im Nachwuchsbereich? Dabei haben wir gesehen: Den Weg in den Profibereich gehen maximal die Hälfte, also 12 von 24.» Der neue Ausbildungsweg für Jugendtrainer sieht eine Spezialisierung auf den künftigen Arbeitsbereich vor; sie sollen stärker in Pädagogik und Entwicklungspsychologie geschult werden.

Für Trainer im Erwachsenenbereich wurden die Plätze beschränkt. Der Weg an die Spitze soll schwerer werden. Haupt begründet dies mit der fehlenden Perspektive für diese Trainer. Ich hingegen vermute, dahinter steckt auch der Wunsch, mehr Trainer in den Juniorenbereich zu lotsen. Der DFB möchte wieder mehr Jugendtrainer ausbilden, die die Nachwuchsförderung als Berufung und nicht als Durchgangsstation sehen. Die Reform der Trainerausbildung trifft nicht überall auf Gegenliebe: Mittlerweile ist es schwer geworden, einen A-Schein, also die zweithöchste Stufe der Trainerausbildung, zu erhalten. Aber während der Verband in anderen Bereichen seinen Kritikern häufig alles recht machen will, lässt er sich hier nicht von seiner Reform abbringen.

Für Tobias Haupt ist ohnehin klar, dass die Ausbildung nur

ein Faktor von vielen ist: «Nach unserer Überzeugung endet die Entwicklung der Trainer nicht mit der Ausbildung, sondern sie beginnt dann erst. Wir müssen die Trainer in ihrer Entwicklung individuell begleiten. Wenn ein Trainer sich im Thema Persönlichkeit weiterentwickeln will, gibt es ein Angebot bei uns. Oder wenn er sich zum Thema Spielanalyse oder Scouting weiterentwickeln möchte.»

Oder, oder, oder. Der DFB hat zahlreiche Fachleute angestellt. Das beginnt bei Experten zum Thema Fitness und geht über Datenanalyse hin zur Neuroathletik, einer vergleichsweise neuen Fachrichtung, die Erkenntnisse aus der Gehirnforschung und der Sportwissenschaft verknüpft. In all diesen Bereichen stößt die Akademie Projekte an. Zwei hebt Haupt im Gespräch besonders hervor. Das eine: Die Akademie hat Profile für alle Positionen entworfen, die bei der Ausbildung der U-Nationalspieler mitwirken. Für die jugendlichen Torhüter gab es 2022 einen sogenannten Kabinen-Talk, der ihnen nicht nur die sogenannte Torhüter-DNA vorstellte, also Erkenntnisse der Positionsanalyse, sondern auch die Chance bot, mit zwei amtierenden Nationaltorhütern zu sprechen. Tobias Haupt sagt: «Wenn ich an meine eigene Entwicklung als Torhüter zurückdenke, wenn ich mich einmal mit Manuel Neuer oder Oliver Kahn hätte austauschen können, das hätte mir einen Auftrieb für die nächsten fünf Jahre gegeben.»

Als zweites Aushängeprojekt sieht Haupt das «Tech-Lab». Dessen Mitarbeiter sollen Erkenntnisse aus der Wissenschaft und der Informatik verfolgen und prüfen, inwieweit diese auf den Fußball anwendbar sind. So arbeitet der DFB unter anderem mit einer Firma zusammen, die Anwendungen für Virtual-Reality-Brillen herstellt. Der DFB prüft, ob sich so etwas im Training einsetzen lässt. Aber auch der Datenanalyse widmet der DFB einen hohen Stellenwert. So hat der Verband bereits Hackathons ausgerichtet, bei denen Mathematiker und Informatiker mit Daten experimentierten. Sie sollen neue Ideen ausprobieren, Daten gewinnbringend zur Leistungsanalyse einzusetzen.

Den «relative age effect» habe man ebenfalls auf dem Schirm, so Haupt. Knochenmessungen werden auch beim DFB testweise durchgeführt, obwohl die Verantwortlichkeit hier eher bei den Vereinen läge. Haupt verweist zudem auf Projekte im Bereich des Bio-Banding. Das klingt hochtrabend, bedeutet aber in der Praxis nichts anderes, als dass Spieler unterschiedlicher Altersklassen miteinander trainieren. Es werde dabei nicht auf das Alter der Spieler geachtet, sondern auf den individuellen Entwicklungsstand. Über diese Projekte sei man im ständigen Austausch mit den Vereinen.

Die wohl größte Krux am Projekt DFB-Akademie: Der Verband selbst verfügt über nur wenig Stellschrauben bei der Ausbildung junger Spieler. Klar, die Besten des Landes kicken in den U-Nationalmannschaften. In den Regionen bieten die Stützpunkte Extratrainings für die talentiertesten Jugendspieler. Aber den Großteil der Ausbildung übernehmen die Vereine. Der DFB müsste also eigentlich dafür sorgen, dass die Erkenntnisse der Akademie bei den Klubs ankommen.

«In England gibt es über neunzig Trainerentwickler, die ausschließlich in die Jugendakademien gehen und permanent mit den Trainern dort individuell arbeiten», sagt Haupt. «Wir haben das Pilotprojekt der regionalen Trainerentwickler angestoßen. Wir als DFB schicken aktuell zwei regionale Trainerentwickler durch Deutschland, die bei allen 56 Leistungszentren bereits vorstellig wurden.» Die Zahl deutet schon auf ein Problem hin. Zwei Trainerentwickler für 56 Leistungszentren? Die wiederum mindestens acht Vollzeitmitarbeiter in der sportlichen Betreuung anstellen müssen, wenn sie als Nachwuchsleistungszentrum der Kategorie 1 zertifiziert werden wollen? Noch schwieriger wird es, die Erkenntnisse der Akademie für die 366 Stützpunkte zugänglich zu machen. Möchte man einen Lehrgang abhalten für jeden Stützpunkt, wäre man ein ganzes Schaltjahr damit beschäftigt, jeden Tag. Das zeigt die Dimensionen, mit denen der DFB zu kämpfen hat.

Kritiker werfen dem DFB daher auch vor, mit der Akademie einen Elfenbeinturm gebaut zu haben. VR-Brillen und Gehirnakrobatik schön und gut: Aber was kommt davon bei der Basis an? Tatsächlich bemüht sich die Akademie, ihre Erkenntnisse mit Fußball-Deutschland zu teilen. Die Webseite der Akademie ist eine großartige Plattform, um sich über wissenschaftliche Erkenntnisse im Fußball zu informieren. Hier finden sich neben Artikeln zur Wichtigkeit von Schlaf oder Interviews mit Nationalspielern zahlreiche taktische Analysen von Spitzenteams. Der DFB bemüht sich, den Eindruck zu vermeiden, nur für sich selbst zu arbeiten. Und doch: Wenn Vereine, seien es Profi- oder Amateurklubs, nicht freiwillig die Hilfe der Akademie in Anspruch nehmen, werden sie diese Erkenntnisse wohl kaum erreichen.

⚽⚽⚽

In Deutschland ist es ein Volkssport, auf «die da oben» zu schimpfen. Man selbst ist nie Teil des Problems. Wer wissen will, warum Deutschland im Jugendbereich ins Hintertreffen geraten ist, darf nicht nur auf DFB, Regionalverbände und Vereine schimpfen. Ein Besuch des örtlichen Fußballvereins genügt, um Missstände zu erkennen. Die meisten Klubs finden schwer Trainer für Kinder und Jugendliche. Die wenigen, die es gibt, müssen sie sich mit vorlauten Eltern oder greisen Klubfunktionären herumärgern. Dabei haben selbst Joshua Kimmich und Leon Goretzka ihre ersten fußballerischen Gehversuche nicht bei Profiklubs gemacht, sondern beim VfB Bösingen und beim Werner SV.

Der Kinderfußball steht exemplarisch für den fehlenden Willen der Basis zur Modernisierung. Ein gutes Kindertraining sollte daraus bestehen, den Kindern möglichst viel Zeit am Ball zu ermöglichen. Je mehr Zeit Kinder mit dem Ball am Fuß verbringen, umso besser. Es ist logisch: Im Kindesalter werden die motorischen Grundlagen geschaffen, auf die Menschen ihr gesamtes Leben zurückgreifen. Was Hänschen nicht lernt, lernt Hans nimmermehr. Praktisch jedes europäische Land trägt diesem Faktor Rechenschaft, indem es im Bereich unter zehn Jahren auf Kleinfeldspiele setzt. Eins-gegen-eins, Zwei-gegen-zwei, Kreisspiele: Das sieht man in England und Frankreich nicht nur im Training, sondern auch in den Wettbewerben am Wochenende.

Auch in Deutschland versucht der DFB, im Jugendbereich die Felder und die Teamgrößen zu verkleinern. Auf Kleinstfeldern werden vier Mini-Tore aufgestellt, die Teams aus zwei, drei oder fünf Spielern müssen jeweils zwei Tore verteidigen und angreifen. Der Grundgedanke: Die Spieler sollen mehr Ballkontakte erhalten, mehr dribbeln, mehr Tore erzielen. Das soll den Kindern nicht nur Freude am Spiel vermitteln, sie sollen zugleich die Grundlagen im Dribbling und Eins-gegen-eins spielend lernen. Ausnahmsweise sind sich DFB, Landesverbände und Profis einig: Die Reform des Kinderfußballs soll den deutschen Fußball voranbringen.

Bei der Umsetzung ihrer Reform haben sie ihre Rechnung

ohne die Basis gemacht. Eltern und Trainer protestierten gegen die neue Variante. Sie mosern, wenn die Kinder nicht genauso Fußball spielen wie die großen Vorbilder im Fernsehen. Es sind aber eben Kinder, und Kinder sollen das Fußballspielen lernen. Wenn schon Sechsjährige im Training Sieben-gegen-sieben spielen, hat einer den Ball, und dreizehn laufen hinterher. Niemand würde seine Kinder zu einem Klavierunterricht schicken, bei dem sie von sechzig Minuten Übungszeit 55 anderen Kindern beim Klavierspielen zuschauen. So haben die Verbände lange Phasen mit Pilotprojekten verbracht, um der Basis neue Spielformen zu vermitteln. Nicht alle ließen sich überzeugen, und so herrschen auch jetzt noch viele Vorbehalte gegen den Kinderfußball. Erst 2024 soll die neue Form des Kinderfußballs verpflichtend werden. Deutschland hinkt der Konkurrenz hier Jahre hinterher.

Dass Deutschland etwas länger bei Reformen braucht, liegt eben nicht immer an «denen da oben». So trifft man auch im Nachwuchsfußball auf ein Phänomen, das sich in Deutschland genauso bei Themen wie Klimawandel, Pandemieprävention oder Digitalisierung zeigt: Jeder weiß, dass etwas getan werden muss. Viele wissen sogar, was getan werden muss. Am Ende fehlt jedoch der Wille, es auch tatsächlich zu tun. Oder die Behäbigkeit steht im Wege.

Zugleich argumentiere ich an dieser Stelle recht wohlfeil. Ich meckere über Leute, die meckern, anstatt an meine eigene Nase zu fassen. Ich könnte jederzeit selbst mithelfen, die Zustände zu verbessern. Ich verfüge über einen Trainerschein, der mir erlaubt, eine Kindermannschaft zu trainieren. Nichts hielte mich davon ab, mich bei meinem örtlichen Verein oder sogar einem Stützpunkt oder einem Nachwuchsleistungszentrum zu engagieren. Nichts außer meinem vollen Terminkalender – und meiner Faulheit. In meiner wenigen Freizeit daddele ich lieber an meinem Tablet, bastele mit meinem Sohn Lego oder schaue mit meiner Freundin Serien.

So geht es vielen meiner Generation. Das Ehrenamt hat es schwer, mit Vollzeit-Berufstätigkeit auf der einen und Netflix, Instagram und Bundesliga auf der anderen Seite zu konkurrieren. Immer weniger Menschen engagieren sich in Vereinen. Im Fußball mangelt es nicht nur an Trainern, sondern auch an Schiedsrichtern, Vorsitzenden und Kassenwarten. Das schadet nicht nur der Ausbildung junger Spieler, sondern auch der Basis. So lückenhaft das deutsche Nachwuchssystem sein mag: Der Grundgedanke ist durchaus hehr. Möglichst viele Fußballer sollen gefördert werden. Vielleicht ist das französische System in diesem Bereich aber schlicht ehrlicher. Es schert sich nicht darum, Spieler für die Basis zu entwickeln. Es geht einzig darum, die Superstars von morgen auszubilden.

In diesen abschließenden Gedanken liegt aber auch etwas Trost. In diesem Buch habe ich die Welt des Profifußballs beleuchtet. Es ging um Klubs, die für viel Geld Trainingszentren bauen und für noch mehr Geld Fußballer kaufen, Stars, die Millionen zur Selbstoptimierung ausgeben, Datenanalysten, die nach der Formel des perfekten Spiels fahnden, Fans, die durch halb Europa reisen, um ihr Team zu unterstützen. Die Welt des Fußballs scheint weit weg vom Alltag. Die Lebenswelt der Profivereine hat sehr wenig mit der eines Mechanikers, Sachbearbeiters oder Lokomotivführers zu tun. Zugleich haben all die großen Spieler im Fußball an der Basis begonnen. Selbst Mbappé hat in seinem lokalen Fußballverein die Liebe zum Spiel entdeckt. Die außerirdisch wirkende Welt des Fußballs ist eben auch nur ein Teil unserer irdischen Welt. Selbst wenn es unmöglich scheint, den großen Fußball zu reformieren: Im Kleinen könnte man mithelfen. Und sei es nur, um am Wochenende ein paar Kinder lachen zu sehen.

Danksagung

Ich möchte allen Menschen danken, die mit mir in den vergangenen Jahren über Fußball diskutiert haben. Ihre Gedanken sind – mal wissentlich, mal unwissentlich – in dieses Buch hineingeflossen. Im konkreten Zusammenhang mit diesem Buch danke ich besonders Reiner Calmund, Loïc Favé, Etienne Gardé, Ralph Gunesch, Klemens Hartenbach, Tobias Haupt, Axel Hellmann, Florian Kohfeldt, Justin Kraft, Sam Lee, Ben Manga, Michael Reschke, Mischa Tschirwa, Alex Truica sowie dem Team von Wyscout. Danke für die Anregungen, Informationen und Zitate!

Danken möchte ich außerdem den Presseabteilungen von Eintracht Frankfurt, des SC Freiburg und des Deutschen Fußball-Bunds für die unkomplizierte Zusammenarbeit.

Weniger Dank als vielmehr eine Entschuldigung verdient Johanna Langmaack. Der Rowohlt Verlag hatte es bei der Entstehung des Buchs mit mir nicht leicht – privatem Stress und dem großen, bösen Corona sei Dank. Trotzdem ist Johanna nie nervös geworden und hat mir so viel Vertrauen vorgeschossen, wie ich es eigentlich nicht verdient hatte. Ein riesiges Dankeschön an dich! Ein Dank gebührt auch Daniela Chmelik. Sie hat das Buch ebenso zügig wie gründlich redigiert. Grüße auch an ihren Vater!

Ein Shout-out geht raus an Max-Jacob Ost und Martin Rafelt. Mit euch beiden macht das Quatschen über Fußball immer noch am meisten Spaß.

Meinem Sohn Maximilian möchte ich sagen: Bleib, wie du bist! Unserem Hund Loki: Wuff! Und meiner Freundin Antje: Ich liebe dich!

Literaturverzeichnis

Biermann, Christoph. *Wir werden ewig leben. Meine unglaubliche Saison mit dem 1. FC Union Berlin.* Kiepenheuer & Witsch, 2021.

Buschmann, Rafael, & Michael Wulzinger. *Football Leaks. Die schmutzigen Geschäfte im Profifußball.* Deutsche Verlags-Anstalt, 2017.

Buschmann, Rafael, & Michael Wulzinger. *Football Leaks 2. Neue Enthüllungen aus der Welt des Profifußballs.* Deutsche Verlags-Anstalt, 2019.

Escher, Tobias. *Der Schlüssel zum Spiel. Wie moderner Fußball funktioniert.* Rowohlt Taschenbuch Verlag, 2020.

Escher, Tobias. *Die Zeit der Strategen. Wie Guardiola, Löw, Mourinho und Co. den Fußball neu denken.* Rowohlt Taschen-buch Verlag, 2018.

Escher, Tobias. *Vom Libero zur Doppelsechs. Eine Taktikgeschichte des deutschen Fußballs.* Rowohlt Taschenbuch Verlag, 2016.

Honigstein, Raphael. *Der vierte Stern. Wie sich der deutsche Fußball neu erfand.* Übersetzt von Ronald Reng. Ullstein Verlag, 2016.

Honigstein, Raphael. *«Ich mag, wenn's kracht.» Jürgen Klopp: Die Biographie.* Ullstein Verlag, 2019.

Hughes, Damian. *The Barcelona Way. Unlocking the DNA of a Winning Culture.* Macmillan, 2019.

Kraft, Justin. *Generation Lahmsteiger. Die goldene Ära des FC Bayern.* Stiebner Verlag, 2019.

Lahm, Philipp. *Der feine Unterschied. Wie man heute Spitzenfußballer wird.* Verlag Antje Kunstmann, 2011.

Lewis, Michael. *Moneyball. The art of winning an unfair game.* W. W. Norton, 2004.

Lowe, Sid. *Fear and Loathing in La Liga. Barcelona vs Real Madrid.* Nation Books, 2014.

Mandis, Steven G. *The Real Madrid Way. How Values Created the Most Successful Sports Team on the Planet.* Benbella Books, 2016.

Mertesacker, Per, & Raphael Honigstein. *Weltmeister ohne Talent. Mein Leben, meine Karriere.* Ullstein Verlag, 2018.

Montague, James. *The Billionaires Club. The Unstoppable Rise of Football's Super-rich Owners.* Bloomsbury Sport, 2017.

Perarnau, Martí. *Herr Guardiola. Das erste Jahr mit Bayern München.* Übersetzt von Hans-Joachim Hartstein & Lea Rachwitz. Verlag Antje Kunstmann, 2014.

Perarnau, Martí. *Pep Guardiola. Das Deutschland-Tagebuch.* Übersetzt von Matthias Strobel und Carsten Regling. Ecowin, 2016.

Psotta, Kai. *Mythos Real Madrid. Eine Reise durch die Welt der Königlichen.* Plassen Verlag, 2019.

Reddy, Melissa. *Believe Us. How Jürgen Klopp Transformed Liverpool into Title Winners.* HarperNorth, 2020.

Ruf, Christoph. *Bundesliga anders. Der SC Freiburg und die Ära Streich.* Verlag Die Werkstatt, 2019.

Ruf, Christoph. *Kurven-Rebellen. Die Ultras: Einblicke in eine widersprüchliche Szene.* Verlag Die Werkstatt, 2018.

Slack-Smith, Daniel. *Killing the Game. The Inside Story behind the Transformation of Manchester City and the Creation of City Football Group.* Ignition Sports Media, 2018.

Spiller, Christian. *Der Fluch der Megaclubs. Wie die reichsten Vereine der Welt den Fußball zerstören.* Rowohlt Taschenbuch Verlag, 2022.

Spiro, Matthew. *Sacré bleu. From Zidane to Mbappé: A Football Journey.* Biteback Publishing, 2021.

Wilson, Jonathan. *Revolutionen auf dem Rasen. Eine Geschichte der Fußballtaktik.* Übersetzt von Markus Montz. Verlag Die Werkstatt, 2018.

Weitere Quellen umfassen u. a. die Online-Archive des *Spiegels*, der *Zeit*, der FAZ, der *Frankfurter Rundschau*, der *Badischen Zeitung*, der *Süddeutschen*, des Fußball-Magazins 11 *Freunde*, des *kicker*, der *SportBild*, der *GameStar*, des *Guardian*, der *Times*, der *New York Times*, des *Liverpool Echo*, der *O Globo*, von ESPN und *The Athletic* sowie der Seiten KeineMathematik.de, Spox.com, Schwatzgelb.de, Spielverlagerung.de und Trainingground.guru.

Sämtliche Ablösesummen in diesem Buch beziehen sich auf Daten der Seite Transfermarkt.de. Statistiken wie Ballbesitzzahlen oder Passquoten stammen von der Seite WhoScored.com. Zu Zwecken der Recherche wurde das Fußballspiel-Videoarchiv der Firma Wyscout genutzt.

Register

Personen

Vereine

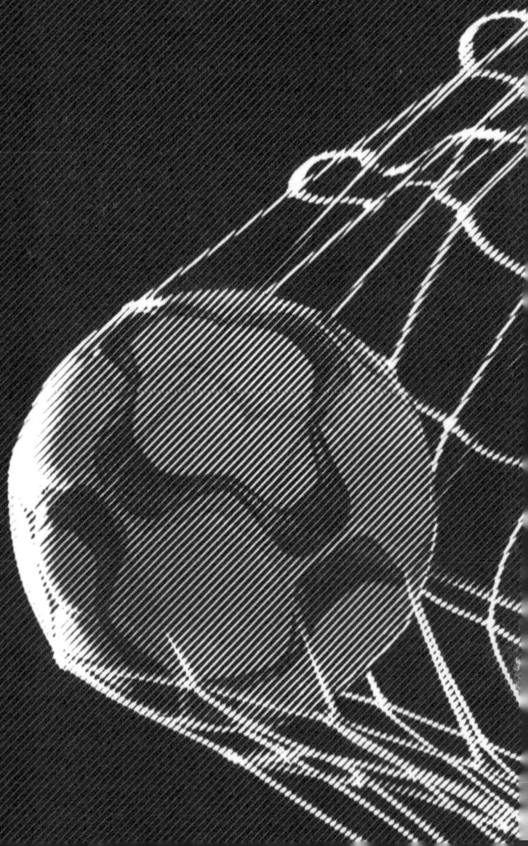